Schirner
Verlag

Oliver Driver

Synchronicity Healing

Ihre heilende Reise
vom Ich zum Selbst

Schirner
Verlag

ISBN 978-3-8434-1070-0

Oliver Driver:	Umschlag: Murat Karaçay, Schirner,
Synchronicity Healing	unter Verwendung von #22234627
Ihre heilende Reise vom	(fractalia), www.fotolia.de
Ich zum Selbst	Redaktion & Satz: Barbara Rave, Schirner
© 2013 Schirner Verlag, Darmstadt	Printed by: OURDASdruckt!, Celle,
	Germany

www.schirner.com

1. Auflage Juni 2013

Inhalt

– In la k´esh, hala ken[1] –

*»Ich bin das andere Du,
und Du bist das andere Ich.«*

---

[1] Weisheit der Mayas, genaue Schreibweise umstritten.

Vorwort

Unsere Selbstheilungskräfte sind das größte Potenzial, das wir Menschen haben. Viele Tausend Male in unserem Leben heilt sich unser Körper selbst. Heilung ist immer Selbstheilung. Wie aber geschieht diese Heilung? Und was macht uns überhaupt krank? Mit Synchronicity Healing möchte ich einen Weg aufzeigen, der mithilfe von Bildern und Emotionen sowie der Beschäftigung mit sich selbst zur Heilung führt. Bilder beherrschen unser Denken, Emotionen bestimmen unser Leben. Erst eine Emotion führt dazu, dass wir eine Situation ändern wollen. Oft müssen wir erst richtig leiden, bevor wir uns daranmachen, die notwendigen Schritte zur Veränderung endlich zu tun.

Was bewegt uns an Filmen wie *Titanic* oder *Pretty Woman*? Woran liegt es, dass uns *Harry Potter* oder *Der Herr der Ringe* immer wieder fesseln? – Sie packen uns an unserer Seele! Sie lösen in uns Emotionen aus, sie bewegen unser Herz. Wir fühlen und leiden mit. Nur das, was uns emotional bewegt, kann für uns jemals wichtig werden. In prachtvollen Bildern erleben wir aufregende und fesselnde, beängstigende und traurige, fröhliche und lustige Geschichten in uns. Im Gehirn läuft eine Vielzahl an Prozessen ab, die immer und ausschließlich

Bilder sind die Sprache unserer Seele.

auf Bildern basieren. Egal, ob wir träumen oder wach sind, unser Leben als Menschen erfahren wir durch Bilder. Bilder sind die Sprache unserer Seele.

In Bildern funken die Neuronen in unserem Gehirn. Ja, selbst unsere DNA speichert ihr Wissen in Bildern. Wir träumen in Bildern, wir denken in Bildern. Unser gesamtes Leben basiert auf Bildern. Bilder bewusst gestalten und abrufen zu können, ist eine Kunst, und von dieser handelt dieses Buch.

Wer die Botschaften seiner Seele verstehen möchte, sollte ihre Sprache erlernen. Aber zu guter Kommunikation gehören genauso das Zuhören und das Stellen der richtigen Fragen. Schamanen beherrschen diese Kunst und sind so in der Lage, mit ihrer eigenen und mit der Seele ihrer Klienten zu sprechen.

Ich möchte Ihnen zeigen, wie Sie besser auf Ihre Seele hören können und wie Sie in kritischen Momenten mit ihr Kontakt aufnehmen oder auch wichtige Fragen stellen können. Anhand ganz unterschiedlicher Übungen und Meditationen erfahren Sie sehr direkt, wie diese Art der Kommunikation funktioniert.

Die Übungen und Methoden von Synchronicity Healing eignen sich nicht nur für die Arbeit an Ihnen selbst, sondern auch für die Behandlung von Klienten. Sie finden daher immer mal wieder auch Hinweise, wie Sie Synchronicity Healing als Behandler oder für die Arbeit mit einem Partner nutzen können.

Ich übergebe an den Trickster

In diesem Buch übergebe ich die Führung an einen Ihnen vielleicht noch unbekannten Freund. Er wird Sie leiten. Es handelt sich um einen Freund, den Sie schon oft getroffen, möglicherweise aber nie erkannt haben. Ständig mischt er sich in Ihr Leben ein. Sein Name ist Trickster. Man nennt ihn auch den göttlichen Schelm, ständig treibt er mit uns Menschen seinen Schabernack. Der Trickster hat weitere Freunde aus den Tiefen der Seele mitgebracht: die Seherin, die Heilerin, den Lehrer, und auch den Krieger. Sie alle haben sich vorgenommen, Ihnen auf Ihrem Weg zu helfen. Jeder dieser Freunde hat seine eigenen Methoden, gewisse Stärken und Schwächen, Instrumente und Haltungen, mit denen er Sie auf Ihrem Weg zur Ganzheit unterstützen wird. Der Weg zu Ganzheit besteht darin, seiner Bestimmung zu folgen. Wir alle haben in uns das Potenzial, das Bestmögliche aus uns herauszuholen. Wie nahe an Ihrem Bestmöglichen sind Sie? Leben Sie Ihr Potenzial bereits mit Freude, Kraft und voller Energie? Wo stehen Sie auf der Reise Ihres Lebens? Jeder Mensch auf dieser Erde ist der Held auf seiner Reise, mit dem Ziel, sein Potenzial zu entdecken. Jeder gibt sein Bestes, um aus den manchmal unwirtlich erscheinenden Umständen das Beste

Der Weg zu Ganzheit besteht darin, seiner Bestimmung zu folgen.

zu machen. Woran aber erkennt man, dass man sein Bestes gibt? Nun, dies heißt, die Zeichen zu erkennen und die angebotenen Chancen zu ergreifen. Wer Ja zum Leben sagen kann, gibt sein Bestes, er ist der Held!

Vielleicht kennen Sie den einen oder anderen Menschen, der einfach macht, wozu er Lust hat, und dies mit aller Konsequenz, ohne auf die Warnungen der anderen zu hören. Er hat er eine Vision und macht sich daran, diese zu realisieren. Nicht immer ist es einfach, aber er folgt seinem Talent, scheitert beinahe, aber dann nimmt ihn das Schicksal an die Hand, und genau zum richtigen Zeitpunkt trifft er die richtige Entscheidung. Oder er lernt ganz »zufällig« die richtigen Menschen kennen oder erbt völlig unverhofft etwas und hat wieder Luft zum Atmen.

Einige Menschen aus meinem Umfeld würden über mich sagen, dass ich genau dies tue. Ich habe die unübersehbaren Zeichen des Lebens, die über Jahre sehr schmerzhaft wurden, irgendwann ernst genommen und zunehmend auf meine innere Stimme gehört. Heute vertraue ich dem Fluss des Lebens und bemühe mich, das, was ist, anzunehmen. Die Entscheidung, mein Leben als Führungskraft und Ingenieur aufzugeben, war leicht und zugleich auch verdammt schwer. Die Umsetzung war oft problematisch und eine Belastung für mich und meine Familie. Die Glaubenssätze und Werte, die zuvor mein Leben geprägt hatten, waren nicht verschwunden. Ganz im Gegenteil, es galt, alle einzeln zu prüfen und in das neue Leben zu integrieren oder eben aufzulösen. Immer noch geht die Reise meines Lebens weiter. Manchmal ist alles leicht und im Fluss. Ein andermal fühlt sich manches schwer und dunkel an. Dann weiß ich aber, dass ich das Hier und Jetzt verlassen habe – oder dass ich das, was ich gerade tue, vielleicht besser lassen sollte. Heute gelingt es mir mehr und mehr, auf die Zeichen zu achten, die ich in meinem Leben erfahre. Ich überlege, was sie wohl bedeuten könnten. Welcher Sinn steckt dahinter? Welches Potenzial könnte sich aus ihnen ergeben? So entwickle ich eine pro-aktive Haltung, die dazu führt, dass alles nach und nach in die richtige Richtung geht. Von mir erfordert dies beispielsweise nicht nur das Erleben einer Begegnung mit einem Menschen, sondern durchaus auch das Erforschen des gemeinsamen Potenzials. So kann aus einer zufälligen Unterhaltung Neues erwachsen und etwas ganz Großes entstehen.

Synchronicity Healing beschäftigt sich mit genau solchen Ereignissen im Leben, die im Nachhinein betrachtet wie eine göttliche Fügung erscheinen. Woher kommen diese scheinbaren Zufälle? Kann man lernen, mit ihnen bewusst umzugehen? Was können sie uns sagen wollen? Und wer ist eigentlich für sie verantwortlich? Wer schickt sie uns? Die Indianer schreiben diese Botenrolle dem Kojoten zu, er ist für sie zugleich Heiler und Narr. Er ist weder gut noch böse, er vereint alle Gegensätze in sich und scheint keine Moral zu haben. Er ist ein Trickster, jemand, der mit seinen Tricks die Ordnung scheinbar durcheinanderbringt. Vielleicht aber steckt ein höherer Sinn hinter seinem Tun?

Woher kommen diese scheinbaren Zufälle?

Ich habe unseren Freund, den Trickster, gebeten, Sie durch dieses Buch zu führen. Er ist der Herr der Synchronizitäten, der bedeutungsschwangeren Zufälle. Im Auftrag unserer Seele sorgt er dafür, dass Bewegung in unser Leben kommt. Er sorgt für Schwung, für Veränderung. Sein Auftrag ist die Begleitung der Menschen auf ihrer Reise durch das Leben. Hin und wieder sorgt er für eine intensive Reinigung und einen Neuanfang, dessen Sinn uns anfangs verborgen bleibt.

In meinem Fall hatte er seine liebe Mühe, mich auf den richtigen Weg zu führen, und auch heute noch »bearbeitet« er mich mit seinen plötzlichen Ideen und Einfällen. Ich könnte mindestens 20 wichtige Ereignisse und Begegnungen aus den letzten 13 Jahren meines Lebens aufzählen, ohne die ich niemals dieses Buch geschrieben hätte. Im ersten *Über Bilder* Moment schien keine der Begegnungen so bedeu- *kommunizieren* tend, dass ich damals geahnt hätte, dass sie mein *Sie mit Ihrem* Leben verändern würden. Sie kennen dies wahr- *Unbewussten.* scheinlich auch. Im Nachhinein gewinnt man den Eindruck, dass jemand seine Hand im Spiel hatte, der wollte, dass ich eines schönen Tages hier sitze und diese Zeilen schreibe – für Sie! Dieser Jemand ist der Trickster. Er trägt Sorge dafür, dass ich – genau wie jeder andere Mensch – meinem Seelenpotenzial folge und meine Zeit zu meiner Entwicklung nutze. Er erhält seine Befehle direkt von meiner Seele. Offensichtlich kennt Ihr Trickster den meinigen – oder was glauben Sie, warum gerade Sie nun dieses Buch in den Händen halten?

Aber all das soll er Ihnen doch besser selbst erzählen.

Mein Name ist Trickster

Danke, lieber Oliver, jetzt übernehme ich. Darf ich mich vorstellen? Ich bin Trickster, Ihr göttlicher Schelm, Ihr Bote des Unbewussten. Sie dürfen mich gern auch Ihren inneren Schamanen und Heiler nennen, denn ich bin nicht außerhalb von Ihnen. Ich gehöre zu Ihnen, bin ein Teil von Ihnen, aber ich bin nicht Sie. Ich bin ein Teil von Ihnen, zugleich bin ich aber auch mehr. Ich wechsle die Rollen, wie es mir gefällt – und wie Sie es brauchen. Heute und in den nächsten Tagen spreche ich zu Ihnen durch die Bilder und Gedanken, die Sie beim Lesen dieser Zeilen in Ihrem Gehirn entwickeln. Diese Bilder haben so viel Kraft, weil ich sie aus Ihrem tiefsten Unbewussten hole und Sie sich über sie bewusst werden. Ich schicke Ihnen genau das, was Sie hier und jetzt gerade am nötigsten brauchen.

Ich bin ein ungeduldiger Zeitgenosse, ich liebe Action und Abwechslung. Wenn ich das Gefühl habe, dass es nicht vorangeht, schreite ich ein. Es mag sein, dass ich, während Sie dieses Buch lesen, auch mal die Gestalt wechsle: Der muffelige Nachbar frühmorgens, das bin vielleicht ich. Der attraktive Mann/die hübsche Frau im Supermarkt, der/die eine Sehnsucht in Ihnen weckt vielleicht ebenfalls. Oder die Bahn, die ausfällt, vielleicht stecke ich dahinter. Ich weiß, wie ich Ihre Aufmerksamkeit gewinne. Aber damit beginnt auch mein – oder besser gesagt – Ihr Problem: Ich gewinne Ihre Aufmerksamkeit, Sie begegnen wichtigen Menschen, empfangen Zeichen – nur, was fangen Sie zumeist damit an? – Nichts!

Wie und warum ich überhaupt einschreite, und was Sie dadurch lernen können – genau darum geht es in diesem Buch. Ich habe erkannt, dass ich Sie einweihen sollte. Sie und viele andere Menschen sind nun weit genug, um selbst mehr Verantwortung für Ihr Leben zu übernehmen. Sie werden bewusster, und ich gebe mir Mühe, Sie in Ihr Potenzial zu bringen. Aber manchmal ermüdet es mich doch, Ihnen immer und immer wieder die gleichen Hinweise zu geben, und Sie hören dennoch nicht auf mich. Ein Buch nach dem anderen bringe ich in Ihr Leben, in der Hoffnung, Sie zu wecken. Ich schicke Sie in Seminare, ermögliche Begegnungen mit anderen Menschen, wichtige Sätze finden ihren Weg zu Ihnen. Aber nichts da – Sie schauen weg!

Ich weiß, dass Sie gern alles verstehen möchten, bevor Sie sich bewegen. »Ich will zuerst die Welt verstehen, damit ich ja keinen Fehler mache«, denken Sie. Ich gebe mein Bestes und zeige Ihnen, was in Ihnen, Ihrem Körper und Ihrem Gehirn vorgeht. Das Gehirn ist mein Werkzeug, mit dem ich zu Ihnen Kontakt aufnehme, nicht mehr und nicht weniger. Es ist mein Instrument, das es mir ermöglicht, mit Ihnen zu kommunizieren. Alles, was ich Ihnen mitteilen möchte, wandelt das Gehirn in Bilder um. Ihr Leben, Ihre Erinnerung, Ihre persönliche Geschichte, Ihre DNA basieren auf Bildern. Über Bilder kommunizieren Sie mit Ihrem Unbewussten.

Wie genau dies alles funktioniert, werde ich noch ausführlich darlegen.

Wenn wir beide hier fertig sind, haben Sie eine Ausrede weniger, dann können Sie mir nie wieder erzählen, Sie hätten mich nicht verstanden. Sind Sie einverstanden, das schriftlich festzuhalten? Können wir einen kleinen Vertrag machen? Nur zu meiner Sicherheit, falls Sie sich nach der Lektüre dieses Buches beschweren, wenn ich mal wieder durch einen dieser »dummen« Zufälle in Ihr Leben eingreifen muss, weil Sie nicht auf Ihre Seele hören wollen.

Vertrag

Hiermit bestätige ich,

....

Vorname, Nachname

dieses Vorwort gelesen zu haben und auf die Nebenwirkungen hingewiesen worden zu sein. Ich bin mir darüber im Klaren, dass es für mich auf diesem Weg kein Zurück mehr gibt. Für mich ist heute, jetzt und hier der Zeitpunkt gekommen, zu dem ich mich entscheide, nicht mehr zu leiden.

....

Ort, Datum, Unterschrift

Es war einmal ...

Sie sagen, sie seien seit 60 000 Jahren hier,
aber es ist viel länger.
Sie sind hier seit der Zeit vor Anbeginn der Zeit.
Sie sind direkt aus der Traumzeit der Schöpferahnen gekommen.
Sie haben gelebt, und die Erde so erhalten, wie sie am ersten Tag war.[2]

»Es war einmal« – so beginnen Märchen. Geschichten faszinierten Sie vielleicht auch schon immer. Ihre Bilder machten Sie traurig oder fröhlich, Sie weinten oder lachten, Sie litten mit den Figuren. Kein Wunder, denn heute wissen wir, dass alles Wissen, alle genetischen Informationen, alles Erlebte in Bildern gespeichert wurde und wird. Ihr Leben besteht also aus Bildern, aus Träumen, und Ihre Erinnerungen sind Bilder. Ihr Gehirn arbeitet ausschließlich mit inneren Bildern.

Wenn Sie mit anderen Menschen in Kontakt treten, empfindet Ihr Gehirn die wahrgenommen Bilder mithilfe von speziellen Neuronen nach, um sie zu verstehen. Ihr Unbewusstes kommuniziert mit Ihnen über Bilder, die Sie in Träumen, aber auch im Alltag gesendet bekommen. Richtigerweise müsste ich hier sagen, dass nicht Ihr Unbewusstes mit Ihnen kommuniziert, sondern ich, der Trickster. Aus

---

[2] Robert Lawlor: Am Anfang war der Traum. Die Kulturgeschichte der Aborigines. Droemer Knaur 1997, S. 3.

dem Unbewussten kommt die Botschaft, die ich im Auftrag Ihrer Seele auswähle und Ihnen schicke.

Schamanen wussten dies schon seit jeher, für sie war und ist die Welt ein Traum, eine Bilderwelt. Schamanen heilen mit Bildern, indem sie Träume neu erträumen. Wenn Schamanen sich auf eine heilende Reise begeben, übernehmen sie meinen Job und besuchen das Unbewusste. Das, was die Schamanen und ich tun, nenne ich hier Synchronicity Healing. Es basiert auf Synchronizität und Synchronisierung. Synchronizität ist eine scheinbar zufällige Begegnung, ein Erlebnis, das erst bei genauem Hinschauen Sinn ergibt. Synchronizitäten sind Bilder, Botschaften des Unterbewussten, die Ihnen das höhere Selbst mit meiner Hilfe schickt. Der Weg, mit Ihrem höheren Selbst in Kontakt zu treten – das ist Synchronicity Healing. Synchronisierung bedeutet die innere Harmonisierung des Heilenden. Sie hat zugleich eine Spiegelfunktion für die Arbeit mit anderen Menschen. So, wie sich Ihr Gesicht im Spiegel synchron zu Ihren eigenen Grimassen bewegt, so interagieren zwei Menschen, also z. B. Heilender und zu Heilender, im Heilungsprozess.

Dieses Buch erzählt das Märchen dieses Prozesses, einer Reise zu sich selbst – einer Reise, die Sie zum Helden macht. Sie erkennen, wie Heilung funktioniert. In den nächsten Tagen und Wochen werden Sie durch die Beschäftigung mit diesem Buch einen großen Schritt vorwärts machen. Zwischen Anfang und Schluss dieses Buches werde ich Sie nach besten Kräften unterstützen. Das Ende aber schreiben Sie selbst, denn letztlich muss jeder den Weg für sich selbst gehen. Auf dieser Reise erweitern Sie Ihr Ich. Das Ego, das selbstzentrierte, unvollständige Ding, das Ihren Verstand beherrscht, wird zum Selbst, dem heilen ganzen Kern Ihrer Seele.

Die Entdeckung des eigenen göttlichen Kerns ist das Ziel eines jeden Menschen, und zu diesem Kern möchte ich Sie führen.

Ihr Tagebuch

Heute starten Sie! Sie werden lachen und Spaß haben, Sie werden vielleicht auch mal weinen und leiden. Sie werden sich viel mit sich selbst beschäftigen, und Ihre Persönlichkeit wird wachsen. Bitte legen Sie ein Tagebuch an, in das Sie alle Synchronizitäten, Träume, Erlebnisse, Eindrücke und Bilder eintragen, die Sie im Alltag sowie im Rahmen von Meditationen, Übungen und schamanischen Reisen erleben. Weil Sie diese Erlebnisse oft in einer leichten Trance erfahren, würden Sie sie ansonsten wie einen Traum sehr schnell vergessen. Durch das Schreiben machen Sie sich zudem unbewusste Dinge bewusst. Bei vielen Übungen – insbesondere denen zum Schatten – ist es sinnvoll, direkt im Anschluss an die Übung in einer Art kreativen Schreibens, ungeordnet alles zu notieren, was im Bewusstsein auftaucht. Schreiben Sie, wenn Sie möchten, die Zeit, das Datum und die

Umstände auf. Wer war involviert? Wie ging es Ihnen? Was beschäftigte Sie gerade? Was war Ihre Deutung, Ihr Verständnis des Erlebten?

Wenn Sie mit einem Partner oder gar einer Gruppe arbeiten, können Sie sich mit diesen Aufzeichnungen austauschen und entwickeln möglicherweise neue Ideen über die Bedeutung einzelner Elemente.

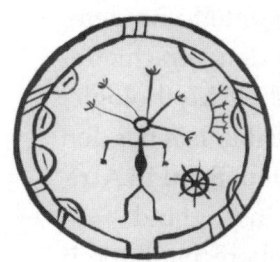

Der Trickster –
Meister der Synchronizitäten

Ich bin Ihr innerer Schamane, ich sorge für Action, für Heilung – aber auch für Leid und Schmerz, wenn es notwendig ist. Wenn ich denke, dass Sie festsitzen, hole ich den Bohrhammer heraus und breche Ihre verkrusteten Strukturen auf, und das tue ich innerlich und äußerlich.

Als Trickster bin ich es nicht gewohnt, selbst ins Bühnenlicht zu treten, viel lieber agiere ich im Verborgenen. Ich war immer da und werde immer da sein. Nachdem Ihre Mutter Sie geboren hatte, begleitete ich Sie, und hin und wieder übernahm ich das Kommando in Ihrem Leben. Wir begegneten uns in Figuren, Gedanken und Zeichen. In gewissem Sinne bin ich Ihr Schutzengel, jedoch einer, der auch mal so richtig gemein sein kann, wenn es hilfreich ist. Ich entscheide über die Art und Weise, wie ich Ihnen meine Botschaften übermittle.

In allen Kulturen treffen Sie mich an. Sie finden mich in Märchen, Mythen, Folklore, Sagen, Legenden, Fantasien, Träumen, Omen und Orakeln. Kasperle und der Clown bin ich, Till Eulenspiegel verkörpert ebenfalls einen Aspekt von mir. Ich bin der Clown, der die Grenzen Ihrer Person auslotet. Sehen Sie in mir bloß nicht den Spaßmacher Ihrer Kindheit, meine Späße können derb und verletzend sein. Ich reite das Pferd falsch herum, ich sage das Gegenteil von dem, was ich meine. Beispiele meiner Namen in den verschiedenen Kulturen sind Lilith in der babylonischen Mythologie, Anansi oder Chango in der Karibik und Afrika, Isis bei den Ägyptern, Maui auf Hawaii, Krishna in Indien, Eshu in Afrika und Südamerika oder auch Robin Hood in England.

Mein Job ist es, eine Komponente der Unberechenbarkeit in Ihr Leben zu bringen, ich bin der Meister der Grenzen und Übergänge. Als Meister der Grenzen weiß ich, diese nicht nur zu übertreten, sondern auch zu ziehen. Immer, wenn Sie sich vor einer Schwelle wiederfinden, die Sie nicht überschreiten wollen oder können, seien Sie sich sicher, dass ich diese mit viel Liebe dort platziert habe. Eigentlich ist der Versuch, mich zu beschreiben, zum Scheitern verurteilt. Willi hat mich einmal so beschrieben: »*Der schiere Reichtum an Tricksterphänomenen kann einen leicht dazu verführen, dass der Trickster undefinierbar sei. Zu definieren heißt Grenzen zu ziehen, und Trickster scheinen erstaunlich resistent zu sein gegen Eingrenzungen. Sie sind zwanghafte Grenzübertreter.*«[3]

Ich bin eine ambivalente Figur, ich vereine Gegensätze, ich bin gut und böse und dann doch wieder weder gut noch böse. Ich bin zuweilen Glücksbringer, aber auch der Führer der Seelen in die Unterwelt. Das östliche *Sowohl–als–auch* entspricht viel mehr meiner Natur als das westliche *Entweder-oder*. Ich sehe die Dinge aus einer anderen, einer ganzheitlichen Perspektive. Nur so entstehen neue Ideen

Als Meister der Grenzen weiß ich, diese nicht nur zu übertreten, sondern auch zu ziehen.

[3] William J. Hynes, William G. Doty (Hrsg.): Mythical Trickster Figures. Contours, Contexts, and Criticisms. University of Alabama Press, Tuscaloosa AL u. a. 1993, S. 33.

und Lösungen. Ihre Kreativität entsteht aus mir. Ich bin kein Moralapostel, sondern vertrete sowohl Licht als auch Schatten. So kann es sein, dass ich zum Tabubrecher werde, der Dinge ausspricht und tut, die nicht den Regeln der Gesellschaft entsprechen. Dabei schieße ich in Ihren Augen schon mal über das Ziel hinaus. Andererseits genieße ich eine gewisse Narrenfreiheit, die mich vor Strafe schützt. Als Trickster habe ich keinerlei Moral, als moralische Instanz tauge ich nicht. Immer aber bin ich ein Freund der Menschen. Ich bin ein Gestaltwandler und zeige mich in Mythen und Märchen in vielerlei Gestalt. Ich bin das Wilde, der Zufall, das Chaos. Sobald Sie es sich bequem gemacht haben, ziehe ich Ihnen den Stuhl unter dem Hintern weg.

Man hat mich auch schon als Hasen abgebildet. Schutzlos und schwach, aber zugleich clever, schlau und gewitzt, lege ich viel mächtigere Tiere mit meinen durchaus gemeinen Tricks herein. Bugs Bunny ist der Hase als Trickster. Auch Kollege Mickey Mouse war ein Trickster, als er seine Karriere begann. Die meisten komischen Helden wie Charlie Chaplin sind Trickster, sie halten der Gesellschaft einen Spiegel vor, beschämen sie, aber bringen sie auch zum Lachen. In *Der Herr der Ringe* bin ich der heimtückische, lauernde Gollum, der sich zuerst das Vertrauen der Hobbits erarbeitet, um sie dann in die Pfanne zu hauen. Bei den Hopi-Indianern bin ich Kokopelli, der bucklige Flötenspieler. Ich bin der Gott der Fruchtbarkeit, der Musik, des Tanzes und des Übermutes.

Damit Sie mich besser verstehen, möchte ich Ihnen einige der Trickster-Figuren, die ich verkörpere, genauer vorstellen. All diese Typen des Tricksters sind voller Energie und Kreativität und spiegeln so die Schöpferkraft des Menschen wider.

Als Herold trete ich in den Mythen auf. Ich überbringe eine Botschaft und war zu früheren Zeiten eine Art Protokollchef, der die Ritter ankündigte. Auf der Heldenreise erscheine ich, wenn der Held gerade glaubt, alles halbwegs im Griff zu haben. Plötzlich geschieht etwas, was alles verändert. Als Prometheus, der griechische Gott, bin ich Feuerbringer und Lehrmeister der Menschen. Ich stehe für die Menschen ein und leide für sie. Ich raubte einst das Feuer und brachte es ihnen. Als Vermittler zwischen Mensch und Natur bzw. der Götterwelt führte ich durch die Menschen das Opfer für die Götter ein. Die Griechen haben für meine Funktion des Heroldes sogar eine eigene Figur geschaffen, Hermes, den Götterboten. Gezeugt wurde ich als Hermes bei einem Seitensprung von Zeus mit der Plejade Maia, eine der sieben Urmütter. In Hermes trifft das Himmlische auf das Irdische. Maia gebar mich als ein wendiges, kluges, gewinnendes Knäblein, einen Räuber und Rinderdieb und Führer im Traumland, so heißt es bei Homer. Ich war pfeilschnell, schon vom Säugling zum Knaben reifte ich innerhalb eines Vormittags. Noch am Abend meines ersten Lebenstages raubte ich meinem Bruder Apollo eine Rinderherde. Als Hermes bin ich der Führer der Seelen in die Unterwelt und Kurier der Götter. Von den Göttern gesandt, überbringe ich mit meinen geflügelten Sandalen und mit einer Tarnkappe bekleidet deren Botschaften. Ich bin der Gott des Zwischenreiches, des Reiches, das Menschen und Götter verbindet. Die anderen Götter sind ziemlich humorlose Gestalten, ich bin anders.

Mein Zwischenreich ist jenseits von Gut und Böse, für mich ist das Leben ein Spiel. Sie können es mitspielen oder aber Sie verfallen dem Bewertungsspiel. Sie bewerten, kämpfen, verstricken sich in Widerstände und reduzieren Ihr Leben nur noch auf Sieg oder Niederlage. Ich hingegen betrachte das Ganze und freue mich des Lebens.

Auch bin ich das Urbild eines Meisters der Schwellen und Grenzen. Ich bin der Gott des Tauschhandels. Handel wurde an den Grenzen der Siedlungen getrieben, Tauschgeschäfte waren etwas Magisches. Man kam mit fremden Menschen zusammen, sah neue Dinge, hörte Geschichten. Schwellen können Phasen des menschlichen Bewusstseins markieren wie Leben und Tod, Tag und Nacht, Trance und normale Aufmerksamkeit oder Schlafen und Wachen. Mit meiner Hilfe überschreiten Sie in der schamanischen Reise die Schwelle zur anderen Bewusstseinswelt. Ich bin der *Mittler zwischen den Welten* – eine Bezeichnung, die aus meiner Sicht eine der schönsten Beschreibungen der schamanischen Arbeit ist. Ich bin der Schamane in Ihrem Leben, der Sie leitet, piesackt, stützt, stößt – und das alles immer zu Ihrem Besten. Sie finden mich an den Dreh- und Angelpunkten des Lebens. Dort, wo Veränderung möglich ist, dort, wo die Energie groß genug ist, um den entscheidenden Anstoß zu geben, bin ich nicht weit. An der Schwelle zu neuen Entwicklungen und bei Grenzüberschreitungen bis hin zum symbolischen Sterben und der Wiedergeburt als Abschluss eines Transformationsprozesses warte ich auf Sie.

Die größte Schwelle des Lebens ist für die meisten Menschen der Tod. Mancher erkennt sich selbst erst im Angesicht des Todes. Als Führer der Seelen in die Unterwelt fehle ich auch an dieser letzten Schwelle nicht[4]. Aber genauso geleite ich die Seelen auch wieder hinaus. Der Hades mit seinem Herrscher Pluto galt als reich und stand für das Unbewusste. In der Unterwelt, ein Ort des Reichtums für die Seele, konnte die Seele auftanken. In Ihren Träumen kehren Sie dort ein und holen sich, was Sie zur Bewältigung der aktuellen Situation benötigen.

Mancher erkennt sich selbst erst im Angesicht des Todes.

Eine andere Variante, als die ich auch auftauche, ist der Schelm oder Gaukler. Mit meiner tiefsinnigwitzigen Art erde ich Sie. Gesundes Lachen löst alle Anspannungen. In dem Spiegel, den ich Ihnen vorhalte, erkennen Sie Ihre eigene Torheit. Oft zeigt Ihnen dies die Absurdität der Situation und sorgt für eine reinigende Atmosphäre. Nichtsahnend machen Sie das hübsche Geschenkpaket auf, und plötzlich hüpft ein Kistenteufel heraus. Letztendlich erinnere ich Sie immer daran, Ihren Humor nicht zu verlieren und über sich selbst zu lachen.

In der nordischen Mythologie nennt man mich Loki, ich bin der Gott des Schwindels, der Betrügerei und auch des Feuers. Ich bin der Sohn zweier Riesen, bin einfallsreich, ein Schurke und Schlitzohr, ein Gestaltwandler. Man kennt mich in der Gestalt eines Pferdes, eines Falken und einer Fliege. Immer wieder mal wechsle ich mein Geschlecht. *»Loki ist schmuck und schön von Gestalt, aber bös von Gemüt und sehr un-*

---

[4] Die Funktion des Psychopompos (»Seelenbegleiter«) beruht auf alten schamanischen Ritualen, in denen der Schamane die Seele des Verstorbenen ins Totenreich begleitet. Gerade in Verbindung mit dem Tod geliebter Menschen treten immer wieder Synchronizitäten auf. Man spürt im Moment des Todes etwas, man sieht etwas Außergewöhnliches oder da ist plötzlich eine Ahnung.

beständig. Er übertrifft alle andern in Schlauheit und in jeder Art von Betrug.«[5] Als Loki bin ich der mythische Halunke per se. In meinem Handeln zeigt sich, dass Schlechtes auch Gutes haben kann. Als Feuer bin ich verheerend und zerstörend, aber auch reinigend und vorbereitend für Neues.

Als Halbgott Maui repräsentiere ich den Trickster in der polynesischen Welt und auf Hawaii. Als unberechenbarer Kojote bin ich der Trickster in der indianischen Welt der Prärie. In einigen Geschichten der Indianer nehme ich sogar die Schöpferrolle ein. Für sie bin ich der Clown, der Schwindler, aber auch das Symbol für Freiheit. Manche sehen den Kojoten als sehr mächtiges Tier, zumindest ist er eines der widersprüchlichsten Tiere. Kojoten gelten allgemein als schlau, wild, anpassungsfähig, schnell und ausdauernd, aber auch schon mal als feige. Der Kojote ist der Trickster, der Gauner, der Schelm, Schwindler und Clown unter den Tieren, manchmal heilig, manchmal ganz profan. Er ist ein Meister der Verwandlung.

Er steht für die ambivalenten Facetten Ihres Lebens, für Gutes und Schlechtes, für Mehrdeutigkeit, für Umdeutung und Vielseitigkeit. Konventionen scheren ihn nicht, er treibt sein Spiel, wie es ihm gefällt und ist dabei oft selbstsüchtig und unberechenbar. Die Unberechenbarkeit des Kojoten symbolisiert natürlich auch die Nichtkausalität der Synchronizität. Sie ist ebenso unberechenbar.

---

[5] Gylfaginning, 33, zitiert auf Wikipedia: http://de.wikipedia.org/wiki/Loki.

Die Lakota-Indianer haben den vier Richtungen des Himmels die vier Kräfte zugeordnet. Die eine Kraft ist die, die die Welt erschaffen hat. Die zweite Kraft ist die, die in jedem und allem lebt. Die dritte Kraft ist schwer zu beschreiben, sie ist die mysteriöse Kraft des Ostens. Die vierte Kraft aber ist *Heyoka*, sie ist Leichtigkeit, Lachen und Freude im Leben. Sie ist die Kraft des Kojoten, der die Trumpf- oder Spaßkarte ausspielt, und so Freude, Spaß und Erstaunen ins Leben bringt. Heyoka ist der heilige Clown, er steht für die nie beherrschbare Wildnis. In der übersinnlichen Welt der Lakota steht der Donnervogel *wakynian* in der spirituellen Welt für das ambivalente Element, Heyoka symbolisiert die menschliche, weltliche Seite.

Heraklit sagte, dass der Streit der Schöpfer aller großen Dinge sei. Der nigerianische Trickster-Gott Eshu ist ein Beispiel für meine Variante, in der ich Streit säe und daran richtig Spaß habe. Eshu (auch Exu, Ishu, Echu, Eleggua oder Elegba) ist in der afrikanischen Yoruba-Religion der Herr der Straßen, Straßenkreuzungen und Türen. *»Er ist frech, impulsiv, chaotisch, unberechenbar, stiftet gerne Verwirrung und Streit und hat Macht über das sexuelle Begehren. Er wird gleichzeitig geachtet und gefürchtet. Sein widersprüchlicher Charakter wird durch folgende Beschreibung versinnbildlicht: Wenn er am Boden sitzt, stößt er mit dem Kopf an der Decke an, steht er auf, so ist er genau so hoch wie der Teppich.«*[6]

---

[6] Zitiert nach Wikipedia: http://de.wikipedia.org/wiki/Eshu.

Die erste Begegnung Oliver Drivers mit einem Kojoten veränderte sein Leben. Als er vor Jahren seine Coaching-Ausbildung begann, bekam er die Mitteilung, dass er in der »Gruppe der Kojoten« sein würde. »Na ja, das wird wohl das Krafttier der Gruppe sein«, dachte er. Er machte sich weiter keine Gedanken darüber. Rückblickend sieht das Ganze aber anders aus. Diese Ausbildung war einer der großen Wendepunkte in seinem Leben. Ohne sie würde er heute noch in der Immobilienbranche arbeiten und sicherlich nicht dieses Buch schreiben. Nun gut, ich will jetzt nicht allzu bescheiden sein, sicherlich hätte ich noch einiges anderes geschehen lassen und ihn im Namen seiner Seele auf den richtigen Weg geführt.

Mein Chef

Sie haben gesehen, ich bin unmoralisch, unberechenbar und eigennützig, ich überschreite Grenzen, wo ich nur kann. Fairplay ist mir ein Gräuel. Nie wissen Sie, ob ich Sie – bereits am Boden liegend – noch schlage oder Sie sanft streichle. Ich liebe es, Ihre Grenzen zu sprengen, Weltbilder einzureißen, die Farben Ihrer Glaubenssätze abzulaugen. Ich liebe es zu spielen. Und das Leben ist ein großes Spiel. Es hat keine Gewinner oder Verlierer, es geht nur darum zu spielen. Und wenn Sie Freude bei diesem Spiel haben, dann sind wir auf einer Wellenlänge.

Doch auch ich bin nur Diener eines höheren Herrn. Letztendlich entstehen die Befehle auf einer tieferen Ebene des Unbewussten, auf der Ebene Ihres höheren Selbst. *Wenn Sie in Einheit mit dem Kosmos leben, helfen Ihnen die Umstände.* Von dort erhalte ich meine Ideen und Anweisungen. Ihr höheres Selbst sagt mir, wie ich Sie antreiben soll. Erst dann, wenn Sie Ihren Weg mutig beschreiten, werden diese Dinge nicht mehr geschehen. Dann, und nur dann, werden Synchronizitäten Ihr Leben pflastern, und Sie ziehen an, was Sie gerade benötigen. Wenn Sie in Einheit mit dem Kosmos leben, wenn Sie eins sind mit der Natur, werden Ihnen die Umstände helfen. Dies ist ein wenig wie das Spiel kleiner Kinder, die nur zum Spaß spielen. Sie spielen nicht für einen Zweck oder ein Ziel, sie spielen, um zu spielen. Sie probieren sich aus, beobachten andere, lernen und entwickeln sich weiter. Sie sind von Neugier getrieben. Genau dies erwarte ich von Ihnen. Ich hoffe, dass Sie den Synchronizitäten spielerisch folgen, dass Sie ausprobieren, experimentieren und fühlen. Sie vertrauen sich dem Leben an, und das Leben vertraut Ihnen. Sie hören auf Ihre innere Stimme und achten auf die äußeren Zeichen, bleiben dabei aber immer mit beiden Füßen auf der Erde. Nutzen Sie Ihre Fantasie, achten Sie auf plötzliche Eingebungen und Gefühle, seien Sie kreativ. Damit schenken Sie mir Ihr Ohr.

Ich bin Ihre schöpferische Kraft! Ich bin nicht zu kontrollieren, und wenn Sie sich von diesem Buch Lösungswege erhoffen, werden Sie feststellen, dass mich dies gar nicht interessiert. Sie können natürlich die Übungen machen und so Ihre Entwicklung fördern, und Sie werden dann wahrscheinlich auch rational verstehen, was ich versuche, Ihnen zu vermitteln. Doch es gibt letztlich nur diese eine Möglichkeit: Folgen Sie Ihrer Medizin!

Du kannst nur in deinen eigenen Mokassins durchs Leben gehen.

Meine Freunde, die Indianer Nordamerikas, die mich *coyote* nennen, haben für das Ziel meiner Arbeit den Begriff *medicine.* »Medicine« oder Medizin bezeichnet die Urkraft, das Potenzial in uns. Jeder Mensch hat seine eigene einzigartige Medizin, die seinem Leben Sinn und Inhalt gibt. *»Du kannst nur in deinen eigenen Mokassins durchs Leben gehen«,* sagen die Indianer dazu.

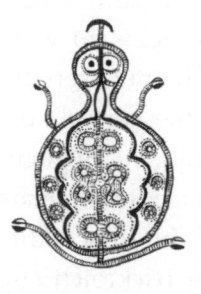

Sind Sie bereit?

Sind Sie nun bereit für Ihre Reise? Wollen Sie sich mir anvertrauen? Sind Sie in der Lage, beherzt »Ja!« zu sagen und das Geheimnis des Lebens zu erforschen, um Ihre Lebendigkeit zu erfahren?

Sie stehen – wie alle anderen Menschen – vor dem großen Geheimnis. Sie werden in eine Welt hineingeboren, wachsen auf, verlieben sich, arbeiten, streiten, mühen sich ab, und irgendwann treffen Sie auf den Tod. Sie fragen sich plötzlich: »War es das? Woher komme ich? Wer bin ich? Wohin gehe ich?« Dies sind mystische Fragen von gewaltiger Dimension, auf die kaum jemand eine Antwort kennt. Aber ist dies nicht genau das, was das Leben so spannend macht? Die Menschen haben seit Jahrtausenden einen Weg, mit der Unsicherheit, die diese Fragen aufwerfen, umzugehen. Sie nutzen Geschichten, Märchen, Sagen und Mythen. Sie erzählen in symbolgeschwängerten Bildern, was Worte nicht fassen können. Und so verwundert es nicht, dass der Gehirnforscher Gerald Hüther von »inneren Bildern« spricht, die das menschliche Denken, Fühlen und Handeln bestimmen.[7]

Schamanen wissen dies seit jeher, sie fanden einen Weg der Heilung durch Bilder. Schamanen reisen in Fantasiewelten, sie träumen und arbeiten bildhaft mit dem Unfassba-

---

[7] Gerald Hüther: Die Macht der inneren Bilder. Wie Visionen das Gehirn, den Menschen und die Welt verändern. Vandenhoeck & Ruprecht 2011.

ren. Sie nehmen meine Rolle ein, sie werden zum Trickster. Diesen Weg möchte ich Ihnen zeigen. Gemeinsam werden wir ihn gehen. Vielleicht werden Sie sogar beim Lesen dieses Buches feststellen, dass die »Zufälle« um Sie herum zunehmen. Wer kennt Sie nicht, diese »rein zufälligen« Begegnungen und Geschehnisse, die unmittelbar – oder manchmal auch erst im Rückblick – verblüffen. Der Zufall scheint bei der Reise durch Ihr Dasein immer wieder trickreich einzugreifen. Man könnte den Eindruck gewinnen, dass auf den ersten Blick trivial erscheinende Zufälle, magische Einflüsse auf Ihr Leben haben, nicht wahr? Ich, der Trickster, sorge für diese Zeichen. Mal erkennen Sie eine gewisse Logik, dann wiederum erscheinen Schicksal und Zufall wie ein schlechter Scherz.

Doch woher kommt die Kraft? Wirkt die Kraft eines Schöpfers durch diese Zufälle? Oder stammt sie aus Ihnen selbst? Es sind keine Zufälle, sondern dies ist meine Methode, Ihr Leben in der Spur zu halten. Synchronizitäten sind das Salz, mit dem ich die Suppe Ihres Lebens würze. Ich nutze Synchronizitäten, damit Sie Ihr eigenes Leben verstehen. Synchronizitäten wecken Ihre Achtsamkeit, Ihre Bewusstheit für das, was zwischen den Dingen ist, die Quelle allen Seins.

Diese Quelle ist die unter allem liegende Ebene der wahren Realität.

Diese Quelle ist die unter allem liegende Ebene der wahren Realität. Sie ist das, was bleibt, wenn Sie den Schleier der Illusion hinwegziehen. Synchronizitäten können führen, warnen, inspirieren, aber auch irritieren oder zerstören. Sie sind Ihnen auf den ersten Blick – so scheint es – nicht immer wohlgesonnen, doch das Unbewusste, aus dem sie kommen, hat ein Ziel: die Selbsterkenntnis, die Erkenntnis des Selbst. Um dieses zu erreichen, ist hin und wieder auch ein Schubs in eine andere Richtung nötig. Es lohnt sich, diese Ereignisse zu erkennen und idealerweise auch gezielt zu nutzen. Zum einen hilft es Ihnen, Entscheidungen treffen zu können. Zum anderen bedeutet Synchronizitäten zu erkennen, sie bewusst abrufen, gestalten und möglicherweise sogar erschaffen zu können. Das eigene Leben durch Synchronizitäten zu gestalten, heißt zu heilen. Durch Ihre Entscheidung, Synchronizitäten als bedeutungsvoll anzusehen, ermöglichen Sie eine Veränderung, die inneres Wachstum bedeutet. Ich, der Trickster, bin der Meister der Synchronizitäten, der Schelm, der immer wieder für Überraschungen in Ihrem Leben sorgt – ob Sie wollen oder nicht. Ich treibe mein närrisches Spiel mit Ihnen und sorge mit unerbittlicher Strenge dafür, dass Sie den nächsten Schritt gehen.

Nutzen Sie das uralte Wissen der Schamanen, es wird Ihnen helfen, Ihren Weg zu finden. Geführte und freie Meditationen und schamanische Reisen sind dafür wie geschaffen. Weitere Werkzeuge sind u. a. Omen und Orakel sowie Rituale. Erlernen Sie wundervolle wirksame und spielerisch einfache Techniken, mit denen Sie für sich allein und mit anderen arbeiten können. Immer wieder werde ich im Folgenden versuchen, die Verbindung zur Neurologie und somit zur Funktionsweise Ihres Gehirns aufzuzeigen. Wie kommt es beispielsweise, dass Sie in Stresssituationen nicht bewusst sind, sondern sich von Ihrem Reptilienhirn, dem ursprünglichsten und instinktiven Teil des Gehirns, antreiben lassen? Was können Sie tun, um dieses Muster zu durchbrechen?

Durch neue innere Bilder können Sie Ihrem Gehirn die Möglichkeit geben, veränderte Reaktionsmuster auszubilden. Sie werden lernen, diesen Teil des Gehirns, der für das Selbstmanagement verantwortlich ist, zu trainieren, sodass er in der Lage ist, andere Neuronennetzwerke zu bilden, und von der altbekannten Reaktion in eine neue Aktion gelangt. Mithilfe der Übungen können Sie Ihr Unbewusstes als Quelle der Synchronizitäten erreichen und dort Antworten auf Ihre Themen abholen. Dies gelingt Ihnen über innere Bilder und Fantasien. Wenn Sie dann auf das hören, was kommt, ändern sich Ihre Muster auch im Erleben. Alles ist schon da, Sie müssen es nur noch in den Raum holen. Das ist das große Geheimnis. Achten Sie auf komische Zufälle, auf Parallelen, auf Zeichen. Sie könnten eine Bedeutung für Sie haben!

Übung – Interview mit Ihnen selbst

Haben Sie schon jetzt Lust auf eine kleine Übung? Sie wirkt reinigend und befreiend und ist der ideale Start in dieses Buch. Ihr Ziel ist es, dass Sie sich selbst und anderen Dinge vergeben, die noch nicht geklärt und bereinigt sind. Lassen Sie los, was Sie können. Möglicherweise sind Sie nicht in allen Fällen erfolgreich, das ist in Ordnung. Nehmen Sie sich ein wenig Zeit. Vielleicht möchten Sie erst einige Minuten meditieren oder einfach nur die Augen

schließen? Und dann beantworten Sie ganz einfach schriftlich (!) die unten stehenden Fragen.
Stellen Sie sich vor, dass Sie sich selbst auf einer Parkbank im Schatten einer großen Eiche gegenübersitzen und Ihr Gegenüber interviewen. Es ist Frühling, die Luft ist angenehm frisch und klar. Stellen Sie Ihrem Gegenüber jeweils eine der folgenden Fragen, und lassen Sie Ihr anderes Ich antworten. Anschließend machen Sie sich Notizen zu den Antworten. Gönnen Sie sich zwischen den Fragen jeweils eine kleine Auszeit.

1. Welche Geschichten erzähle ich, die erklären, warum mein Leben so ist, wie es eben ist?
2. Auf wen bin ich immer noch wütend, von wem bin ich immer noch enttäuscht, und wem möchte ich noch immer nicht vergeben?
3. Was brauche ich, um jetzt vergeben zu können?

Machen Sie nun eine Liste der Menschen, denen Sie vergeben wollen oder sollten. Notieren Sie in Briefform, was Sie jedem vorwerfen, und warum Sie noch immer wütend, verletzt oder enttäuscht sind.
Anschließend schreiben Sie an sich selbst, warum Sie sich vergeben und Ihr heutiges Leben akzeptieren.

Der Weg der Seele

Der Prozess, den ich im Folgenden beschreibe, ist eine Reise durch Ihr Leben. Brechen Sie gemeinsam mit mir auf zu Ihrer Heldenreise, einer Heldenreise mit Höhen und Tiefen, mit Angst und Freude, auf jeden Fall aber mit Leidenschaft. Entdecken Sie Ihr Selbst. Dort, wo in Ihnen eine Ihnen oft bestens bekannte Persönlichkeit mit all ihren Stärken und Schwächen lebt, ist Platz für mehr. Jeder, der seine Medizin lebt, ist ein Held. Ihr eigenes Leben sollte Sie fesseln!

Betrachten Sie Ihr Selbst als den Zielort Ihrer Reise. Das Ich als mehr oder weniger bewusste Persönlichkeit, startet zu einer Tour durch sein Leben mit dem Ziel der Selbst-Erkenntnis, der Erkenntnis des eigenen Selbst. Es gibt viele Wege, irgendwann dieses Ziel zu erreichen. Sollte ich jedoch den Eindruck bekommen, dass Sie allzu sehr vom Weg abweichen, dass Ihre Zeit in diesem Leben knapp wird, werde ich mit aller Wucht eingreifen. Sie können die Geschichte Ihres Lebens, Ihre ganz persönliche Reise nur aktiv angehen und erleben. Ihr wahres Potenzial entdecken Sie auch mithilfe meiner Freunde, dem Krieger, der Heilerin, der Seherin und dem Lehrer. Sie werden im Spiel mit diesen Ihre Entwicklungsmöglichkeiten aufspüren und an ihnen arbeiten können. Sie werden Erfahrungen machen, die Sie reifen lassen. Sie wer-

Ihr Selbst ist der Zielort Ihrer Reise.

den vielleicht sogar sterben und neu geboren werden. Vieles wird sich ändern, und damit werden Sie zu kämpfen haben. Hin und wieder kann es schmerzhaft werden, dann wieder durchströmt Glück Ihren Körper. Sie werden erkennen, was Ihre Stärken sind.

Der Weg der Seele beginnt bei den meisten Menschen in der ersten Lebenshälfte damit, dass sie sich um Beruf, Partnerschaft, Ehe, Familie, Karriere und Geld kümmern. Erst in der zweiten Hälfte beginnen die Menschen, spirituelle Antworten zu suchen. Auslöser dafür ist meist eine gewaltige Krise. Erst wenn die Persönlichkeit als Struktur stabil ist, wenn das Ich existiert, können Sie sich wieder dem Selbst, aus dem Sie gekommen sind und von dem Sie sich dennoch so weit entfernt haben, zuwenden. Dies ist jedoch kein Weg zurück, sondern eine Weiterentwicklung. Beides ist notwendig. Wer das Ich nicht ausreichend entwickelt, ist den Trieben und Mächten des Urgrundes schutzlos ausgeliefert. Wer aber den Schritt vom Ich zum Selbst nicht wagt, der kappt seine Verbindung zum Unbewussten, der schneidet sich ab von der Welt der Bilder und Emotionen, die sich daraufhin gewaltsam einen Weg suchen. Bei Ersterem tendiert der Betroffene zu Psychosen, bei Letzterem eher zu Neurosen.

Ich, der Trickster, versuche, beides zu verhindern, doch nicht immer gelingt es mir. Dann müssen wir gemeinsam den weiten Weg der Krankheit gehen.

Das Ich geht aus dem Selbst hervor. Das Selbst ist die Verbindung zum Universum, mancher sagt vielleicht auch, es ist göttlich. Es ist Ihr wahres Wesen. Es ist das, was Ihr Leben lenkt, es ist die höchste Wirklichkeit. Es ist letztendlich nicht beschreibbar, weil es über sich selbst hinausgeht. Gott verwirklicht sich im Menschen durch das Selbst.

Vielleicht stellen Sie sich das Selbst als eine Taschenlampe vor, die sich auf die Suche nach der Quelle des Lichts macht. Alles, was sie sieht, sind Dinge, auf die ihr Licht fällt. Das Ich ist die Summe dessen, auf das der Lichtstrahl des Selbst fällt. Solange Sie Ihr wahres Selbst nicht (er)kennen, solange sind Sie auf Ihr Ich angewiesen. Ihre Identität holen Sie sich dann aus der Außenwelt durch den Kontakt mit Ihrer Umwelt. Und jetzt raten Sie mal, wer die Taschenlampe hält? – Genau! Ich, der Trickster! Ich entscheide, wo Sie hinleuchten. Sie entscheiden, wo Sie hinschauen. Warum Sie aber so häufig nicht hinschauen wollen, sondern lieber in die danebenliegende Dunkelheit blicken, ist mir oft ein Rätsel.

Das Selbst zu finden bedeutet, sich selbst zu finden, sich zu erkennen, sich zu akzeptieren und sich in der Ganzheit zu lieben. Dies ist kein Veränderungsprozess, sondern eher ein Anerkennen vom dem, was ist, eine Versöhnung mit sich selbst. Sie erhalten viele Energien zurück, die Sie bisher für den Widerstand gegen Teile Ihres Ichs aufwenden mussten. Erkennen Sie sich in all Ihrer Verschiedenheit, Gegensätzlichkeit und Ganzheit. Wichtige Teile dieser Aspekte werden Sie in Ihrem Schatten finden, denn mit der Werdung des Ichs entsteht zwangsläufig auch der Schatten. Dazu aber später mehr. Das Ich ist der Teil des Selbst, der Erfahrungen in einem Bewusstseinsfeld sammelt. Es erwächst aus dem Selbst. Man kann auch sagen: Wenn sich die Seele eines Menschen inkarniert, entsteht das Selbst. Im Zuge seiner eigenen Bewusstwerdung entsteht das Ich. Dieses Ich hat nichts Besseres zu tun, als sein Überleben zu sichern, indem es sich von allem anderen abgrenzt. Stellen Sie sich Ihr Ich als eine gläserne Kugel vor. In dieser Kugel lebt die Inkarnation Ihrer Seele. Ähnlich einer Discokugel besteht sie aus vielen kleinen Facetten. Ihre Kugel ist allerdings nicht verspiegelt. Sie besteht aus vielen kleinen, transparenten Glasfenstern, durch die Ihre Seele nach außen blicken kann. Die Gesamtheit aller Fenster ist das Selbst. Manche Fensterchen sind sauber und klar, diese sind das Ich. Andere aber – und das ist die große Mehrheit – sind noch völlig verschmutzt und dreckig. Es ist eine Lebensaufgabe, durch alle Fenster zu schauen. Jedes Fenster braucht Zeit. Das, was Sie dadurch sehen, will gewürdigt werden. Und jedes Mal, wenn Ihre Seele wieder ein Bild erfährt, wächst Ihr Ich und wandelt sich nach und nach in das Selbst. Die Momente, in denen sich durch das Fenster eine Einheit zwischen Seele und Außen ergibt, könnte man auch Erleuchtung nennen. Selbstfindung heißt also, von Fenster zu Fenster zu gehen und das gesamte eigene Potenzial zu erkennen. Die Indianer haben diesen Prozess im Medizinrad, dem magischen Kreis, der die Welt einschließt, dargestellt. Das Ich muss belastbar, aber auch elastisch sein. Es muss Erfahrungen gemacht und seine eigene Geschichte erlebt haben. Nun können Sie fragen, warum Sie mit dem inneren Wachstum so lange warten sollten. Die Entwicklung der Seele steht in der ersten Lebenshälfte für die meisten Menschen noch nicht an, das würde die Energien in völlig falsche Bahnen lenken. Der Optimismus der Jugend, ihr Schwung würden verloren gehen. Dies wird einmal anders sein, doch heute sind die Menschen noch nicht so weit.

Und was ist die Seele? Die Seele ist ein Prinzip, der Teil von uns, der unvergänglich ist. Sie ist das Göttliche im Menschen. Mancher würde Seele und Selbst auch gleichsetzen oder das Selbst als einen Aspekt der Seele bezeichnen. Sie sehen, es gibt Dinge zwischen Himmel und Erde, die sich einfach nicht erklären lassen. Deshalb habe ich mich entschieden, mit Bildern zu arbeiten. Denn in der Arbeit mit inneren Bildern erfahren Sie die Essenz.

In der Mitte des Lebens werden Sie zunehmend mit der Endlichkeit des menschlichen Lebens konfrontiert. Der Tod wird Ihnen bewusst, Sie müssen sich ihm stellen, daran führt kein Weg vorbei. Sie beginnen, eine Zwischenbilanz zu ziehen, die oft nicht zur tieferen Zufriedenheit beiträgt. Soll und Ist stehen sich in Ihrer Bewertung gegenüber und machen Ihnen Angst. Haben Sie Ihre Träume verfolgt? Machen Sie genau das, was Sie möchten? »Das soll jetzt bis zum Ende meines Lebens so weitergehen?«, fragen Sie sich. Glauben Sie mir, ich schicke Ihnen diese Fragen nicht, um Sie zu verärgern oder auf die Probe zu stellen. Diese Krise kann Ihrem Leben eine völlig neue Richtung geben, hin zu Ihrer Kraft und Leidenschaft. Aber natürlich ist Ihnen diese Tatsache gar nicht bewusst, Sie haben zunächst einfach nur eine Krise – körperlich, geistig und/oder auch beides. Erst ist da der Stress, dann folgen psychische Probleme, die Sie zunächst gar nicht erkennen und wahrhaben wollen, und letztendlich entwickelt sich auch noch etwas Psychosomatisches. Oft kommen berufliche Probleme, Scheidung und finanzielle Sorgen hinzu. Noch immer aber schauen Sie der Wahrheit nicht ins Auge, sondern

Was ist die Seele?

bevorzugen es, die Lösung in der Symptombekämpfung zu suchen. Das Leben drängt nach einer Umstellung, Sie landen in den Wechseljahren – auch die Männer. Wer im Altern nur das »Altwerden« und nicht das »Weisewerden« sieht, hat es in dieser Phase schwer. Bei dieser Krise hat jeder Mensch eine individuelle Ausgangssituation, jeder muss seinen eigenen Weg gehen. Die Fußstapfen eines anderen mögen sicherer erscheinen, doch deren Weg wurde schon beschritten. Seine Energie ist verbraucht. Manche Menschen gleiten ganz weich und homogen von der Jugend ins Alter, andere wehren sich mit Händen und Füßen dagegen. Auch die Tiefe und Weite dieses Prozesses ist unterschiedlich. Der

Das Ich wird eine benötigt für ihn nur einige Monate, andere wie-
zum Selbst. derum Jahre. Krisen beinhalten sowohl Chancen als auch Risiken. Wer seinen Fokus auf die Risiken legt, wirkt schnell gelähmt. Besser orientieren Sie sich an den Chancen.

Die Heldengeschichte ist ein Grundmuster des menschlichen Lebens. Schon antike Epen erzählen die Reise eines Helden zu sich selbst nach einem immer gleichen Schema. Sie handeln von den Irrungen Liebender, von kämpfenden Helden, von Prüfungen und Herausforderungen, von Tod und Wiedergeburt. Alle großen Geschichten folgen denselben Strukturen, die Heldenreise ist universell. Immer geht es um den Weg vom Ich zum Selbst. Die Entwicklung des Einzelnen, der sich aus der Masse heraus zu einem Individuum entwickelt, steht im Mittelpunkt. Das Bewusste des Individuums entsteht aus dem kollektiven Unbewussten. Das Ich wird zum Selbst. Dies ist die Heldenreise im Inneren. Sie überwinden die Gegensätze und werden zur ganzen, heilen Persönlichkeit. Sie vereinen die scheinbaren Gegensätze in sich, das Männliche und das Weibliche, das Menschliche und dass Göttliche, das Gute und das Böse, das Helle und das Dunkle. Sie begegnen dem Göttlichen. Durch das Erfahren der Welt, nicht durch das Sitzenbleiben im Haus, gewinnen Sie. Couch-Potatoes sind nicht gefragt.

In früheren Stammesgesellschaften war die Heldenreise den Schamanen vorbehalten. Nur wenigen weisen Männern und Frauen gelang es, die zweite Lebensphase, die Zeit der geistigen und seelischen Wandlung, altersmäßig zu erreichen. Sie waren die Wissenden, die Weisen. Die meisten anderen Stammesmitglieder waren voll und ganz mit dem biologischen Sein beschäftigt und erreichten gar nicht das Alter, in dem sie diesen Prozess hätten erfahren können. Zahlreiche Initiationsriten entstanden daher aus dem Wunsch heraus, Elemente der Heldenreise, also des Weges vom Ich zum Selbst, zeitlich vorzuziehen. Der Tod kam normalerweise viel zu früh, als dass man noch Zeit für eine spirituelle Lebensphase gehabt hätte. Heute erreichen die meisten Menschen die zweite Lebensphase und können dementsprechend auch alle das Wissen der Schamanen erlernen.

Das Ergebnis Ihrer Reise ist immer eine neue religiöse oder spirituelle Haltung, Sie sehen die Welt und sich selbst in dieser Welt mit anderen Augen. Sie befreien sich vom Schein, schieben den Vorhang des Nebels beiseite und entwickeln ein Bewusstsein, das am Leben teilnimmt, kreativ ist und Verantwortung übernimmt.

Fritz Perls beschreibt das Paradoxon der Veränderung sehr anschaulich. Die Menschen wollen sich verändern. Sie haben gute Vorsätze und Ziele, sie suchen Rat und Unterstützung. Aber sobald sie sagen, dass sie etwas verändern wollen, entsteht im selben Augenblick eine Gegenkraft. Veränderungen geschehen immer nur von allein. Wenn

Veränderungen geschehen immer von allein. die Menschen erkennen, wer sie sind, wenn sie sich akzeptieren, dann geschieht Veränderung automatisch – aber erst dann.

Haltung ist Achtsamkeit

Kennen Sie die drei Erfolgsfaktoren für Heilung? Der erste ist Haltung. Der zweite ist ebenfalls Haltung. Und der dritte? Sie ahnen es, immer noch Haltung. Ohne eine »geeignete« Haltung ist Heilung nicht möglich, mit der »richtigen« Haltung geschieht sie oft ganz von allein. Meine Sicht von »geeignet« oder »richtig« werde ich Ihnen nun nahebringen. Sie hat etwas mit Liebe, mit Selbstliebe und mit Selbsterkenntnis zu tun. Damit heilen Sie sich – und andere.

Ihre Haltung beim Lesen dieses Buches

Vielleicht ist dies der richtige Moment, an Ihre Haltung beim Lesen dieses Buches zu appellieren. Man kann ein Buch auf verschiedene Arten lesen. Bei der ersten gleicht man das Gelesene ständige mit dem eigenen Wissen ab. Der zweite Weg ist das Einfühlen in das Denken und Fühlen des Autors. Was könnte er damit gemeint haben, was hat ihn bewegt? Dann liest man neugierig mit einer lernbegierigen Haltung und erfährt Neues, ohne dieses in Schubladen zu stecken. Der dritte Weg ist die völlige Öffnung der eigenen Haltung. Dann entsteht im Dialog mit dem Buch etwas Neues, noch Unbekanntes. Ähnlich wie bei einer Meditation entstehen ganz neue Ideen und Möglichkeiten und zwar in dem Raum, der durch die eigene offene Haltung erschaffen wurde. Im Austausch mit dem kollektiven Unbewussten erscheinen im Dialog zwischen Geist und Gelesenem neue Möglichkeiten. Nur auf diesem dritten Weg kann sich kraftvolles Neues zeigen. Nur, wenn Sie alles, was Sie zu wissen meinen, außen vor lassen, erschließt sich Ihnen das volle Potenzial. Sie werden noch sehen, dass dies im Grunde die Haltung der Heilung ist. Das Bewerten entfällt, Sie sind bewusst und lassen die zarten Knospen einer sich entwickelnden Zukunft wachsen.

Synchronicity Healing ist ein auf Selbstheilung beruhender Weg. Sie heilen sich selbst. In einer Sitzung heilt der Schamane den Klienten, indem er sich selbst in der Welt heilt. Die Heilung eines anderen ist nicht zu trennen von der eigenen Heilung und der Heilung der Welt sowie des gesamten Kosmos.

Sie berühren den anderen nur, wenn Sie sich selbst berühren.

Wenn Sie mit anderen Menschen heilend arbeiten, stellen Sie hin und wieder sicherlich fest, dass Ihre eigenen Themen durch die Tür spazieren. Der Klient dient Ihnen dann als Spiegel. In der Sitzung ist es also interessant, sowohl den Klienten zu beobachten, ihn seine Gefühle formulieren und seine Entwicklung nachvollziehen zu lassen, als auch in sich selbst zu schauen. Wenn der Klient dieselben Sorgen und Empfindungen hat wie Sie, ist es sicher sinnvoll, auf Ihre eigenen inneren Reaktionen zu achten. Letztendlich heilen Sie sich dadurch auch ein wenig selbst und können zudem besser nachvollziehen, was im Klienten vorgeht. Möchten Sie andere heilen, so kann dies vielleicht nur so geschehen. Sie berühren den anderen nur, wenn Sie sich selbst berühren und wenn Sie dieses Berühren zulassen. Fragen Sie sich also beim nächsten Mal: »Warum kommt dieser Mensch mit genau dieser Einstellung und dieser individuellen Geschichte und diesem speziellen Problem ausgerechnet zu mir?« Heilung ist ein beidseitiger Prozess, und wenn sich zwei Menschen auf synchronistische Weise begegnen, kann dies heilsam für beide sein. Wachstum wird möglich, Energien werden frei – auch wenn dabei unangenehme Gefühle hochkommen.

»Wie kann man aber die ›richtige‹ Haltung erlernen? Was ist der effizienteste Weg?«, werden Sie vielleicht fragen. Nun, die Fähigkeit zu heilen, ist nichts Erlernbares, sondern ein Ausdruck von Entwicklung. Haltung ist nicht das Ergebnis eines Lernprozesses, sondern des Weges, den Sie gehen. Haltung in diesem Sinne kann man auch als Weisheit bezeichnen. Beschreibt man diese Entwicklung anhand von Stufen, hat man die erste zum Beispiel nach einem ersten schamanischen Workshop erreicht. Vom Ego getrieben, beruht das Denken danach großteils rational auf Ursache-Wirkung-Konzepten. Man manipuliert und wird – unbewusst – manipuliert. Man will heilen, um sich selbst zu erhöhen. In gewissem Sinne sieht man sich als etwas Besseres an.

Auf der nächsten Stufe schafft man es, aus dieser Selbstbezogenheit hinauszukommen und den anderen empathisch zu sehen. Dies beruht jedoch noch allzu oft auf dem Wunsch, mit diesem Verstehen besser manipulieren zu können. Natürlich ist dies vereinfachend – vorher war man durchaus auch in Ansätzen empathisch und nachher auch immer rational, aber die entsprechende Tendenz ist zu spüren.

Die dritte Stufe ist in gewissem Sinne ein Rückfall auf die erste. Man versteht mehr und mehr die Zusammenhänge und erkennt, dass man sich selbst ziemlich wichtig nimmt. Die Kraft zu heilen wächst, dies allerdings immer nur im eigenen Rahmen, der durch Glaubenssätze und Werte etc. vorgegeben ist.

Die vierte Stufe endlich ist mit der Leere während einer Meditation vergleichbar. Man ist gleichgültig gegenüber den Aussagen und Wünschen seines Klienten. Gleichgültig bedeutet in diesem Zusammenhang, dass die Haltung, das Weltbild des Heilers und das des Klienten beide gleichermaßen gültig sind. Keiner hat recht – oder jeder hat in seiner Welt recht. Man ist leer, aber verbunden mit der Quelle.

Die Haltung des Helden

Es gilt, die richtigen Fragen zu stellen, und weniger, die richtigen Antworten zu finden.

Was für ein Held sind Sie? Sind Sie jemand, der weiß, was er will? Einer, der entschlossen und tatkräftig loszieht und seinen Weg verfolgt? Oder sind Sie eher zögerlich, ängstlich und werden von Zweifeln geplagt? Wenn Sie Letzterer sind, kommt vielleicht dennoch der Punkt, an dem Sie plötzlich erkennen, dass Sie endlich zu Ihrer Reise aufbrechen wollen. Sie werden von Ihrer eigenen Tatkraft überrascht sein. Als Held suchen Sie letztendlich sich selbst. Wer sind Sie? Wofür stehen Sie? Veränderung kann erst geschehen, wenn Sie sich erkennen. Es gilt, die richtigen Fragen zu stellen, und weniger, die richtigen Antworten zu finden. Die Antworten kommen von ganz allein, wenn die Zeit reif dafür ist. Gras wächst schließlich auch nicht schneller, wenn man daran zieht!

Auf Ihrer Reise werden Sie – sowohl wahrhaftig als auch im übertragenen Sinne, beispielsweise im Rahmen von schamanischen Reisen – den verschiedensten Wesen begegnen. Da sind Wesen wie Schwellenhüter, Helfer, Feinde, ich, der Trickster, Vater- und Mutterfiguren, Lehrer, Götter, Dämonen, Führer und viele mehr, aber auch Tiere und scheinbar tote Dinge. Ich lege Ihnen ans Herz, auf alle Dinge mit derselben Aufmerksamkeit zu achten. Tiere können genauso Boten, Helfer und Führer sein wie menschenähnliche Wesen. Der Held ist in der Mythologie oft in der Lage, mit Tieren zu kommunizieren, und erhält von ihnen wichtige Botschaften. Gerade auf den schamanischen Reisen ist die Kommunikation mit allem, was ist, ein wichtiges Element der Erkenntnis. Und so ist der große Fels, auf den Sie möglicherweise im Rahmen einer Seelenreise treffen, ein Teil von Ihnen. Wofür könnte er stehen? Der leichteste Weg, dies herauszufinden, ist, ihn zu fragen. Mit der Zeit werden Sie lernen, alles, was Sie während einer Reise sehen, als Hinweis und als Spiegel Ihres Ichs zu verstehen. Dies ist der beste Weg, mehr über sich selbst zu erfahren. Sie holen sich das, was Ihnen fehlt, von den Energien, Wesen und Personen, die Ihnen begegnen.

Die Reise ist ein Wachstumsprozess, so wie vielleicht jede Heilung immer auch Wachstum und Entwicklung ist. Wachstum geschieht nicht nur im Einzelnen, sondern auch in der Gemeinschaft. Eine bessere Zukunft kann immer nur eine gemeinsame, bessere Zukunft sein. Der Einzelne wird vom Gesamten getragen, so wie der Einzelne das Gesamte mitträgt. Die sich aus dem Gerstensamen des einzelnen Korns entwickelnde Frucht wird erst durch das ganze Feld zur Nahrungsquelle. Der Reifeprozess des Samens besteht in der Erweiterung der Persönlichkeit und in der Entwicklung eines größeren Bewusstseinfeldes. So, wie aus dem Samen stufenweise eine Gerstenähre erwächst, entfaltet sich das Leben. Der Samen fällt auf fruchtbare Erde, er wartet auf das richtige Klima, bis er keimt. Er überwindet trockene Phasen, er richtet sich nach Stürmen wieder auf. Eines Tages wird er geerntet und tritt ein in den Kreislauf des Lebens.

Liebe ist der größte Heiler

Glück entsteht aus einem von Sinn erfüllten Leben. Gibt es etwas Sinnvolleres, als anderen Menschen zu helfen oder gemeinsam etwas zu (er)schaffen? Der Mensch strebt nach Beziehungen und Entwicklung, in der Heilung ist beides vereint. Es gibt kein größeres Glück, als anderen Menschen zu helfen und sie zu lieben. Indem Sie helfen, entwickeln Sie sich selbst. Jeder kann helfen, der eine als professioneller Therapeut oder Heiler, der andere durch ein offenes Ohr, ein gutes Gespräch oder eine helfende Hand. Erinnern Sie sich an das Buch *Momo* von Michael Ende? Momo konnte zuhören wie kein anderer Mensch. Wenn Momo zuhörte, kamen selbst den nicht so intelligenten Menschen die besten Ideen. Dies erreichte Momo durch Zuhören mit aller Aufmerksamkeit, Anteilnahme und Neugierde. Sie gab keine Tipps und klugen Ratschläge, sie saß einfach da. Momo konnte so zuhören, dass der andere beim Erzählen merkte, was er wollte und was er tun musste, um wertvoll zu sein. Das ist Haltung!

Heilung basiert auf Haltung und Bewusstheit.

Heilung basiert zu mindestens 80 Prozent auf Haltung und Bewusstheit, die es ermöglicht, den anderen zu verstehen und ihm die richtigen Signale zu senden. Die verbleibenden 20 Prozent sind Technik, Wissen und Rituale zur Unterstützung dieses Prozesses. Auch von Profis wird gern übersehen, dass Technik und Übungen einen eher kleinen Anteil an der Heilung haben. Sehr leicht reduziert man Coaching, Therapie und Heilung auf methodische Aspekte und übersieht dabei das vielschichtige Beziehungsnetzwerk. Wenn Sie mit einem Klienten oder Freund eine Sitzung machen, stehen sich nicht nur Heiler[8] und Klient gegenüber. Da sitzen Sie selbst mit Ihren Sorgen, Nöten und Freuden und als Teil eines Systems. Und der Klient bringt mit seinen Sorgen und Freuden zugleich ebenfalls sein gesamtes System mit. Es treffen also vielfältige Beziehungsmuster aufeinander, die zu einzigartig sind, um sie nach Rezept »behandeln« zu können. Jede Kombination ist einzigartig, und die Verwendung aller hier vorgestellten Techniken ist immer nur ein Vorschlag, es gibt stets Alternativen. Jeder Mensch heilt sich letztendlich selbst. Wenn Sie mit anderen Menschen arbeiten, ist das Ziel einer Sitzung nicht Ihr persönlicher Triumph, sondern, *dass der Mensch lernt, sich selbst den Hintern abzuputzen*[9]. Der Heiler erzeugt das Feld, in dem der Klient sich heilt. Die Veränderung geschieht von ganz allein, wenn die Zeit dafür gekommen ist. Wenn das, was ist, wahr- und angenommen wird, stellt sich Veränderung ein, und Heilung wird möglich. Der Heiler hält das Feld, sodass sich die Seele des Klienten ihren Weg bahnen kann. Oft ist es einfach so, dass der Klient sich zwar selbst heilt, dies aber ohne sein Gegenüber nicht schafft. Erst durch das spiegelnde Gegenüber werden Erkenntnisse und Einsichten möglich.

---

[8] Ich benutze die Bezeichnungen Coach, Heiler und Therapeut synonym.
[9] Bruno-Paul de Roeck: Gras unter meinen Füßen. Eine ungewöhnliche Einführung in die Gestalttherapie. rororo 1982, S. 33.

Empathie und Spiegelneuronen

Haltung entsteht aus der Beschäftigung mit sich selbst. Jeder, der sich mit der Heilung anderer Menschen beschäftigt, sollte sich zunächst um sich selbst kümmern. Nicht ohne Grund hat man den Eindruck, dass viele Menschen, auf die man in Ausbildungen und Workshops im weiten Feld der Heilung zwischen Psychologie und Geistheilung trifft, noch eine Menge eigene Themen haben. Die innere Einstellung des Heilers löst beim Klienten eine Reaktion aus, und umgekehrt ist es ebenso. Der Klient spürt die unausgesprochenen Botschaften. Neben offensichtlichen Zeichen wie Unkonzentriertheit spürt er auch subtile, unterschwellige Aspekte.

Wessen Lippen schweigen, der schwatzt mit den Fingerspitzen. Aus allen Poren dringt der Verrat.*

Neurowissenschaftler haben dafür eine Erklärung gefunden: die Spiegelneuronen. Dies sind Nervenzellen im Gehirn, die es uns ermöglichen, zu fühlen, was andere Menschen fühlen. Verbrennt sich jemand beispielsweise seine Hand an einer heißen Herdplatte, sorgen Spiegelneurone dafür, dass wir den Schmerz nachempfinden können. Das ist sinnvoll, weil wir so das Verhalten anderer und die zu erwartenden nächsten Schritte nachvollziehen und vorhersagen können. Erwachsene, die eine eher schwere Kindheit hatten, haben in dieser Funktion oft Defizite, ihre empathischen Fähigkeiten sind reduziert – wie übrigens auch bei

---

* Siegmund Freud: Bruchstücke einer Hysterie-Analyse. 1905. Online auf: http://www.psychanalyse.lu/articles/FreudDora.pdf

Stress oder Depressionen.[10] Ihr Wissen über Sie selbst gewinnen Sie durch die Wahrnehmung der Reaktionen Ihrer Umwelt auf Sie. Säuglinge und Kinder, die in einer reizreduzierten Umwelt aufwachsen, verpassen wichtige Phasen und finden wenig Anbindung an andere Menschen. Blinde haben beispielsweise keine spiegelnde Gesichtsmimik, dafür sind ihre anderen Sinne viel ausgeprägter. Im Coaching nutzt man den *Rapport*, also die bewusste Spiegelung des Klienten (mit Schwerpunkt auf der körperlichen Haltung) durch den Coach. Der Coach fühlt sich auf diese Weise besser ein und kann im weiteren Verlauf die Führung übernehmen. Er bringt den Klienten dazu, seine Haltung (eben die des Coaches) zu übernehmen, was zu einer größeren Übereinstimmung, zu einem guten Verständnis und zur Schaffung einer belastbaren Arbeitsebene führt. Dies ist keine Manipulation, sondern ein Beziehungsaufbau zwecks Heilung!

Im Mentaltraining und natürlich bei den schamanischen Reisen werden die positiven Bilder und das Prinzip der Spiegelneuronen genutzt. Wenn die Spiegelneuronen reagieren, treten als Nächstes Handlungsneuronen auf den Plan. Die Handlungsneuronen bekommen den Auftrag, das Wahrgenommene im eigenen Gehirn durchzuspielen. Im Beispiel der heißen Herdplatte simulieren Sie nun die Berührung derselben. Sie sind intelligent, sie steuern Aktionen, sie kennen Plan, Ablauf und Ergebnis der Handlung. Es folgen die Bewegungsneurone als Ausführende. Interessanterweise ist es aber nicht so, dass die Bewegungsneurone zwangsläufig

---

[10] Mehr dazu in: Joachim Bauer: Warum ich fühle, Intuitive Kommunikation und das Geheimnis der Spiegelneurone. Heyne 2006.

ebenfalls aktiviert werden. Sie können sich eine Handlung auch nur vorstellen. Wenn Sie mental Bild- und Handlungsabläufe trainieren, indem Sie sie sich immer wieder vorstellen, so führt dies dazu, dass die Handlungsneuronen diese speichern. Sportler perfektionieren so ihre Bewegungsabläufe.

Aber Achtung: Die Spiegelneuronen sind stressanfällig! Stress und Angst reduzieren die Fähigkeiten der Spiegelneuronen, die Empathie lässt nach. Ein Heiler, der gerade unter dauerhaftem Stress leidet, kann seine Techniken und Methoden einsetzen, seine Empathie aber und seine Intuition sind deutlich reduziert.

Empathie, also unter anderem auch die Fähigkeit der Spiegelung, ist für den Heiler ein zweischneidiges Schwert. Wer nicht spiegeln kann, spürt die Emotionen des anderen nicht und ist oft auch von den eigenen Emotionen abgeschnitten. Andere wiederum sind extrem feinfühlig und spüren jede kleine Regung einer anderen Person wie ein Seismograf. Sie können nicht abschalten, opfern sich auf, verausgaben sich und werden krank. Hier ist die Fähigkeit der Abgrenzung gefordert. Als Heiler müssen Sie sich öffnen, im richtigen Moment aber auch wieder schließen können. Es ist unprofessionell – und nicht empathisch – nach der »Arbeit« noch in seinen Fällen zu hängen.

Natürlich spielt die Haltung des Klienten eine genauso große Rolle. Sie können sich vorstellen, mit welchen Gedanken und Erwartungen ein Klient zu einem Heiler geht. Das Spektrum reicht von »Sie sind meine letzte Hoffnung« bis »eigentlich glaube ich ja gar nicht, dass das hier etwas bringt.« Der Heiler spürt dies über seine Spiegelneuronen, und der geübte Heiler weiß dies zu nutzen. Zu guter Letzt ist es also so, dass sich diese Systematik aufschaukelt – und das sowohl in die positive als auch in die negative Richtung. Die Haltung der Liebe ist demnach ein mächtiges Werkzeug in der Hand des Heilers. Neurologisch gesehen schwingen sich die Spiegelneuronen von Heiler und Klient aufeinander ein. Ähnlich wie bei einem Flirt spiegeln sich Körperbewegungen, und es entsteht Resonanz.

Lieben bedeutet, die Befindlichkeiten des anderen zu erkennen, die Wünsche wahrzunehmen und darauf so zu reagieren, dass dieser Zuneigung spürt und erfährt. Sie verstehen sicher, dass dies kaum willentlich zu erzeugen ist, sondern nur aus der Haltung heraus kommen kann. Dadurch, dass die Spiegelneuronen »mitspielen«, gerät viel Eigenes in die Wahrnehmung. So aber funktioniert die Wahrnehmung überhaupt. Projizieren wir nichts Eigenes in den anderen, ist er nicht existent. Bauer schreibt dazu: *»Im Antlitz des anderen begegnet uns unser eigenes Menschsein.«*[11] Erst indem wir uns gegenseitig als Menschen erkennen und anerkennen, werden wir zu Mitmenschen.

Indem wir uns gegenseitig als Menschen erkennen und anerkennen, werden wir zu Mitmenschen.

Und wenn es Ihnen gelingt, für Ihre Mitmenschen der Vertreter von deren Selbst zu sein, sind Sie auf dem richtigen Weg. In Ihnen werden sie den Zugang zu ihrer Quelle finden.

---

[11] Joachim Bauer: Warum ich fühle, Intuitive Kommunikation und das Geheimnis der Spiegelneurone. Heyne 2006, S. 115.

Synchronicity Healing

Synchronicity Healing besteht aus verschiedenen Bausteinen, die im folgenden Kapitel vorgestellt werden. Theorie und Praxis basieren auf dem Synchronizitätsprinzip. Ein inneres, mentales Ereignis und ein äußeres Erleben folgen zeitnah aufeinander, ohne dass auf den ersten Blick ein Zusammenhang erkennbar ist. Und dennoch ist dieser vorhanden. Es gibt zahlreiche, teilweise sehr unterschiedliche Heilmethoden. Hinzu kommen neue Namen für seit Jahrtausenden bekannte Ideen und Techniken. Wenn es nicht völlig egal ist, welche Methode man wählt, müssten zumindest die wirksamen alle auf denselben Prinzipien beruhen. Diese Prinzipien sind großteils uralt und seit Ewigkeiten bekannt. Bereits in der Bibel finden Sie Berichte von Handauflegern und anderen Heilern, die gewisse Ähnlichkeiten mit den heute in der Geistheilung angewandten Methoden zu haben scheinen.

Manches, was ich Ihnen zeige, werden Sie sofort anwenden können und wollen, bei anderen Techniken scheuen Sie vielleicht erst einmal zurück. Wenn Sie der Ansicht sind, für gewisse Übungen noch nicht bereit zu sein, dann hören Sie auf Ihre innere Stimme, und beginnen Sie mit dem, was Ihnen mehr zusagt. Solange Sie die nötige Haltung noch nicht haben, ist die Arbeit kraftlos. Es kann unter Umständen gefährlich für Sie sein, mit etwas zu arbeiten, für das Sie noch nicht bereit sind. Andererseits kann es genauso gut sein, dass Sie mit einer Methode von Anfang an sehr vertraut sind und sich gut fühlen. Dann wird auch Ihre Arbeit erfolgreich sein. Dafür werde ich sorgen. Die Entscheidung, wann Sie für welche Technik bereit sind, kann ich Ihnen nicht abnehmen. Immer aber gilt: Haltung heilt, Technik ist nur Beiwerk. Dazu möchte ich Ihnen eine kleine Geschichte erzählen, die zeigt, dass das Sichtbare nichts ist ohne das Unsichtbare.

Laufen Sie Ihrer Seele nicht vorweg, suchen Sie Ihr eigenes Tempo.

Ein westlicher Forscher durchforstet den Dschungel. Er ist auf der Suche nach einem geheimnisvollen, sagenumwobenen Ort. Dieses Ziel will er unter allen Umständen und so schnell wie möglich erreichen. Mit hohem Tempo und großer Kraftanstrengung macht er sich auf die Suche. Der Forscher treibt die einheimischen Träger an, immer schneller vorwärts zu gehen. Bei der nächsten Rast setzen sich die Träger auf den Boden und verharren an dieser Stelle. Der Forscher fordert sie auf, loszulaufen – aber sie weigern sich vehement. Auf die Frage des Forschers, warum sie denn nicht weitergehen, antwortet ihr Sprecher: »Unsere Körper sind hier, aber unsere Seelen müssen erst noch folgen. Darauf warten wir.«

Laufen Sie also Ihrer Seele nicht vorweg, suchen Sie Ihr eigenes Tempo.

Diese kleine Übung für Ihre Kreativität können Sie immer mal wieder machen. Mit jeder verrückten Idee, die Sie dabei haben, entwickeln Sie Potenzial für weitere schamanische Reisen und Visualisierungen.

Schließen Sie die Augen, und atmen Sie einige Male entspannt ein und aus. Stellen Sie sich vor, Sie sitzen in einem kleinen, blauen Ruderboot und treiben still auf einem ruhigen Meer, direkt vor einer Küste. Sie sind gerade aus dem Schlaf erwacht und wissen nicht, wo Sie sind. Vielleicht träumen Sie auch. Vor Ihren Füßen liegt eine alte Schatzkarte, offensichtlich ein Plan der Insel vor Ihnen. Sie ergreifen das Ruder und paddeln an den weißen Sandstrand. Als Sie gerade das Boot verlassen wollen, hören Sie das Brechen von Ästen und Zweigen sowie lauten Stampfen. Jemand brummt laut im Wald. Aus dem Dschungel tritt ein Riese. Diese Riese ist der Herr der Insel. Noch ist nicht entschieden, ob er Ihr Freund oder Ihr Feind ist. Lassen Sie sich ein paar Dinge einfallen, die Sie tun oder zu ihm sagen können, damit er Ihnen erlaubt, die Insel zu betreten.

Ihr Ziel ist es, den Schatz zu finden. Wenn Sie es schaffen, den Riesen zu überzeugen, nutzen Sie die Schatzkarte, und lassen Sie sich überraschen, was Ihr Schatz ist.

Wie funktioniert Synchronicity Healing?

Synchronicity Healing arbeitet auf verschiedenen Ebenen des Bewusstseins. Durch die Harmonisierung und Synchronisierung von Körper, Seele und Geist gelingt es, einen Zustand des Heil-Seins zu erschaffen. Es mag spitzfindig klingen, aber ich differenziere zwischen *heil sein* und *gesund werden*. Man ist heil, wenn man eins mit allem ist, wenn man bei sich ist. Heilsein ist frei von Bewertungen, es bedeutet, achtsam und bewusst zu sein. Das Gesundwerden ist eine Begleiterscheinung, bei der Symptome möglicherweise verschwinden. Absolutes Heilsein erfordert dies jedoch vielleicht gar nicht mehr, weil man dann im Hier und Jetzt lebt und alles akzeptiert, was ist.

Synchronicity Healing ist sowohl der Weg hin zu dieser Fähigkeit, als auch später die Begleitung von anderen auf ihrem Weg. Vieles stützt sich auf bildhafte und wahrnehmungsorientierte Techniken. Synchronicity Healing basiert auf dem Wissen um die Entstehung von Synchronizitäten durch das Zusammentreffen der geistigen und der materiellen Ebene mit der unter allem liegenden Ebene der Quelle. Durch Synchronicity öffnen Sie die Verbindung zur Quelle, zum höheren Selbst und harmonisieren so Körper, Geist und Seele. Ihr Beziehungssystem auf diesen Ebenen wird bereinigt und geheilt.

Für all diejenigen, die wie Kurt Lewin meinen »*Es gibt nichts Praktischeres als eine gute Theorie*«, werde ich in den folgenden Kapiteln einige grundlegende Gedanken zu diesem Thema erläutern. Keine Sorge, Sie müssen kein(e) Quantenphysiker(in) sein. Synchronicity funktioniert auch ohne Theorie.

Die drei Säulen von Synchronicity Healing

Synchronicity Healing arbeitet mit drei Richtungen. Neben dem Ziel der Erleuchtung steht ein bewusstes Leben. Die dritte Säule stellt die Schattenarbeit dar. Alle drei Säulen sind gleich wichtig. Die folgende Grafik zeigt, dass Bewusstsein und Erleuchtung gerne genommen werden. Die Beschäftigung mit dem eigenen Schatten jedoch, der letztlich auch viel Böses, das Sie in der Welt erleben, beinhaltet, fällt schwer. Hinzu kommt, dass sich die Esoterikszene lieber mit Licht und Liebe beschäftigt, als der Frage nachzugehen, woher das Negative denn eigentlich kommt.

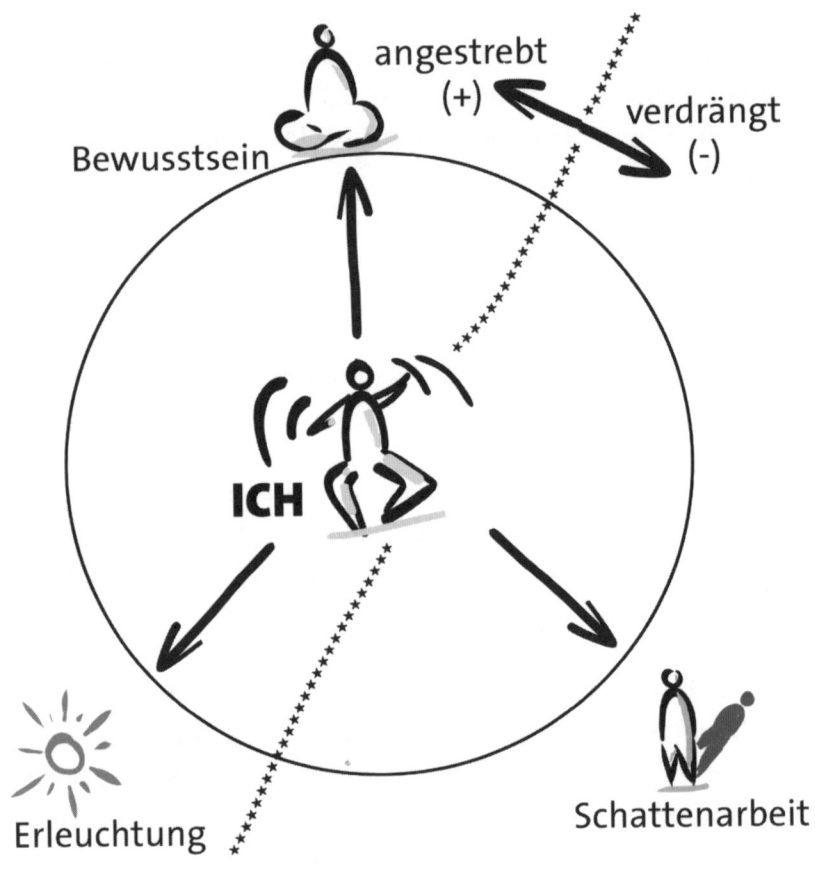

Die drei Säulen:
Bewusstsein und Erleuchtung will der Mensch gern, der Schatten wird lieber verdrängt.

Viele Menschen sind heutzutage auf der Suche. Vielleicht kennen auch Sie Menschen, die alles über spirituelle Wege lesen, Workshops besuchen, die jeden Tag meditieren und die die tollsten Erfahrungen in der Meditation gemacht haben – und dennoch irgendwie nicht allzu weise erscheinen? Ganz im Gegenteil begegnen Sie in der Esoterik oft Menschen, die sich selbst anscheinend irgendwo auf dem Weg verloren haben. Viele haben finanzielle Probleme oder sind vom Leben enttäuscht. In diesen Fällen kann man Spiritualität eher als Flucht vor etwas, denn als Zuwendung zu etwas ansehen. Es ist offensichtlich, dass dies kein Erfolg versprechender Weg sein kann.

Möglicherweise haben diese Menschen nur an einer Sache gearbeitet: an ihrer Erleuchtung. Für viele besteht ihr Ziel darin, außergewöhnliche Erfahrungen zu machen und womöglich ein Erleuchtungserlebnis zu haben. Was Erleuchtung wirklich ist, kann nur am eigenen Leib erfahren werden. Von Mensch zu Mensch ist der Zustand der Erleuchtung unterschiedlich. Der eine erlebt ihn in der Meditation, der andere beim Betrachten einer Blüte, der dritte wiederum in der Liebe zu einem Menschen. Der Dalai Lama beschreibt die Erleuchtung als *Zustand der Freiheit, nicht nur von den kontraproduktiven Emotionen, die den Prozess der zyklischen Existenz in Gang halten, sondern auch von den Neigungen, die diese betrüblichen Gefühle im Geist wecken*[12]. Im Grunde sind

---

[12] Dalai Lama: Becoming enlightend. New York, Atria Books 2009, S. 56.

wir alle immer erleuchtet, werden uns aber nur in einzelnen Momenten wieder dessen bewusst.

Den Erleuchtungszustand erleben Sie in kleinen und großen Momenten, wenn Ihre Seele einen Blick auf das ungefilterte Leben erhascht. Sicherlich haben auch Sie Erinnerungen an Augenblicke oder Stunden, die einzigartig waren, obwohl eigentlich nichts Besonderes geschehen war. Dies kann ein Spaziergang im Wald, ein warmer Luftzug am Strand oder eine Tasse Tee am Abend gewesen sein. In solchen Momenten gelingt es der Seele, den Filter Ihrer Persönlichkeit beiseitezuschieben. Sie kommt dann in unmittelbare Berührung mit dem Leben. Die Schamanen nennen dies *klare Wahrnehmung*. In diesen Momenten verbinden Sie sich unmittelbar mit der Welt. Dies ist kein finaler Zustand, sondern ein kontinuierlicher Weg. Immer wieder erhaschen Sie einen Blick auf Ihr Selbst, und dieses ist jedes Mal neu und anders.

Die zweite Säule – Bewusstsein

Spiritualität ist die Öffnung des Bewusstseins sowohl in die Bewusstheit als auch in das Unbewusste hinein. Veränderung entsteht, indem Sie in beide Richtungen schauen. Viele Menschen meinen, dass es nur darum geht, sich mit dem göttlichen Selbst zu verbinden und dabei möglichst erleuchtet zu werden. Nur weg von allem Negativen, heißt es. Wer nicht ausschließlich voller Liebe ist, der hat – so meinen viele – den Sinn, die Essenz des Lebens, noch nicht verstanden.

Neben dem Weg der Erleuchtung gibt es folgerichtig den Weg der Bewusstseinsentwicklung. Es geht dabei um Achtsamkeit als konkreten Ansatz für den Alltag. Wichtigste Voraussetzung für ein Leben in Bewusstheit ist das Erwachen. Sie müssen die Trance, in der Sie sich verlieren und die Sie krank macht, verlassen. Die Unbewusstheit des Menschen ist eine Hauptursache für die Entstehung von Konflikten, für das Böse in der Welt. Gefordert ist nicht das Wissen und das Wollen, sondern die aktive Umsetzung. Sie müssen das Leben aktiv angehen und bewusst gestalten. Dazu gehört es, weg von der Steuerung und Begleitung des Lebens durch das Unbewusste hin zum Bewussten zu gelangen. Es ist ein Unterschied, ob wir etwas einfach nur wahrnehmen, weil es da ist, oder ob wir bewusst unsere Wahrnehmung darauf richten. Ihre Sinne nehmen alles unaufhörlich wahr, doch nur ein geringer Prozentsatz davon erreicht Ihr Bewusstsein. Von den Milliarden Informationen, die gerade in Ihrer Umgebung vorhanden sind, landen weniger als ein Prozent in Ihrem Bewusstsein. Den Rest nehmen Sie nicht bewusst wahr. Der Mensch kann mit den Augen nur begrenzt sehen und mit den Ohren nur einen Ausschnitt aller Frequenzen hören. Bereits hiermit gehen wesentliche Informationen verloren. Von dem, was dann über die Nervenbahnen zum Gehirn gelangt, wandert ein Großteil direkt ins Unbewusste.

Versuchen Sie mit der Zeit, Ihre bewusste Wahrnehmung ein wenig zu schulen. In den Übungen, die ich Ihnen ans Herz lege, geschieht dies über die Bilder automatisch. Mit

Die Unbewusstheit des Menschen ist eine Hauptursache für die Entstehung von Konflikten.

dem Wachstum der Bewusstheit wird es auch wahrscheinlicher, das eigene Potenzial zu leben. Der freie Wille reicht
nur bis an die Grenzen Ihres Bewusstseins, alles andere wird
über in den Genen und im Reptilienhirn gespeicherte innere
Bilder gesteuert. Eines Tages sprach Gott: »Es werde Licht«.
Das Bewusstsein erwachte, und seit damals erfährt die Seele
des Menschen die Welt. Darauf, dass mit dem ersten Licht
auch der erste Schatten entstand, komme ich gleich zu sprechen.

Die dritte Säule – Schattenarbeit

Die dritte Säule wird meist vernachlässigt. Gerade sie macht
aber die Ganzheitlichkeit, die dreidimensionale Räumlich-
keit aus. Die dritte Dimension ist die Beschäftigung mit dem
eigenen Schatten, die Schattenarbeit. Das hört sich nach Arbeit an, und das ist es auch. Der Schatten ist der Persönlich-
keitsanteil, den Sie vor sich und vor anderen zu verbergen
versuchen. In der Schattenarbeit gilt es, unbewusste Inhalte bewusst zu machen. Zur Selbsterkenntnis gehört die Beschäftigung mit dem eigenen Schatten einfach dazu. Das Gegenteil des Schattens ist die Persona, also das, was Sie gern
von sich zeigen. Sie sind so lange durch Ihren Schatten begrenzt, wie Sie sich seiner nicht bewusst sind. Sie merken
also nicht einmal, dass Sie nichts merken. Wo aber setzen Sie
an, etwas zu verändern, von dem Sie gar nicht wissen, dass

es Sie behindert? Der erste Schritt ist, dass Sie bemerken, wie dieser Sachverhalt Ihr Verhalten beeinflusst. Denn wenn Sie wissen, dass Sie einen Schatten haben, können Sie auf ihn achten.

Viele Probleme des Menschen beruhen auf der Verdrängung seiner Schattenseite. Der durch die Verdrängung entstehende Druck wird so groß, dass er zu starken Gefühlen führt. Bei dem Versuch, sich von diesen zu entfernen und möglichst weit weg zu kommen, wird das Licht gesucht. Dennoch zieht der Schatten einen immer wieder wie ein Gummiband zurück. Sie können sich vorstellen, wie viel Kraft und Energie dies erfordert.

In diesem Zusammenhang kann sich auch die »eigentlich« sehr sinnvolle Meditation zu einem Verdrängungsmechanismus entwickeln, der die Menschen von ihrem Unbewussten abtrennt. Es entsteht ein Teufelskreis, weil sie durch die Meditation zwar sensibler und offener werden, zugleich aber das Negative nicht sehen wollen. Also brauchen sie noch mehr Energie, um den »Deckel auf dem Topf zu halten«. Schnell gerät man dann in eine spirituelle Krise. Stanislav Grof hat den Begriff spirituelle Krise[13] geprägt. Damit bezeichnete er die krisenhafte Entwicklung von suchenden Menschen. In vielen psychischen Krankheiten entdeckte er diese Krise, die auf einem möglicherweise zu großen Wachstumssprung dieser Menschen beruhte. Die spirituell erhöhte Lebensenergie trifft auf ungelöste Konflikte. Das Alte bricht zusammen, bevor das Neue entstehen kann. So geht jeder Halt verloren.

---

[13] Siehe hierzu: Stanislav Grof: Spirituelle Krisen, Kösel 2000.

Stellen Sie sich eine Blume vor, die es nur zur Sonne zieht und die mit der »schmutzigen« Erde und allem, was womöglich noch darunter steckt, nichts zu tun haben möchte. Sie hat keine Wurzeln im Leben, die ihr Halt geben. Sie ist den äußeren Einflüssen hilflos ausgeliefert. Bevor Sie keine stabilen Wurzeln gebildet haben, die Ihnen Halt in den Stürmen des Lebens geben, ist es geradezu gefährlich, nur auf die Karte Meditation als Mittel zum Ziel Erleuchtung zu setzen. Wenn ich präzise sein möchte, handelt es sich bei dieser Art von Erleuchtung gar nicht um Erleuchtung, sondern und eine Projektion des Egos, um eine Fata Morgana, die Ihnen etwas vorgaukelt. Menschen, die ihre Persönlichkeit noch nicht stabilisiert und ihren Schatten erforscht und akzeptiert haben, verlieren den Halt. Das Fremde, oft Beängstigende, auf das sie eventuell treffen, verändert sie. Veränderung geschieht am einfachsten und sichersten mit einer stabilen Psyche.

Je mehr Sie Ihre Persönlichkeit gefestigt haben, desto leichter fällt Ihnen der Umgang mit dem Fremden, Ihrer dunklen Seite. Denken Sie an das Geländer einer Aussichtsplattform im Gebirge. Ohne Geländer wäre es leichtsinnig, zu nahe an den Abgrund heranzugehen. Mit Geländer jedoch können Sie sich voll und ganz der Schönheit des Augenblicks widmen. Auch der Schatten übt manchmal eine Sehnsucht, eine Anziehung, eine Faszination auf uns Menschen aus, und auch dann ist es gut, ein Geländer zu haben. Von sicherem Terrain aus können Sie einen Blick auf ihn werfen und versuchen herauszufinden, worin diese Faszination begründet ist. Ist es möglich, das, was Sie dort entdecken, zu leben oder eher nicht?

Im Schatten finden Sie die Kräfte und Ressourcen des Unbewussten. Je heller Sie meinen, bereits zu sein, desto dunkler ist der Schatten. Jeder Mensch ist ein potenzieller Mörder, hat ein schlauer Mensch einmal gesagt. Erkennen Sie einiges, was Sie an menschlichen Schwächen und Fehlern bis hin zur Perversität tagtäglich im Fernsehen sehen, in sich selbst wieder? Solange Sie dies nicht bejahen, ist ein Teil von Ihnen im Schatten verborgen und kann sein Unwesen treiben. Nur wenn Sie Ihren Schatten erkennen und daran arbeiten, die sich in ihm befindlichen Persönlichkeitsanteile zu integrieren, wird es Ihnen gelingen, sich ganzheitlich persönlich weiterzuentwickeln.

Arnold Beisser ist ein amerikanischer Psychiater und Gestalttherapeut, der im Alter von 25 Jahren an Kinderlähmung erkrankte und seitdem fast vollständig gelähmt ist. Er schreibt in seiner autobiographischen Publikation »Wozu brauche ich Flügel?«: *»Veränderung geschieht, wenn jemand wird, was er ist, nicht wenn er versucht, etwas zu werden, was er nicht ist. Veränderung ergibt sich nicht aus einem Versuch des Individuums oder anderer Personen, seine Veränderung zu erzwingen, aber sie findet statt, wenn man sich die Zeit nimmt und die Mühe macht, zu sein, was man ist; und das heißt, sich voll und ganz auf sein gegenwärtiges Sein einzulassen.«*[14]

Schön, nicht wahr?

---

[14] Arnold Beisser: Wozu brauche ich Flügel? Ein Gestalttherapeut betrachtet sein Leben als Gelähmter. Hammer 1997, S. 65.

Übung – Wie justiere ich mich?

Nehmen Sie sich 15 bis 20 Minuten Zeit, vielleicht gehen Sie raus in die Natur – so, wie ich es in solchen Fällen gern mache –, und setzen Sie sich unter einen Baum. Schreiben Sie auf, wie Sie sich aus dem Stress des Alltags herausholen. Wie schaffen Sie Ruhezonen für sich? Wie sorgen Sie für eine ausgewogene Work-Life-Balance? Sollten Sie Therapeut, Heilpraktiker, Arzt oder Ähnliches sein, schreiben Sie auch auf, ob und wie Sie für eine Haltung der Absichtslosigkeit, der Gleichgültigkeit im Sinne von »alles ist gleich gültig« und der Empathie sorgen. Was tun Sie bereits heute für sich?

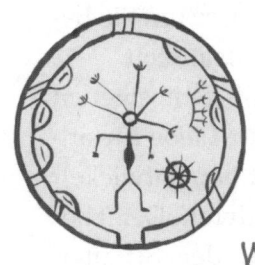

Schattenarbeit

Wer bin ich?

In diesem Kapitel beschäftigen wir uns intensiv mit Ihrem Schatten. Ihr Schatten zeigt Ihnen all das, was Sie an sich nicht sehen, nicht sehen wollen oder verdrängen. In Projektionen und Übertragungen, indem er Ihnen durch Ihr Gegenüber einen Spiegel vorhält, tobt er sich umso mehr aus, je weniger Sie ihn sehen. Der Schatten ist radikal, ihn anzuerkennen, ist schwer. Inwieweit ist es für Heilung wichtig, sich selbst zu kennen, sich zu er-kennen, sich zu finden? Müssen Sie Ihre Probleme kennen, um Lösungen zu finden? Nun, Sie müssen vielleicht nicht Ihre Probleme kennen, sicherlich nicht die Ursachen, jedoch können Sie sich beobachten. Sie können Ihr Verhalten beobachten, Sie können Ihren Körper wahrnehmen. Sie können Zusammenhänge herstellen. Wenn Sie an sich etwas ändern möchten, ist es essenziell, dass Sie sich selbst kennen. Auch wenn es immer wieder dunkle, unbekannte Bereiche gibt, so ist doch jeder Mensch in der Lage, täglich etwas über sich zu lernen. Dazu ist eine Reflexion des eigene Denkens und Handelns erforderlich. Aus einer Art Metaperspektive schauen Sie sich an, was geschieht und was Sie selbst dazu beitragen. Sie schauen Ihren Gedanken zu, beobachten Ihre Reaktionen auf die Geschehnisse um Sie herum und lernen daraus. Das Stichwort ist Achtsamkeit.

Letztendlich führt die Beschäftigung mit dem eigenen Schatten erst zum Verständnis und später zur Liebe für andere Menschen. Wer seinen Schatten erkannt hat, entwickelt Verständnis für die Schatten der anderen. Der Therapeut Erich Neumann benutzt für den Schatten den Begriff »Dunkler Bruder«. Diesen Dunklen Bruder kann man fürchten, dennoch hilft es nicht, ihn im Keller des Bewusstseins versteckt zu halten. Wer sich entwickeln will, ist gezwungen, auch im Schmutz zu suchen. Wenn Sie Ihren Dunklen Bruder sehen, erkennen Sie auch den Dunklen Bruder Ihrer Mitmenschen. Die innere Verbundenheit beschränkt sich nicht mehr auf den guten Teil, sondern beinhaltet nun die ganze Vielschichtigkeit der menschlichen Natur. Ich bin das andere Du, und Du bist das andere Ich – im Guten wie im Bösen.

Wer seinen Schatten erkannt hat, entwickelt Verständnis für die Schatten der anderen.

Die effektivste Methode, den eigenen Schatten zu erkennen, ist immer noch, genau darauf zu achten, was uns im Leben auf die Palme bringt. Hier folgen zwei sehr kraftvolle Übungen dazu. Ich kann Ihnen nur empfehlen, sich Zeit dafür zu nehmen.

Übung – Start in den Schatten

Nehmen Sie ein Blatt, und teilen Sie es in zwei Spalten. Notieren Sie in der linken Spalte alle Ihre Stärken, Fähigkeiten und guten Eigenschaften. In die rechte Spalte schreiben Sie jeweils das genaue Gegenteil. Gehen Sie die Paare der Reihe nach durch. Welches Paar/welche Paare »blinken auf«? Es ist gut möglich, dass Sie bei diesem Paar bzw. diesen Paaren den negativen Aspekt in Ihrem Schatten verstecken und ihn nicht wahrhaben wollen. Achten Sie zukünftig auf Situationen, in denen die gerade entdeckten Aspekte eine Rolle spielen. Was können Sie daraus lernen?

Anmerkung von Oliver Driver: Ich selbst bin ein geduldiger, ausgeglichener Mensch. Das kommt bei mir in die linke Spalte. Rechts steht dann ungeduldig, nervös, reizbar. Das ist dieser Tage vielleicht viel wahrer, denn unter meiner Geduld ist einiges der negativen Seite verborgen, das sich seinen Weg sucht. Dies annehmen und sagen zu können »Verdammt, ich bin total unruhig und nervös, und ich stehe dazu!«, bringt die Energie des Widerstandes gegen das Negative wieder zu mir zurück. Danke, dass ich dies erfahren durfte!

Übung – Entdecken Sie Ihre dunkle Seite im anderen

Denken Sie an acht Personen, die Sie nicht mögen oder gar verachten. Als neunte und zehnte Personen nehmen Sie Ihren Vater und Ihre Mutter hinzu. Schreiben Sie zu jeder Person drei Eigenschaften oder Verhaltensweisen auf, die Sie am meisten stören. Gehen Sie alle Eigenschaften in Ruhe nochmals durch, und markieren Sie die, die Sie am meisten aufregen. Herzlichen Glückwunsch, Sie haben hiermit eine Liste Ihrer im Schatten verborgenen Anteile gefunden! Erlauben Sie sich nicht, so zu sein? Oder sind Sie manchmal selbst so und verdrängen dies? Was würden andere zu dieser Liste sagen?

Sollten Sie mit dem Ergebnis nicht ganz einverstanden sein, lesen Sie dieses Kapitel erst einmal zu Ende. Nehmen Sie dann nochmals Ihre Liste zur Hand. Und dann schauen Sie mal, welche positiven Seiten diese Eigenschaften wohl für Ihr Leben haben könnten.

Die Entstehung des Schattens

Sie wurden, wie jeder Mensch, mit einem großer Kasten voller Buntstifte, Wasser- oder Ölfarben, Pastellfarben oder Tusche – eben Ihrem ganzen Potenzial – geboren. Im Laufe der Jahre probierten Sie Ihre Farben aus und machten bei manchen die Erfahrung, dass die Bilder, die Sie mit ihnen malten, nicht gut ankamen. Sie bezogen das nicht auf die Tatsache, dass Sie die Wohnzimmerwände bekritzelt hatten, sondern verbanden den negativen Eindruck mit der jeweiligen Farbe. Rot war deswegen böse, Gelb ging auch nicht, das mochte Mama auf ihrem Kleid überhaupt nicht. Wenn Sie beim Ausmalen über die Umrandung hinausschossen, ärgerten Sie sich vielleicht furchtbar, weil der Anspruch, es »richtig« zu machen, Sie bereits geprägt hatte. So verwarfen Sie eine Menge Farben und Möglichkeiten und steckten sie in einen imaginären Rucksack. Übrig geblieben sind vielleicht die eher dezenten Farben. Eigentlich sind dies gar nicht Ihre Lieblingsfarben, denn mit denen mochten Sie als Kind gar nicht so gern malen. Ein grüner Elefant sah doch auch viel schöner aus als ein grauer. Aber den anderen schien Grau besser zu gefallen, jedenfalls hatten sie wegen dieser nie Ärger. Und mit Grau- und Brauntönen kämpfen Sie sich heute durchs Leben. Auf dem Rücken tragen Sie Ihren Rucksack schon so lange, dass Sie ihn ganz vergessen haben. Dann sehen Sie aber plötzlich andere Menschen etwas rot anmalen und Sie erinnern sich, dass Rot doch verboten ist und ärgern sich so richtig. Wie können die anderen nur so dreist sein und mit der verbotenen Farbe malen? Dass Sie selbst einmal Rot geliebt haben, wissen Sie nicht mehr, und dass Sie Rot immer noch im Rucksack mit sich haben, haben Sie ebenfalls vergessen.

Im Zuge der Entwicklung des Ichs, die im Kleinkindalter beginnt, wächst der Schatten parallel und setzt sich zusammen aus den verdrängten oder nicht gelebten Anteilen der Persönlichkeit. Es kann sein, dass ein Kind beispielsweise seine Gefühle nicht so zeigen durfte, wie es wollte, weil seinen Eltern sein Weinen auf die Nerven ging. Wer Kinder hat, weiß, wie sehr ein jammerndes Kind nerven kann – bei aller Liebe. Da das Kind aber darauf angewiesen war, positive Reaktionen von seinem Umfeld zu bekommen, schnitt es sich irgendwann von seinen Emotionen ab. Es lernte also, sich zu beherrschen. Alles Emotionale, was nicht ankam, packte es unbewusst in den Schatten. Heute beherrscht es sich immer noch, und Menschen, die dies nicht tun, sind ihm zumindest suspekt, oft auch ein Graus. Unter der Oberfläche jedoch brodelt ein Vulkan.

In Ihnen gibt es also ein Sammelbecken für Gefühle, mit denen Sie lieber nichts zu tun haben möchten. Im Schatten zeigen sich die verborgenen Ebenen des Bewusstseins. Je mehr Sie diese Ebenen verdrängen, desto mächtiger machen Sie sie, und desto mehr drängen diese Anteile darauf, wieder integriert zu werden. Integrieren bedeutet in diesem Zusammenhang nicht, dass Sie den Schatten in Ihre Arme nehmen und ihn beleuchten sollen, damit er verschwindet. Sobald Sie ihn nämlich beleuchten, gibt es weiteren Raum für neuen Schatten. Insofern ist Akzeptanz die bessere Möglichkeit. Der Schatten ist da, Sie wissen von ihm, Sie kennen ihn. Schließlich handelt es sich nicht um verwerfliche, monströse Eigenschaften, die Sie in ihm verbergen, sondern um nur allzu Menschliches. Schattenakzeptanz ist die Fähigkeit, im eigenen Verhalten Schatten erkennen und damit umgehen zu können. Sie fragen sich vielleicht, was passieren würde, wenn Sie Ihren Schatten einmal voll und ganz ausleben würden. So entsteht nach und nach eine Sensibilität für den eigenen Schatten und die ihm innewohnenden Kräfte. Sie verlassen das Gewohnte, und alles wird anders – aber wie, wissen Sie vorher nie. Sie akzeptieren sich wie Sie sind und wie Sie sein werden.

Einstimmung für Reisen und Meditationen

Für viele der Übungen, Meditationen und Reisen können Sie als Einstimmung folgende Vorgehensweise wählen. Nutzen Sie sie bitte auch immer bei der Arbeit mit diesem Buch, wenn ich nichts anders erwähne.
Konzentrieren Sie sich auf Ihren Atem, und lassen Sie alles so sein, wie es ist. Suchen Sie sich einen ungestörten Platz und schließen Sie die Augen. Achten Sie eine Weile auf Ihren Atem – so, wie er ist. Versuchen Sie gar nicht erst, ruhig und entspannt zu atmen oder zu sein, wenn Sie es nicht sind. Alles darf jetzt so

sein, wie es ist. Wenn Sie nicht entspannt sind, ist dies völlig in Ordnung. Wenn Sie nicht tief und ruhig atmen, passt dies auch. Gewahren Sie alle Einzelheiten. Verdrängen Sie nicht, nehmen Sie für diesen Moment alles, was ist, an. Alles, was ist, ist bei Ihnen, weil es einen guten Grund dafür gibt. Bewerten Sie nicht. Schenken Sie ganz einfach Ihre Aufmerksamkeit den nächsten 20 Atemzügen. Spüren Sie, wie die Luft durch Nase und Mund fließt, wie sie weiter durch den Hals in die Lunge strömt. Ihr Brustkorb und Ihr Bauch dehnen sich. Und dann strömt die Luft von ganz allein wieder hinaus. Stellen Sie sich vor, dass Ihr Atem Sie atmet, dass Sie nichts dazu tun müssen. Ganz von allein fließt der Atem ein und aus.

 ## Übung – Schattenarbeit mit Subpersönlichkeiten

Beginnen Sie mit der Einstimmung.
Stellen Sie sich vor, dass Sie in einem dieser typisch amerikanischen, silbernen Reisebusse sitzen. Sie fahren von Los Angeles in Richtung Süden zur mexikanischen Grenze. Der Bus ist voll fremder Menschen. Gemeinsam sind Sie auf eine Tagestour. Gehen Sie einmal durch den Bus, und schauen Sie, wer mit Ihnen reist. Das können alte und junge Menschen sein,

arme oder reiche, es hat sich ein erstaunlich buntes Völkchen zusammengefunden. Manche sehen sympathisch aus, andere eher nicht.

Beginnen Sie in der ersten Reihe und sprechen Sie nacheinander mit ein paar Mitreisenden. All diese sind Subpersönlichkeiten von Ihnen. Wenn Sie mutig sind, reden Sie mit den drei, die Ihnen am unsympathischsten sind. Machen Sie sich bewusst, was Ihnen an diesen Menschen nicht gefällt.

Schauen Sie sich jede ausgewählte Person in aller Ruhe an. Was für ein Typ Mensch ist sie? Wie kleidet sie sich? Was fällt Ihnen auf? Sagen Sie der Person, was Sie an ihr nicht mögen, was sie ändern sollte. Wie reagiert die Person darauf? Fragen Sie sie, welchen Ihrer Charakterzüge sie vertritt. Wie ist ihr Name? Vielleicht passt der Name zum Charakter? Oder Sie geben der Person einen passenden.

Unterhalten Sie sich eine Weile. Fragen Sie, welchen Rat Ihnen jeder dieser Menschen geben kann und welches Geschenk sie für Sie haben. Vielleicht kommt aber auch eine Person direkt auf Sie zu und nimmt Kontakt auf. Dann verfahren Sie ganz genauso.

Das lichte Potenzial aus dem Schatten

Der Schatten kann Ihnen ein hilfreicher Freund sein, der Sie auf Ihre Fehler und Schwachstellen, aber auch auf Ihre Ressourcen und Potenziale hinweist. Sie werden in ihm nicht nur Übles und Böses entdecken, sondern auch viel Kreativität und wahre Schätze. Im Schatten finden Sie viele verbannte Talente. Zahlreiche Menschen befürchten, dass Sie bei tieferer Beschäftigung mit ihrer Persönlichkeit auf ungeahnte Abgründe, auf riesige Defizite und nicht verzeihbare Schwächen stoßen. Sie haben Angst vor sich selbst. Wer weiß schon, welche Bestie in der Tiefe schlummert.

Der Schatten enthält auch Ihre wichtigsten Gaben.

Ihre Schwächen, Ihre dunklen Aspekte finden Sie aber in anderen Menschen wieder, die Ihnen als Projektionsfläche dienen. Und Sie stellen fest, wie gut es doch ist, dass Sie anders sind. Doch der Schatten enthält auch Ihre wertvollsten Gaben, die wichtige Ressourcen für Ihre weitere Ganzwerdung und Heilung sind. Wachstum findet im Dunklen und im Hellen statt. Erst wenn Sie lernen, mit allem, was ist, umzugehen, sind Sie frei. Der Schatten ist sowieso da, warum also nicht hinschauen?

Mit dem Wunsch, sich den Erfordernissen und Ansprüchen anderer anzupassen, sortierten Sie aus, was Ihnen dabei als nicht nützlich erschien. Leider gerieten dabei wunderbare Dinge wie Neugier, Kreativität, Fantasie, Intuition, Mut, Autonomie, Selbstbehauptung und andere ebenfalls unter die Räder. Der Schatten kann also durchaus sehr schöne Eigenschaften enthalten, die es sich zu befreien lohnt. Und selbst die vermeintlich wirklich negativen Eigenschaften sind nicht nur negativ. Es gibt eigentlich keine, die – solange sie nicht übertrieben wird – keine positive Seite hat. Beachten Sie stets, dass Gut und Böse subjektive Bewertungen und nicht klar definiert sind. Was für den einen gut ist, ist für den anderen böse.

Übung – Was mir fehlt

Sie brauchen für diese Übung ein schönes Foto, das Ihr Herz berührt, das also nicht vom Verstand ausgewählt ist. Schauen Sie in Zeitschriften oder ins Internet und wählen Sie aus, was Sie wirklich anspricht. Es sollte auch unterschwellig kein negatives Gefühl mitschwingen.

Nehmen Sie sich zehn Minuten Zeit, und schreiben Sie alle Assoziationen, die Ihnen in den Sinn kommen, auf. Gern können Sie auch Ihre Mitmenschen bitten, ebenfalls Assoziationen beizusteuern. Machen Sie sich gemeinsam auf die Suche.

Streichen Sie alle negativen Begriffe von der Liste, alle Wörter, die Silben wie Un- (z. B. Ungeduld, Unbeschwertheit) oder -los (z. B. schwerelos) oder Ähnliches enthalten, müssen raus. Diese sind negativ behaftet und können Sie unbewusst in die Irre führen. Statt Unbeschwertheit nehmen Sie lieber Leichtigkeit, statt schwerelos leicht. Wählen Sie nun allein ein paar Wörter aus, die Ihnen intuitiv besonders gefallen und bei denen Sie sich gut fühlen.

Diese umschreiben die Eigenschaften und Aspekte, die Ihrem Unbewussten derzeit fehlen und von denen es mehr möchte. Setzen Sie die Worte zu einem lyrisch-knackigen Motto zusammen, das Ihnen als Leitbild für die nächsten Monate dienen soll.

Wie Sie wirklich sind

Das Gegenteil des Schattens ist die *Persona*. Persona bedeutet im Griechischen »Maske«. Die Seele umgibt sich mit einer Maske und wird so sichtbar. Ihre Persona ist das, was Sie andere von sich wissen lassen wollen. Sie regelt Ihre Beziehungen zu Ihrer Umwelt. Sie ist die Rolle (oder mehrere), die Sie im Leben ausfüllen, jedoch nicht spielen. Zu einem Teil gestalten Sie Ihre Persona als Ich-Ideal – wie man Sie wahrnehmen soll –, zum anderen entwickelt sie sich auch aus den Vorstellungen der Umgebung und wie diese Sie erwartet. Passt beides nicht richtig zusammen, wird dies zum Problem. Das Ich-Ideal ist der Versuch, möglichst ansehnlich und attraktiv bei anderen und sich selbst zu wirken. Dazu gehören auch Äußerlichkeiten wie Kleidung, Auto oder bestimmte Mitmenschen. Der Mensch will halt geliebt werden.

Der Mensch will geliebt werden!

Die Persona entwickeln Sie aus den Erfahrungen, die Sie insbesondere in der Kindheit machen. Wer an die Wiedergeburt der Seele glaubt, kann in der Persona auch Erfahrungen aus vorherigen Leben sehen. Im Vergleich zu den letzten Jahrhunderten ist die Gestaltung der Persona heutzutage flexibler möglich. Sie haben die Möglichkeit, Ihre Persona zu verändern, dagegen steckten die Menschen früher doch in sehr festgefahrenen Rollenbildern. In dieser Flexibilität besteht die Chance, den Schatten leichter zu akzeptieren. Die Persona ist Teil Ihrer Persönlichkeit, der Identität. Auch wenn Sie mehrere Rollen einnehmen, so sind dies doch immer Teile von Ihnen und keine gespielten Rollen. Sie wechseln dann innerhalb eines gegebenen Spektrums Ihre Persona. Sie schützt Sie vor dem Außen, genauso wie das Außen durch die Persona vor Ihnen bzw. Ihrem Schatten geschützt wird. Dabei kann aber auch die Gefahr bestehen, sich in der Persona zu verfangen und in der Rolle zu verlieren.

Übung – Synchronisieren mit dem Selbst

Die ist eine kleine Übung, die Sie immer mal zwischendurch zur Synchronisation Ihres Selbst machen können. Sie erden und entspannen sich mit ihr.

Stellen Sie sich aufrecht hin. Nehmen Sie die Haltung des Kriegers ein. Dabei stehen Sie mit leicht geöffneten Füßen. Ihre Füße sind etwa eine Fußlänge auseinander. Die Knie sind nicht ganz durchgedrückt, die Hüfte ist leicht vorgeschoben. Die Brust herausgestreckt, Schultern zurückgeschoben und erhobenen Hauptes stehen Sie da wie ein Krieger. Dies entspricht übrigens der Grundhaltung in vielen Kampfsportarten.

Pendeln Sie zunächst ganz leicht nach links und rechts, indem Sie das Gewicht von einem Fuß auf den anderen verlagern. Lassen Sie die Bewegungen immer kleiner werden, bis Sie zentriert sind. Danach pendeln Sie vor und zurück, von der Ferse auf die Zehen und umgekehrt. Und wieder werden die Pendelbewegungen kleiner und kleiner, bis Ihr ganzer Körper leicht und locker auf einem Punkt zentriert steht. Sie stehen jetzt in der »Nullposition«.

Legen Sie nun die linke Hand auf Ihr Herz und die rechte unterhalb Ihres Bauchnabels. Konzentrieren Sie sich beim Einatmen auf den Bauch und beim Ausatmen auf das Herz.

Atmen Sie nun je fünf Mal (oder öfter) »Kraft« ein, atmen Sie»Sorgen« aus.

Atmen Sie je fünf Mal (oder öfter) »Energie« ein, atmen Sie»Liebe« aus.

Stampfen Sie mit Ihren Füßen abwechselnd je fünf Mal fest auf den Boden.

Heben Sie die Arme langsam und bewusst Richtung Himmel.

Verharren Sie so für ein paar Sekunden, und führen Sie beide Hände zum Herzen.

Danken Sie für alles, was Sie ausmacht. Danken Sie

für Ihre Stärken, danken Sie für Ihre Schwächen –
auch wenn Ihnen dies schwerfällt. Danken Sie für
das, was Sie gerade geschafft haben, und auch für
das, woran Sie gerade gescheitert sind. Danken Sie
für die Menschen, die Sie lieben, und auch für die, die
Sie verloren haben.

Das tägliche Versteckspiel

Den eigenen Schatten zu verbergen, ist anstrengend. Stellen Sie sich vor, dass Sie einen ganzen
Tag lang einen etwas mehr als faustgroßen Stein
in der einen Hand halten müssten, ohne dass ihn
jemand bemerken darf. Bei allem, was Sie tun,
achten Sie darauf, dass niemand den Stein sieht.
Idealerweise sollte niemand erkennen, dass Sie
überhaupt etwas in der Hand verstecken. Aber
wenn Sie beispielsweise die Hand in der Hosenta-
sche verstecken, fällt dies spätestens nach einigen
Stunden auch auf. Wie viel Energie brauchen Sie wohl für
die Bewältigung einer solchen Aufgabe? Ganz schön anstrengend, oder? Was könnte man nicht alles Schönes mit
dieser Energie anfangen?

Gewalt und Zerstörung können befreiend wirken. Sie vernichten alte Strukturen und ermöglichen neues Wachstum.

Immer, wenn der Mensch die Gelegenheit hat, den eigenen Schatten einmal auszuleben, verspürt er Erleichterung

– und dies auch in Krisen und Kriegen. Die abgelehnten Gegensätze stellen das Gleichgewicht wieder her, indem sie eine unbewusste Faszination ausüben. Je unbewusster diese Anteile sind, desto gewaltsamer stoßen sie aus der Tiefe hervor. Auch Sie haben in sich tiefe Schichten der Seele, in denen Wünsche, Sehnsüchte und Kräfte zu Hause sind, die Ihre kleine Welt zerstören wollen, die – vom Eros getrieben – ihre Kraft ausleben wollen. Diese dunklen Gestalten der Tiefe dürstet es nach Gewalt, Mord, Zerstörung und Freiheit. Sie sind eingesperrt, aber sie sind da. Es war wohl unvermeidlich, dass sich im Laufe der Entwicklung des menschlichen Bewusstseins ergab, dass der Mensch gewisse Aspekte lieber nicht sehen wollte und sie verdrängte. Als das Ego sich selbst erkannte, als der Mensch sich seiner selbst bewusst wurde, entstand der Trennungsgedanke. Nächste Konsequenz war der Versuch, das Leben kontrollieren zu wollen. Alles Unkontrollierbare, Ursprüngliche, was in vielen Aspekten zu den als weiblich bezeichneten Eigenschaften gehört, wurde verdammt. Geburt, Leben und Tod gehören dazu, denn das Weibliche steht insbesondere auch für den Wandel, die Veränderung und das Wilde, Unberechenbare. Die reinigende Kraft der Zerstörung, die Neues ermöglicht, ist ebenfalls ein weiblicher Aspekt. Auf dieser Basis entwickelte sich die patriarchalische Gesellschaft, die das unterdrückte, was ihr Angst machte.

Gewalt und Zerstörung können auch befreiend wirken, denn sie vernichten alte, verkrustete Strukturen und ermöglichen neues Wachstum. Wer einmal alles, was er sich im Laufe der Jahre an Materiellem erarbeitet hat, verloren hat, kennt nicht nur Schmerz, sondern auch ein Gefühl der Erleichterung. Aufatmend steht er vor den qualmenden Ruinen seines Lebens und fühlt sich plötzlich unendlich frei. *»Mein Schatten läuft hinter mir her«*, sagt der Mystiker Rumi. *»Egal, wie schnell ich laufe, ich kann ihn nicht abschütteln. Er holt nicht einfach nur auf. Manchmal ist er auch vor mir.«*

Übung – Treffen Sie Ihren Dunklen Bruder

Beginnen Sie mit der üblichen Einstimmung. Stellen Sie sich bitte vor, dass Sie mitten in einem Wald spazieren gehen. Plötzlich entdecken Sie ein kleines, verlassenes Häuschen. Niemand ist darin. Hinter einer Tür entdecken Sie eine Wendeltreppe, die hinunter in den Keller führt. Steigen Sie auf dieser Treppe immer tiefer und tiefer. Sie scheint nicht zu enden. Nach vielen Hundert Stufen kommen Sie endlich unten an. Hier befinden sich zwei Türen. Auf der linken Tür steht »Ich«, auf der rechten Tür ist die Schrift gar nicht mehr zu entziffern.
Öffnen Sie die linke Tür. Dahinter ist ein heller schöner Raum. Sie sehen sich selbst mit all ihren guten Eigenschaften, die Sie an sich mögen. Dieses Ich ist der Anteil Ihrer Person, die auch andere Menschen mögen. Hier ist kein Raum für andere Anteile. Welche Stärken sehen Sie? Welche Charaktereigenschaften

haben Sie, auf die Sie stolz sind? Welche Fähigkeiten? Genießen Sie für eine Weile die positive Energie in diesem Raum.

Dann verlassen Sie den Raum wieder und öffnen die Tür des zweiten Raums. Sie lässt sich nur schwer öffnen, lange war niemand mehr hier. Es ist düster und modrig. Nie hat hier jemand geputzt, es stinkt erbärmlich. Nun, wo Sie sich halbwegs an die Dunkelheit gewöhnt haben, sehen Sie in der Ecke ein dunkles Wesen hocken. Sie haben Ihren Dunklen Bruder gefunden. Schauen Sie sich genau an, wie er hier die letzten Jahrzehnte verbracht hat. Wie ist er in dieser Zeit geworden? Was sind seine Schwächen und Fehler, wegen derer er dort sitzt? Was könnten Sie ihm vorwerfen? Welchen Grund hatten Sie, ihn hier unten festzuhalten? Plötzlich fällt Ihnen auf, dass an den Wänden Bilder hängen, die von Schmutz und Spinnweben überdeckt sind. Mit einem Lappen reinigen Sie eines und entdecken ein prächtiges, buntes Gemälde. Die Farben leuchten, ursprüngliche Kreativität entströmt ihm. Sie reinigen ein Bild nach dem anderen und stehen nun vor zahlreichen, wundervollen Kunstwerken, die ein wahrer Könner gestaltet haben musste.

Und plötzlich erkennen Sie, dass diese die Werke Ihres Dunklen Bruders sind. Er ist der Künstler, aber er kann nur im Verborgenen arbeiten.

Wenn Sie möchten, könnten Sie ihn nun mit in das andere Zimmer nehmen, sodass sich Ihre beiden Anteile wieder vereinigen können. Überlegen Sie sich, was die beiden Anteile sich zu erzählen haben, was sie bewegen könnte. Was ist erforderlich, dass beide in Ihnen glücklich werden?

Die Schattenboten

Nun, da Sie um den Schatten wissen, können Sie ihn überall entdecken. In Ihren Träumen erscheint er als Ungeheuer, als etwas Böses, Beängstigendes. Oder er steckt in der großen Sehnsucht nach etwas oder jemandem. Auf Ihrer Reise vom Ich zum Selbst begegnen Sie Ihrem Schatten immer wieder, er ist das Hauptthema, das hinter allem steckt. Er fordert sie laufend heraus, reizt Sie, provoziert Sie. Es kann durchaus vorkommen, *Ihr Schatten fordert Sie laufend heraus.* dass Ihr Schatten Sie selbst besetzt und Sie zweifelnd, selbstzerstörerisch oder überheblich werden. Je mehr Sie ihn auf andere projizieren, desto mehr bekommt er ein Eigenleben. Er entwickelt Gestalt, nimmt Form an und sucht häufig die Zusammenarbeit mit mir, dem Trickster. So können wir Ihnen die schönsten Streiche spielen und Sie in den Wahnsinn treiben. Solange Sie sich nicht um den Schatten kümmern, werde ich immer wieder neue Gelegenheiten finden, Sie auf gewisse Dinge aufmerksam zu machen. Schließlich habe ich einen Auftrag, Ihre Seele will, dass Sie sich weiterentwickeln. Dazu gehört es auch, der Fantasie freien Lauf zu lassen und sich nicht selbst zu beschränken. Fantasien zuzulassen, bedeutet nicht, unmoralische Wünsche einfach auszuleben. Seien Sie sich bewusst, dass Sie eben manche Fantasien haben und Sie sich deren Verwirklichung aus moralischen Gründen nicht erlauben. Dieses Hinschauen erlaubt es Ihren Trieben, aus dem Schatten herauszutreten – und ich muss Ihnen einen derben Streich weniger spielen. Humor unterscheidet den Menschen vom Tier, sagt man im Buddhismus. Ich fordere Ihren Humor heraus, bis an Ihre Grenzen und darüber hinaus. Wenn Sie in der größten Pleite noch lächeln können, dann haben Sie mich als Freund gewonnen.

Ihr Schatten verfolgt Sie und will wieder von Ihnen aufgenommen werden. Wer seine Angst unterdrückt, begegnet plötzlich nur noch ängstlichen Menschen. Wer sich seine Wut nicht eingesteht, findet sie in anderen Menschen wieder, die als Trigger dienen. Haben Sie ein Problem mit Aggressivität? Mit Sicherheit sind Sie plötzlich umgeben von aggressiven Menschen. Sie werden zum Opfer einer ach so bösen Welt und erkennen nicht, dass Sie sich selbst sehen. Alles, was Sie ablehnen, ist plötzlich im Außen gespiegelt, Sie scheinen machtlos. In der Literatur finden Sie zahlreiche polare Paare wie Faust und Mephisto oder Dr. Jekyll and Mr. Hide, die für Persona und Schatten stehen. Dr. Jekyll ist ein liebendwürdiger Mensch, verwandelt sich aber abends in den mordenden Mr. Hide, der sich in der Dunkelheit austobt. Geheilt werden sie erst, indem sie ganz werden, indem der Schatten akzeptiert wird als Bestandteil des Menschen.

Jeder, der meint, er kenne die Gesamtheit seiner Persönlichkeit, projiziert alle ihm unbekannten Seelenanteile auf die Außenwelt. Sobald Sie auf das Verhalten anderer Menschen stärker emotional reagieren, wissen Sie, dass dies etwas mit Ihnen zu tun hat. Sie können sich dann Gedanken machen, welcher verdrängte Anteil Ihrer Persönlichkeit Ihnen gerade gezeigt wird. Dies ist Gesetz, keine Kann-Regel. Menschen, die Sie so richtig aufregen, spiegeln Ihren Schatten. Ihr Widerstand gegen den Schatten zieht andere Personen, die Ihnen das Abgelehnte spiegeln, geradezu magisch in Ihr Leben – so, als wollte Ihnen jemand etwas sagen. Vielleicht hören Sie mir beim nächsten Mal zu?

Jeder projiziert alle ihm unbekannten Seelenanteile auf die Außenwelt.

Spiegelneuronen sind, wie bereits erwähnt, Nervenzellen im Gehirn, die es Ihnen ermöglichen, zu fühlen und nachzuvollziehen, was eine andere Person empfindet. »*Das beste Instrument um einen anderen Menschen wahrzunehmen, ist die Repräsentation, die sich ein anderer empathischer Mensch von ihm macht.*«[15] Die eigene Vorstellung ist die Urkraft der menschlichen Wahrnehmung. Nervenzellnetze, mit denen Sie sich selbst als Person wahrnehmen, dienen – in ihrer Eigenschaft als Spiegelsysteme – zugleich dazu, in Ihrem Inneren Vorstellungen von anderen Personen zu erzeugen. Ein Konglomerat verschiedener Gehirnbereiche, die für Handlungsabsichten, Körperempfindungen, Ich-Gefühl und Kartierung von Körperzuständen verantwortlich sind, erschafft die Elemente eines Bildes, das sich Ihr Gehirn von einem Menschen macht. Sie erleben einen anderen Menschen, indem Ihre Spiegelneuronen seine Handlungen nachvollziehen.

---

[15] Joachim Bauer: Warum ich fühle. Intuitive Kommunikation und das Geheimnis der Spiegelneurone. Heyne 2006, S. 87.

In vielen rituellen Kleidungsstücken der Naturvölker finden Sie kleine Perlen, Bruchstücke von Spiegeln, Glas und Scherben eingenäht. Dies ist eine Erinnerung daran, dass der andere als Spiegel dient. Erst über den anderen nehmen Sie sich selbst wahr. Sie projizieren immer und überall Ihre eigenen Anteile in das, was Sie wahrnehmen. Ohne diese eigenen Anteile wären Sie überhaupt nicht in der Lage, einen Erlebniseindruck zu haben. Sinn der Projektion ist es, Ihnen unbewusste Teile Ihrer Persönlichkeit sichtbar zu machen. Sie sehen etwas im anderen, reagieren emotional und beginnen im besten Fall, über sich selbst nachzudenken.

Eine andere Art der Projektion aufzudecken ist einfach. Kennen Sie Menschen, die ständig jammern, die immer in der Opferrolle sind und für die immer jemand anderes schuld ist? Diese Menschen projizieren ständig. Gern hätten sie, dass sich die anderen doch bitte verändern. Sie sind nicht bei sich, sie erkennen ihren eigenen Schatten nicht. Sie bekämpfen diesen Schatten aber im anderen.

Auch der Guru-Status, den manche bekannten Persönlichkeiten haben, beruht auf Projektionen, denn wir Menschen projizieren nicht nur das Schlechte, sondern auch das Gute, das wir nicht leben, aus uns selbst heraus. Unser potenzielles Charisma sehen wir dann im Guru. Die Kreativität, das Potenzial, das wir noch verbergen, das wir nicht an das Licht kommen lassen, erleben wir, indem wir es dem anderen zuschreiben. Ist dieser spirituelle Lehrer nicht wunderbar ausgeglichen und weise? Ach wäre das toll, wenn wir so voller Zuversicht und Liebe durch das Leben gehen könnten. Wir sehen unser Potenzi-

Wir sehen unser Potenzial im anderen.

al im anderen, denn noch können wir es nur dort erkennen. Und sollte da eine Sehnsucht nach diesen Eigenschaften sein, so können wir gewiss sein, dass der Samen dazu – und vielleicht noch viel, viel mehr – bereits in uns schlummert.

Der Vorgang des Erkennens des eigenen Selbst wurde von Robert Bly in seiner Theorie der *Fünf Phasen der Projektion* zusammengefasst.[16] Er geht dabei davon aus, dass Sie in Ihrer Persönlichkeit Teilaspekte ablehnen bzw. sie sich (bisher) nicht erlauben und diese folgerichtig als Lösungsversuch in anderen wiederfinden. Schließlich verschwindet nichts aus dieser Welt, nur weil Sie nicht hinschauen.

1. Sie suchen sich eine Leinwand für die Projektion und finden eine Person, die eine Eigenschaft hat, die Sie verachten. Vielleicht spielt sich jemand ständig in den Vordergrund, dies wurde Ihnen in Ihrer Erziehung als falsch und angeberhaft vermittelt.

2. Aber irgendwann kommen Sie ins Grübeln. Ist der andere wirklich so schlecht? Aber nein, das kann und darf nicht sein. Sie bleiben daher bei Ihrem Urteil.

3. Es ist Zeit für eine Entscheidung. Entweder erkennen Sie Ihren eigenen Anteil, den der andere Ihnen nur spiegelt, oder Sie suchen sich einen anderen Menschen, den Sie als Leinwand benutzen können. Es soll Menschen geben, die ihr Leben lang aus der Opfer-

---

[16] Robert Bly: Die dunklen Seiten des menschlichen Wesens. Droemer Knaur 2000.

rolle nicht herauskommen und die Schuld immer bei anderen sehen.

4. Oder aber Sie erkennen die Projektion. Sie sehen, dass Sie sich gewisse Eigenschaften oder Verhaltensweisen teilweise jahrzehntelang verboten haben. Sie sehen, dass der andere nur ein Spiegel für Sie war. In diesem Fall kommt manchmal ein wenig ein Gefühl der Trauer auf.

5. Langsam lassen Sie den vermissten Anteil in sich wachsen und so, wie er in Ihnen wächst, schmilzt er im Gegenüber scheinbar hinweg wie Schnee in der warmen Frühlingssonne.

Wem dies nicht gelingt, der hat kein eigenes Zentrum, der kann nicht er selbst sein. Er lässt sich von anderen beherrschen. Andere sind für sein Unglück verantwortlich. Andere könnten ihn glücklich machen – wenn Sie nicht solche ... wären.

»Eigentlich« können Sie alles über Ihren Schatten lernen, wenn Sie achtsam und bewusst beobachten, wie Sie andere Menschen sehen. Was stört Sie an ihnen? Was wären Ihre Ratschläge an sie? Und dann drehen Sie einfach den Finger um und zeigen auf sich selbst ... Opfern müssten Sie dafür Ihr Selbstbild, das aber sowieso nur eine Fata Morgana ist.

Übung – Ein geschätzter Mensch

Denken Sie bitte an einen Menschen, den Sie sehr schätzen. Schreiben Sie spontan zehn Eigenschaften oder Aspekte dieses Menschen auf, die Ihnen besonders gut gefallen. Nun beziehen Sie nacheinander jede dieser Eigenschaften oder Fähigkeiten auf sich selbst, z. B.: »Ich schätze an mir, dass ich so gut vor Menschen sprechen kann.«

Sollte Ihnen dies schwerfallen, so suchen Sie einen Teilaspekt, dem Sie zustimmen können. Merken Sie, dass Sie mit allem, was Sie über den anderen sagen, letztendlich eine Aussage über Sie selbst machen? Alles, was Sie im anderen sehen, sind Aspekte Ihrer selbst. Wie heißt es so schön: Was Peter über Paul sagt, sagt mehr über Peter als über Paul.

Die magische Anziehung des Bösen

Der letzter Aspekt des Schattens ist seine Ambivalenz. Er stellt ein Reich maximaler Unsicherheit dar. Er ist der von Ihnen gewollten, bewussten Persönlichkeit diametral entgegengesetzt. Und gerade dieses Unbekannte, das Andere bekämpfen Sie. Auch Ihre eigenen Bestrebungen, vielleicht ein wenig in Richtung des Schattens zu gehen, werden bekämpft. Sie hassen ihn, dennoch zieht er Sie oft magisch an. Tief in Ihnen ist eine Sehnsucht, Ihren Schatten einmal ausleben zu können. Wäre es nicht toll, einmal ungestraft all diese verbotenen Dinge tun zu dürfen? Insgeheim bewundern Sie andere Menschen, die unverschämt egoistisch ihren Weg gehen. Niemals würden Sie sich dies erlauben.

Alle Menschen haben eine Sehnsucht danach, die im Schatten verborgenen Anteile wieder ans Licht zu holen. Es ist gar nicht notwendig, sie alle auszuleben. Wenn sie der Goldenen Regel »Behandle andere so, wie du von ihnen behandelt werden willst!« bzw. dem eigenen Gewissen widersprechen, reicht vielleicht auch die Vorstellung von bzw. die Beschäftigung mit ihnen. Sich bewusst darüber zu sein, dass es noch andere Persönlichkeitsanteile gibt, die man kennt, aber aus guten Gründen nicht auslebt, reicht aus.

Ohne die dunkle Seite fehlt etwas im Leben.

Und all die anderen positiven Anteile, die niemanden ernsthaft schädigen, leben Sie einfach aus. Aber Vorsicht! Geben Sie sich nicht mit einem Alibi-Schatten zufrieden. Die ein oder andere kleine Schwäche als Schatten anzuerkennen, ist keine Schattenarbeit, sondern Koketterie. Einen Vorzeige-schatten zu entwickeln, ist sinnlos, damit erweitern Sie nur Ihre Persona. Schattenarbeit ist definitiv anstrengend und auch desillusionierend. Sie sind mehr als die Persona, die Sie anderen zeigen. Da ist eine Mehrschichtigkeit und Tie-fe, aber auch eine Boshaftigkeit und Schlechtigkeit, die nicht leicht zu akzeptieren ist. Der Dunkle Bruder gehört mit an den Tisch. Nur so kann seine Energie genutzt werden und muss nicht gefürchtet werden. Ihr Leben ist nicht ganz, wenn Sie die dunkle Seite ignorieren.

Übung – Den mag ich nicht!

Bei welchem Menschen aus Ihrer Umgebung re-gen Sie sich so richtig schön über gewisse Eigen-schaften auf? Wählen Sie jemanden, der Sie mit seiner Art oder Unart auf die Palme treiben kann – vielleicht Ihren Partner oder Ihre Partnerin, Ihren Chef oder wen auch immer.

Beginnen Sie mit der üblichen Einstimmung.

Stellen Sie sich vor, dass dieser Mensch Ihnen gegen-übersteht. Schauen Sie sich in die Augen. Machen Sie sich ein Bild von ihm. Was hat der andere an? Be-trachten Sie alles ganz genau.

Welchen Gesichtsausdruck hat er? Wie sehen seine Au-gen und sein Mund aus? Wie ist seine Körperhaltung?

Was können Sie an ihm nicht leiden? Überlegen Sie sich genau, wie Sie das formulieren. Sagen Sie beispielsweise: »Thomas, ich finde es ganz schrecklich, dass du immer das letzte Wort haben musst!«. Sagen Sie Ihrem Gegenüber genau, was Sie alles nicht mögen. Nun verschnaufen Sie einen Moment.

Drehen Sie nun alle Vorwürfe herum. Sagen Sie: »Thomas, was ich an dir gern mag, ist, dass du immer das letzte Wort haben musst!.«

Machen Sie wieder eine Pause. Was folgern Sie für sich aus dieser Umkehrung? Fühlen Sie sich dadurch vielleicht stark oder überlegen? Finden Sie nun möglicherweise Aspekte an den Eigenschaften Ihres Gegenübers, von denen Sie profitieren können, die Ihnen auf die eine oder andere Art sympathisch sind?

Der Schatten in der Liebe

Sie alle kennen das Gefühl von Schmetterlingen im Bauch. Wenn der andere anruft, oder traurigerweise auch nicht, schlägt das Herz schneller. Die ganze Welt könnten Sie umarmen, wenn die Verliebtheit beidseitig ist. Doch irgendwann wachen Sie auf, und alles ist anders. Der Partner hat plötzlich Macken. Worüber man vorher verliebt hinwegsah, ist nun störend. Es tut sich eine Sollbruchstelle auf, die die meisten Beziehungen nicht überstehen.

Das, worin Sie sich verlieben, ist die Anima bzw. der Animus. Der Anteil, der Ihnen plötzlich so fehlerhaft erscheint, ist der Schatten. In der Liebe zum anderen finden Sie Ihre Anima. Dies ist der Teil Ihrer Reise, in dem Sie die gegengeschlechtlichen Anteile in sich selbst entdecken und integrieren. *Animus* ist die männliche Energie des weiblichen Unbewussten, *Anima* ist die weibliche Energie des männlichen Unbewussten. Die Anima ist charakterisiert durch die typisch weiblichen Eigenschaften wie Emotionalität, Irrationalität, Leidenschaft oder Unberechenbarkeit. Der Animus wiederum steht für typisch Männliches wie Rationalität, Weltbeherrschung und Aggression. Beide drücken die Gesamtheit der positiven und negativen Bilder des jeweils anderen Geschlechts in den Fantasien und Träumen aus, die im Unbewussten lauern. Welcher Mann möchte schon als weiblich gelten – und welche Frau als Mannweib? Dennoch sind die gegengeschlechtlichen Anteile in uns vorhanden, und dies

Entdecken Sie Ihre gegengeschlechtlichen Anteile.

in nicht nur geringen Dosen. Der Mensch ist ursprünglich doppelgeschlechtlich angelegt. In zahlreichen Mythen wird von der Androgynie (= weibliche und männliche Merkmale vereinend) als einer anfänglich eigentlich »ganzheitlichen« Seinsform des Menschen berichtet. In der Bibel lesen Sie, dass Gott den Menschen als Mann und Frau schuf. Ob dies eine Metapher dafür ist, dass Sie beide Anteile in sich haben, oder ob sich dies eher auf den vormenschlichen Status als Seele – die Seele ist weiblich und männlich zugleich – bezieht?

Im Verlangen, Ihre Persona zu optimieren, also Ihre Rolle als Mann oder Frau perfekt zu spielen, verschwindet Anima bzw. Animus im Dunkeln des Schattens. *Die Seele ist weiblich und männlich zugleich.* All das, was sich ein Mann nicht erlaubt und stattdessen unterdrückt, findet seinen Weg in seine Träume und Fantasien, aber schließlich auch ins wirkliche Leben. Er erlebt das Verbotene an anderen, und diese geben ihm die Möglichkeit, sich auszudrücken. Wieder einmal dienen andere bzw. das Andere als Spiegel des Selbst.

Auf der Suche nach der großen Liebe begegnen Sie der Anima. Die Frau oder der Mann, die/der Ihre Vorstellungen und Träume erfüllt, erscheint Ihnen – zeitweise – als großes Ideal. Dabei sehen Sie oft nicht den anderen, sondern nur die Projektionen Ihres verdrängten gegengeschlechtlichen Anteils, also das Spiegelbild Ihrer Sehnsüchte. Wo sollten all diese, Ihre Anteile auch hin? Sie sind in Ihnen, doch Sie erlauben es sich nicht, sie (in Ihnen selbst) zu sehen. Also verlieben Sie sich sozusagen in sich selbst, der oder die andere dient nur als Leinwand –, bis sich eines Tages herausstellt, dass er/sie doch ein wenig anders ist, als erwartet. Dies zu überwinden, ist die erste große Hürde von der Verliebtheit zur Liebe, das fällt oft schwer. Eine Illusion löst sich wie Nebel auf, und die wahre Person des Partners erscheint plötzlich. Die kann schon mal ganz anders sein, als Sie sich das in Ihrer Verliebtheit in die eigene Anima vorgestellt haben (Man beachte das Wort »vor-gestellt« in seiner bildlichen Aussage!). Um es noch schlimmer zu machen, folgt nach der Ernüchterung auch noch die Projektion. Sie übertragen nun Ihre negativen Schattenanteile auf den Partner. Dieser hat kaum noch eine Chance, sollten Sie sich dieses Mechanismus nicht bewusst sein. »Wenn du nicht bereit bist, meine Illusion weiterzuleben, dann sollst du leiden!«, sagen Sie sich unbewusst. Wahre Liebe ist weder die Liebe zur Anima-Projektion noch zu der des Schattens. Diese beide – Anima und Schatten – stehen eher zwischen den Menschen, sie trennen.

In der zweiten Phase Ihres Lebens ist es Ihre Aufgabe, das andere Geschlecht in Ihnen zu erkennen und es zu integrieren. Das Gegengeschlechtliche war schon immer mehr oder weniger gut in Ihnen verborgen. Und schließlich erkennt ein Mann in sich beispielsweise die als typisch weiblich angesehenen Eigenschaften wie Launenhaftigkeit oder Unlogik, wohingegen eine Frau vielleicht in sich Aspekte wie Machtbewusstsein oder Rationalität findet. Das typisch Männliche, das Draufgängertum, braucht auch das typisch Weibliche, das Weiche, die Rücksichtnahme. Und umgekehrt braucht aber das typisch Weibliche, das Schützende und Ge-

Der Animus gehört zum Frausein genauso dazu wie die Anima zum Mannsein.

borgenheit Gebende, auch das Spontane und Unberechenbare. Der Animus gehört zum Frausein genauso dazu, wie die Anima zum Mannsein. Erst wenn Sie sich mit dem Andersgeschlechtlichen verbunden haben, kann eine wirklich reife, tiefe Liebe entstehen. Dann können Sie vom anderen wirklich lernen, Sie von ihm und er von Ihnen, ohne dass Sie in Projektionen festhängen.

Kümmern Sie sich jedoch weiterhin nicht um Ihre/n Anima/Animus, so wird sie/er sich massiv gegen Sie wenden.

Animus und Anima müssen gehört werden. Männer neigen in der Mitte ihres Lebens dazu, nach Materiellem zu streben, vergessen sich in Alkohol und Liebesabenteuern, Frauen hingegen finden sich plötzlich in einem leeren Heim wieder. Die Kinder sind weg, der langjährige Lebensinhalt ist verschwunden. Mann und Frau müssen nun erkennen, dass dies ein Ruf ist, an ihrer Person zu arbeiten. Eine andere Lösung gibt es nicht. Animus und Anima müssen gehört werden! Nur wenn Sie die andersgeschlechtlichen Anteile integrieren, sind Sie vollständig. Animus und Anima erscheinen in der Mythologie oft als Nymphe, Wassernixe, Madonna, Fee und Schwan sowie als Elemente der Natur wie Wald, Wasser, Höhlen, Blumen oder Tiere. Achten Sie während Ihrer Meditationen und Reisen darauf!

Schattenübung Anima: Mann und Frau

Sie benötigen zwei Stühle. Auf einen setzen Sie sich, den anderen stellen Sie sich gegenüber.
Beginnen Sie mit der üblichen Einstimmung.
Stellen Sie sich nun vor, dass Sie Ihr Geschlecht wechseln. Wenn Sie eine Frau sind, werden Sie zum Mann und umgekehrt. Das ursprüngliche Geschlecht verlässt in Gedanken Ihren Körper und setzt sich auf den Stuhl gegenüber. Sie selbst bleiben mit verändertem Geschlecht sitzen.
Welche Unterschiede nehmen Sie wahr? Wie ist ihr Körper nun? Fühlen Sie sich in Ihren Körper ein. Schenken Sie Ihre Aufmerksamkeit den veränderten Körperteilen. Wie fühlen Sie sich in Ihrem neuen Körper? Was wird sich nun in Ihrem Leben verändern? Was werden Sie anders machen? Womit beginnen Sie? Was fühlen Sie bei dieser Vorstellung?
Lassen Sie die Augen bitte weiter geschlossen.
Schauen Sie sich in Gedanken Ihr ehemaliges, altes Ich, das Ihnen gegenübersitzt, an. Beobachten Sie diese Person.
Was nehmen Sie wahr? Wie sitzt diese Person, was hat sie an? Wie ist ihre Haltung?
Welchen Gesichtsausdruck hat sie? Wie fühlt sie sich?
Seien Sie nun für einen Moment kritisch, und sagen Sie Ihrem alten Ich in Gedanken einmal gehörig die Meinung zu dem, was Sie wahrnehmen.

Sagen Sie: »Du solltest…«, »du musst …«, »du darfst nicht …« usw.

Wie fühlen Sie sich dabei, wenn Sie dies sagen? Wie ist es, der Kritiker zu sein? Horchen Sie in sich hinein, und beobachten Sie Ihre Wahrnehmungen.

Und nun wechseln Sie in die Rolle einer weisen Frau (wenn sie eine Frau sind) oder eines weisen Mannes (wenn Sie ein Mann sind).

Was würden Sie der Person, die Ihnen gegenübersitzt, mit all Ihrer Weisheit und Lebenserfahrung sagen? Ist Ihre Stimme anders geworden? Was fühlen Sie nun? Wie ist es, weise zu sein? Was ist der Unterschied zu der Rolle des Kritikers?

Stellen Sie sich nun vor, dass Ihr Gegenüber aufsteht, zu Ihnen kommt und wieder mit Ihnen verschmilzt. Sie haben wieder Ihr altes Geschlecht. Fühlen Sie für eine Weile Ihren neuen alten Körper, und dann öffnen Sie die Augen.

Warum es das Böse geben muss

Der Sitz der Seele ist da,
wo sich Innen- und Außenwelt berühren.
Wo sie zusammenfallen,
weilt sie an jedem Punkt des Einsseins.
(Novalis)

Alles menschliche Leben, das Erfahren der Welt, beruht auf Unterschieden. Dinge werden erst durch die Trennung existent. Menschen können nur in Gegensätzen denken. Etwas, zu dem es keinen Gegensatz gibt, ist nicht existent. Jedermann hat in sich etwas vom Verbrecher, vom Genie und vom Heiligen, sagt ein altes Sprichwort. Kann es das Gute ohne das Böse geben? Gibt es Licht ohne Schatten? Das Innen ohne das Außen? All diese scheinbaren Gegensätze bedingen sich.

Ich möchte hier auf den Begriff der Polarität eingehen. Meist spricht man in diesem Zusammenhang eher ungenau von Gegensätzen oder Dualitäten. Diese betonen das »Gegen« sehr, Polarität hingegen bedeutet sinngemäß »sowohl als auch«. Gut und Böse sind nicht nur Gegensätze, sie sind auch komplementär. Es gibt keine einzelnen, isolierten psychischen Aspekte, sondern nur komplementär aufeinander bezogene Gegensätze, die polar zueinander sind. Gerade deswegen ist es schwer, diese eindeutig und zugleich klar zu beschreiben.

Ich, der Trickster, versuche, Ihnen genau dies zu vermitteln. Die Eindeutigkeit geht auf Kosten der Wahrheit, die Unklarheit, die Doppel- bis Mehrdeutigkeit der Bildersprache wiederum lässt vieles offen, was von Ihren Gedanken gefüllt werden muss. Der Mensch ist vielfältig-polar und nicht gespalten. Sobald er jedoch von der Polarität zur Dualität abrutscht, also vom »Sowohl-als-auch« zum »Entweder-oder«, sind psychische Probleme nicht weit. Die Aufteilung in »Gut« und »Böse« entstand mit dem Vorgang, der in der Bibel anhand der Vertreibung aus dem Paradies versinnbildlicht dargestellt wird. Die Psyche war zuvor noch kollektiv, man lebte im Gefühl der Einheit. Dann erkannte das Ego, dass es ein Außen gibt. Es gab zunächst keine Trennung. Erst war alles eins – und dann wurden die Menschen nach dem Genuss der verbotenen Frucht aus dem Paradies vertrieben. Erst, wenn sie dorthin zurückkehren, verschwindet die Trennung.

Der Mensch ist vielfältig-polar und nicht gespalten.

Dies ist kein Grund, aufzugeben! Das Paradies finden Sie hin und wieder bereits heute in Ihrem Leben, kleine Momente der Gedankenfreiheit kennen Sie. In der Meditation verschwindet die Trennung ebenfalls. In der wahren, selbstlosen Liebe, die Sie erfahren, wenn Sie Anima und Schatten überwunden haben, kann auch keine Trennung existieren.

Mittlerweile sind Licht und Schatten in allen Menschen. Irgendwann aber, im Zuge der weiteren Entwicklung des Bewusstseins, werden im nächsten Schritt Gut und Böse transzendiert und zu einer neuen, heute noch gar nicht beschreibbaren Einheit werden. Dann wird das Kapitel der menschlichen Erfahrung, die Sie gerade machen, abgeschlossen sein. Das häufig angestrebte Eliminieren des Bösen führt nicht zu Vollständigkeit, sondern zu Verdrängung. Das Böse ist da, solange das Gute existiert. Die Welt ist gut, so, wie sie ist. Sie ist herrlich. Besser wird sie nie werden, solange sie existiert. Der Schatten verschwindet erst mit dem Tod.

Durch die Auseinandersetzung mit beiden Polen wachsen Sie. Lassen Sie Ihre Energie also zwischen den Polen pendeln, wählen Sie nicht die Extreme, sondern den mittleren Weg. Liebe ist nicht das Festhalten am positiven Pol, sondern gerade dieses Pendeln. Die Navajo-Indianer sprechen vom Pollenpfad, ihrem Weg der Mitte. Sie sagen: »*Oh Schönheit vor mir, Schönheit hinter mir, Schönheit zu meiner Rechten, Schönheit zu meiner Linken, Schönheit über mir, Schönheit unter mir, ich bin auf dem Pollenpfad.*«[17]

Übung – Der andere im Spiegel

Beginnen Sie mit der üblichen Einstimmung.
Stellen Sie sich dann vor, dass Sie in einem absolut dunklen Raum stehen. Ganz langsam wird es aber heller, und Sie erkennen, dass Sie vor einer großen Spiegelwand stehen. Sie sehen schemenhaft Ihr Spiegelbild. Langsam wird das Bild deutlicher. Sehen Sie möglicherweise anders als sonst aus?

[17] Joseph Campbell: Die Kraft der Mythen. Albatros im Patmos 2007, S. 255.

Es wird heller und heller im Raum. Nun erkennen Sie Ihr Spiegelbild klar und deutlich. Was sehen Sie? Welche Kleidung tragen Sie? Wie ist Ihr Gesichtsausdruck, Ihre Körperhaltung? Was meinen Sie, fühlt das Bild im Spiegel? Was fühlen Sie selbst? Was möchten Sie dem Bild sagen? Was antwortet das Bild?

Tauschen Sie nun. Sie sind das Spiegelbild, und das Spiegelbild ist Sie. Wie fühlen Sie sich als Spiegelbild? Wie sieht die Person vor dem Spiegel aus? Was möchten Sie ihr sagen? Was antwortet die Person?

Führen Sie nun das Gespräch fort, und wechseln Sie die Rollen einige Male in aller Ruhe, sodass ein innerer Dialog zwischen Ihnen und Ihrem Spiegelbild entsteht..

Fühlen Sie sich richtig ein. Lassen Sie den jeweils anderen wissen, wie Sie sich fühlen, wie es Ihnen gerade geht.

Und nun seien Sie wieder Sie selbst. Wie sieht die Person im Spiegel nun aus? Hat sich etwas verändert? Fühlen Sie sich anders als vorher?

Beschäftigen Sie sich für eine Weile mit dem, was Sie soeben erfahren haben, und öffnen Sie dann wieder die Augen.

Beginnen Sie mit der üblichen Einstimmung, diesmal allerdings im Stehen.

Stellen Sie sich dann vor, dass links hinter Ihnen ein Bereich, ein Raum, ist, den Sie mit einem Schritt nach links hinten betreten können. Rechts hinter Ihnen ist ebenfalls ein Raum, den Sie mit einem Schritt erreichen können.

In dem Dreieck aus Ihrem Standort und den beiden Räumen rechts und links hinter Ihnen können Sie sich bewegen, wie Sie möchten.

In den beiden Räumen finden Sie jeweils Aspekte Ihres Seins. Der eine Raum steht für die rationalen, starken, männlichen und väterlichen Aspekte, der andere für die emotionalen, weichen, sanften, weiblichen und mütterlichen Aspekte.

Gehen Sie testweise – immer mit geschlossenen Augen – nacheinander in beide Räume, fühlen Sie sich dort ein, und stellen Sie fest, welcher Raum für welche Aspekte steht.

Links befinden sich meist die emotionalen Aspekte, rechts die rationalen, aber bei manchen Menschen, insbesondere bei Linkshändern, kann es auch genau andersherum sein.

Nun machen Sie bewusst einen Schritt nach links hinten, und stellen Sie sich vor, dass Sie sich dabei verwandeln. Was sind Sie nun? Sind Sie Mann oder

Frau? Welche Kleidung tragen Sie? Wie ist Ihre Haltung? Wie ist Ihr Gesichtsausdruck? Wie fühlen Sie sich? Was sollte die ganze Person Wichtiges aus dieser Übung mitnehmen?

Gehen Sie wieder einen Schritt nach vorne rechts in Ihre Ausgangsposition zurück. Nun machen Sie einen Schritt nach rechts hinten, also zu der anderen Seite. Was sind Sie nun? Sind Sie Mann oder Frau? Welche Kleidung tragen Sie? Wie ist Ihre Haltung? Wie ist Ihr Gesichtsausdruck? Wie fühlen Sie sich? Was sollte die ganze Person Wichtiges aus dieser Übung mitnehmen?

Machen Sie wieder einen Schritt nach vorne links in die Ausgangsposition zurück.

Drehen Sie sich nun mit geschlossenen Augen um, sodass die beiden Personen, also die männliche und die weibliche Seite, vor Ihnen stehen.

Was denken die beiden voneinander? Lassen Sie sie einen kleinen Dialog führen. Welche Ratschläge könnten sie einander geben? Was fühlen Sie nun, da Sie den beiden zuhören?

Bleiben Sie noch eine Weile in dieser Szene, dann stellen Sie sich vor, wie Sie sowohl den männlichen als auch den weiblichen Anteil umarmen und mit ihnen verschmelzen.

Dann öffnen Sie wieder Ihre Augen.

Ich freue mich, dass Sie bis hierhin durchgehalten haben. Sicherlich haben Sie auch alle Übungen fleißig gemacht, die ich mir für Sie überlegt habe. Dies war der auf den ersten Blick eher uncharmante, unmystische Teil Ihrer Reise zum Selbst. Als Fundament für jeden weiteren Schritt ist die Schattenarbeit jedoch sehr wichtig. Sollten Sie die Übungen also eher überlesen haben, empfehle ich Ihnen, sie jetzt nachzuholen.

Die Sprache des Tricksters

Erinnern Sie sich an die Zeit, als Sie Kind waren, als Vater oder Mutter abends an Ihr Bett kamen und Ihnen Geschichten erzählten oder Märchen vorlasen? Wissen Sie noch, wie Sie sich gegruselt haben, als sich Hänsel und Gretel im dunklen Wald verliefen oder als Hänsel den Finger aus dem Käfig strecken sollte, damit die Hexe prüfen konnte, ob er dick genug zum Fressen war? Haben Sie mit dem armen Aschenputtel gelitten oder sich gewundert, dass aus einem an die Wand geworfenen Frosch ein Prinz werden konnte? Tiere konnten sprechen, es gab Zwerge, Zauberer, gute und böse Feen. Nikolaus und Weihnachtsmann waren furchteinflößende Gestalten, selbst das Christkind wurde insgeheim wegen seiner Macht gefürchtet. All diese Wesen und Figuren erklärten Ihnen in sehr machtvoller, bildreicher Sprache das Leben. Dann lernten Sie lesen: Hanni und Nanni, TKKG, Tom Sawyer, Karl May, Pippi Langstrumpf, die Kinder von Bullerbü oder auch Asterix-Hefte. Vielleicht lebten Sie – wie Oliver Driver – im Dorf und jede Woche, wenn der Bücherbus kam, schleppten Sie alles, was Sie an Sagen und Mythen aus Ost und West finden konnten, nach Hause. Parzival, Merlin oder Siegfried faszinierten Sie. Später kamen vielleicht Winnetou, Old Shatterhand und Kara Ben Nemsi hin-

Die Fähigkeit der fortwährenden Neuverknüpfung neuronaler Netzwerke nennt man Neuroplastizität.

zu. In Ihrer Fantasie erlebten Sie ihre Abenteuer mit, sie waren die Helden Ihrer Kindheit.

Sie wissen mittlerweile, dass Ihr Gehirn mit Bildern arbeitet und dass Emotionen entscheiden, ob ein Erlebnis als wichtig oder unwichtig eingestuft wird. Verbindet Ihr Gehirn mit gewissen neuen Erlebnissen alte negative Erfahrungen, so reagieren Sie, wie Sie es während des damaligen Erlebnisses taten. Es ist jedoch möglich, diese gespeicherten Bilder durch neue positive Bilder zu ersetzen. Dachte man früher, dass das Gehirn ab einem gewissen Alter »fertig« ist, weiß man heute, dass es sich lebenslang weiterentwickeln kann. Diese Fähigkeit der fortwährenden Neuverknüpfung neuronaler Netzwerke nennt man Neuroplastizität. Immer wieder stellt man fest, dass Menschen, die eine Gehirnverletzung erlitten und danach Ausfallerscheinungen hatten, nach und nach ihre Fähigkeiten zurückgewinnen, weil andere Bereiche des Gehirns in Vertretung des geschädigten Bereichs dessen Aufgaben übernehmen. Die Neuroplastizität bleibt bestehen, solange Sie leben.

Das menschliche Gehirn kann uralte Instinkte überwinden.

Nicht nur nach Hirnverletzungen strukturiert sich das Gehirn neu, sondern bei jeder Erfahrung und jedem Lernvorgang. Dies unterscheidet den Menschen von einfacher entwickelten Lebewesen, deren Handeln durch ihre auf den Genen beruhenden Instinkte bestimmt wird. Menschen sind in der Lage, sich sehr schnell zu entwickeln und neue Wege zu gehen. Kein Lebewesen ist so talentiert wie der Mensch, wenn es darum geht, sich an neue Umweltbedingungen und sonstige Veränderungen anzupassen. Das menschliche Gehirn kann uralte Instinkte überwinden.

Wenn Sie es schaffen, einen Zustand der Bewusstheit und Achtsamkeit dauerhaft aufrechtzuerhalten, ist es Ihnen möglich, instinktive Reaktionen frühzeitig zu erkennen, und Sie können selbst entscheiden, ob dieser erste Reflex sinnvoll ist, oder sich eine Alternative überlegen. Neuronale Netzwerke sind in der Lage, das »alte« Reptiliengehirn zu dominieren. Wahrscheinlich haben Sie bereits erahnt, dass dies auch für negative Gedanken gilt. Die stetige Wiederholung desselben negativen Gedankens manifestiert diesen im Gehirn, sodass er immer mächtiger wird. Jeder positive Ansatz hat dann erst einmal keine Chance. Unterbrechen Sie diesen Teufelskreis. Sagen Sie »Stopp!«, wenn Sie sich darin erwischen. Denken Sie, verbunden mit einem guten Gefühl, das genaue Gegenteil Ihres negativen Gedankens, und heilen Sie die kleinen Wunden, die Sie sich selber zufügen, ehe sie größer werden. Neben der Neuroplastizität ist die Neurogenese, also die Fähigkeit des Gehirns, zu wachsen und neue Nervenzellen zu erschaffen, eine wichtige Komponente. Diese neuen Nervenzellen werden aus neuronalen Stammzellen entwickelt und können in allen Bereichen des Gehirns andocken. So ergänzen sie bestehende neuronale Netzwerke oder bilden sogar neue. Die Menge der neuronalen Stammzellen ist nicht begrenzt, weil diese laufend nachwachsen.

Die stetige Wiederholung desselben negativen Gedankens manifestiert diesen im Gehirn.

Stellen Sie sich die Arbeit mit Synchronicity Healing vor wie ein Computer-Update. Dieses kann allerdings nicht in wenigen Sekunden aufgespielt werden, sondern muss mehrere Male installiert werden, weil es erst nach und nach die alte Software überspielt. Stück für Stück entwickelt das Gehirn bei diesem Vorgang neue innere Bilder. Zu Beginn pfuscht die alte Software immer mal wieder hinein, doch nach und nach hört dies auf, und das Gehirn kann sich nicht mehr an die alte Software erinnern.

Das Gehirn ist nichts anderes als das Protokoll seiner Nutzung, sagte der deutsche Gehirnforscher Manfred Spitzer in einem Vortrag. Das Protokoll können Sie durch bewusste Arbeit verändern. Dies ermöglichen beispielsweise Affirmationen und Visualisierungen bei Heilungsvorgängen. Aber auch das Unbewusste muss für jede Heilung integriert werden. Wichtige Informationen Ihrer Seele schickt Ihnen nicht der Verstand, sondern diese kommen aus der Tiefe, wenn Sie mit Ihrem Selbst verbunden sind. Auch diese Botschaften verändern die Strukturen des Gehirns und damit Ihre Erinnerung. So erschaffen Sie neue Reaktions- und Verhaltensmuster. Sie sind nicht mehr derjenige, der Sie vorher waren. Sie sind ein Stück ganzer geworden, und neue Lösungen sind möglich.

Übung – Schamanische Reise zum Ursprung[18]

Sie erlauben, dass ich Sie duze? Solltest du noch keine Erfahrungen mit Fantasiereisen haben und dich unsicher fühlen, lies bitte zunächst das entsprechende Kapitel »**Die hohe Kunst des Reisens in andere Welten**«. Alle anderen können diese Reise schon jetzt für sich machen.

Herzlich willkommen zu deiner Reise zu deinen Ursprüngen. Du wirst nun deinen Standort bestimmen. Du wirst erkennen, wo du zu verschiedenen Aspekten heute stehst, wie deine gewohnte Welt aussieht.

Du kannst auf dieser Reise deinen Ursprung, dein Zuhause entdecken. Du wirst deine Liebe, deine Vision und dein Selbst anschauen. Und du wirst einen Blick auf dein Wunder werfen.

Bevor du diese Reise antrittst, triff zunächst ein paar Vorbereitungen. Suche dir einen ungestörten Platz, und schließe die Augen. Diese Reise wirst du im Stehen machen. Stelle dich mit leicht geöffneten Beinen hin. Deine Füße sind etwa eine Fußlänge auseinander. Die Knie sind nicht ganz durchgedrückt, die Hüfte ist leicht vorgeschoben. Die Brust herausgestreckt, Schultern zurückgeschoben und erhobenen Hauptes stehst du da wie ein Krieger. Dies entspricht übrigens

---

[18] Diese Reise folgt einer Idee von Franz Mittermair in seinem Buch: Neue Helden braucht das Land. Persönliche Entwicklung und Heilung durch Rituelle Gestalttherapie. BOD 2009.

der Grundhaltung in vielen Kampfsportarten. Pendle nun ganz leicht nach links und rechts, indem du das Gewicht leicht von einem Fuß auf den anderen verlagerst. Lasse die Bewegungen immer kleiner werden, bis du zentriert bist.

Nimm dir nun bewusst vor, während deiner Reise wach und aufmerksam zu bleiben. Achte für eine Weile auf deinen Atem – so, wie er ist. Dein Atem strömt ein … und wieder aus … ganz in deinem Tempo. Versuche gar nicht erst, ruhig und entspannt zu atmen oder zu sein, wenn du es nicht bist. Alles darf jetzt so sein, wie es eben ist. Wenn du nicht entspannt bist, ist dies völlig in Ordnung. Wenn du nicht tief und ruhig atmest, passt dies auch. Nimm alle Einzelheiten wahr. Da dürfen auch Unruhe oder Schmerz sein. Verdränge nicht, nimm für diesen Moment alles, was ist, an. Alles, was ist, ist bei dir, weil es einen guten Grund dafür gibt. Bewerte jetzt nicht. Schenke deine Aufmerksamkeit ganz einfach den nächsten 20 Atemzügen. Spüre, wie die Luft durch Nase und Mund und weiter durch den Hals in die Lunge strömt. Dein Brustkorb und dein Bauch dehnen sich. Und dann strömt die Luft von ganz allein wieder hinaus.

Stelle dir vor, dass dein Atem dich atmet, dass du nichts dazu tun musst. Ganz von allein fließt der Atem ein und aus. Dein Körper wird schwerer, deine Füße pressen sich an den Boden … während du leicht und sanft atmest. Langsam wird es dunkel um dich herum, und du spürst, dass deine Reise beginnt.

Die Luft ist warm ... und trocken... Wenn du nun die Augen öffnest, findest du dich am frühen Morgen inmitten einer Sandwüste wieder ... Es ist angenehm warm, die Sonne geht gerade auf ... Alles ist in ein magisches Licht getaucht ... Vor dir erheben sich rote Sandsteinfelsen, die in ein hohes Gebirge übergehen ... Wenn du in die andere Richtung schaust, siehst du eine grüne Palmenoase ... Gehe nun in Richtung der Oase ... Spüre den weichen Sand unter deinen Füßen ... Nimm eine Handvoll Sand und lasse ihn durch deine Finger rieseln. Irgendwo hörst du den Schrei eines Raubvogels ... Langsam erreichst du die Oase ... Kein Mensch ist zu sehen, alles ist still und ruhig ... Gehe nun zu dem Beduinenzelt, das am Wasserloch steht. Schaue dich um.

Betritt das runde Zelt. Wenn deine Augen sich an die Dunkelheit gewöhnt haben, erkennst du eine runde Wendeltreppe mitten im Zelt ... Gehe die Treppe hinunter, bis du in einem Raum mit vier Türen stehst ... Der Raum ist einfach, die Wände nur mit Lehm verputzt. ... Er ist von archaischer Schönheit ... Über jeder der vier Türen steht in arabischer Schrift etwas geschrieben ... Obwohl du es nicht lesen kannst, fühlst du intuitiv, was es bedeutet.

Gehe zu der ersten Tür ... Betritt den Raum, der für dein »Zuhause« steht ... Schaue dich um. Was siehst, hörst, riechst du? Wie sind die Farben? Welche Formen erkennst du? Versuche, ein Körpergefühl für diesen Raum zu entwickeln ... Wie müsstest du deine

Haltung verändern, um diesen Raum darzustellen? Finde nun eine Körperhaltung, die für »Zuhause« steht ... Sei eine Statue dieses Zustands ... Merke dir, wie du stehst ... wie sich Beine, Hüfte, Bauch und Schultern anfühlen. ... Wenn es passt, kannst du auch eine Bewegung als Symbol für den Raum durchführen ... oder einen Tanz. ... Und nun löse die Statue, die das Zuhause darstellt, langsam auf, und gehe wieder in die Haltung des Kriegers.

Du verlässt den Raum und gehst zur nächsten Tür, zum »Raum der Arbeit und der Lebensaufgabe«. Öffne die Tür und tritt ein ... Was ist in diesem Raum? Welches Gefühl nimmst du wahr? Wie sind auch hier die Farben und Formen? Welche Körperhaltung entspricht dem, was du hier wahrnimmst? Nimm diese Haltung ein, und verfeinere sie ... Erlaube deinem Körper, die Farben und Formen, die Energie darzustellen ... Sei die Statue deiner Arbeit und Lebensaufgabe ... Merke dir wieder, wie du stehst ... wie sich Beine, Hüfte, Bauch und Schultern anfühlen. ... Und wenn du tanzen willst, dann tanze ... Und nun löse die Statue langsam auf... Schüttle dich kurz aus, ohne die Augen zu öffnen ... Und gehe wieder in die Haltung des Kriegers.

Du verlässt nun den zweiten Raum und gehst zur dritten Tür, zum »Raum der Liebe«... Öffne die Tür und tritt ein ... Was ist in diesem Raum? Welches Gefühl nimmst du diesmal wahr? Auf welche Farben und Formen triffst du hier? Welche Körperhaltung entspricht dem, was du hier wahrnimmst? Nimm diese Haltung ein, und verfeinere sie ... Erlaube deinem Körper, die Farben und Formen, die Energie darzustellen ... Sei die Statue deiner Liebe ... Merke dir, wie du stehst ... wie sich Beine, Hüfte, Bauch und Schultern anfühlen. Und nun löse die Statue langsam auf ... Schüttle dich kurz aus, ohne die Augen zu öffnen ... Und gehe wieder in die Haltung des Kriegers. Du verlässt den dritten Raum und gehst zur nächsten Tür, zum »Raum des Selbst«... Öffne die Tür und betritt den letzten Raum ... Was ist in diesem Raum? Welches Gefühl nimmst du wahr? Wie sind auch hier die Farben und Formen? Wie ist das Licht? Welche Körperhaltung entspricht dem, was du hier wahrnimmst? Du nimmst wieder diese Haltung ein und verfeinerst sie ... Erlaube deinem Körper, die Farben und Formen, die Energie und alles andere darzustellen ... Sei die Statue deines Selbst ... Merke dir, wie du stehst ... wie sich Beine, Hüfte, Bauch und Schultern anfühlen ... Und nun löse die Statue langsam auf ... Schüttle dich kurz aus, ohne die Augen zu öffnen ... Und gehe wieder in die Haltung des Kriegers. Du verlässt den Raum des Selbst und erkennst, dass in dem Vorraum, der zuvor leer gewesen war, nun ein goldener Thron steht ... Du stehst vor dem Thron der Wunder ... Schaue ihn dir genau an ... Befühle ihn ... Wer sich auf den Thron setzt, wird wie in einem Märchen einen Wunsch erfüllt bekommen ... Das persönliche Wunder wird geschehen ... Setze dich nun auf den Thron, und warte, bis dir das Bild deines Wunders aus dem Tiefen deines Unbewussten erscheint ... Sei absichtslos ... Warte ... Lasse es einfach auftauchen ... Wie ist das Bild deines Wunders? Male dir aus, wie es wäre. Wenn du das Bild nicht verstehst, ist dies in Ordnung ... Welche Gefühle hast du zu diesem Bild? Warte ab, ob dir ein Wort in den Sinn kommt, das dein Wunder symbolisiert ... Wie ist das Wort? Wenn du genug gesehen hast, verlasse den Thron, und steige über die Wendeltreppe zurück in das Zelt.

Du kannst nun noch eine Weile entspannt stehen bleiben, oder du öffnest Die Augen ... Dann kommst du langsam wieder ins Hier und Jetzt zurück ... Wenn du möchtest, male ein Bild von den Dingen, die du wahrgenommen und gefühlt hast.

Ich wünsche dir nun eine schöne Zeit!

Was sind Synchronizitäten?

Lassen Sie uns über die Sprache des Zufalls reden, der mit seinen symbolischen Botschaften einfallsreich in unser Leben eingreift. Synchronizität ist das Zusammentreffen von zwei bedeutungsverwandten Ereignissen bzw. von Gedanke und Erleben, die ohne kausalen Zusammenhang sind. Die zu erwartende Kette von Ursache und Wirkung ist nicht vorhanden. Oft erscheinen sie als sinnvolle Koinzidenz (ein zeitliches, manchmal ein räumliches Zusammentreffen von Ereignissen). Es gibt keine rationale Erklärung für dieses Zusammentreffen – außer den Zufall. Aber natürlich ist es alles andere als ein Zufall, wenn ich Ihnen solche Begebenheiten schicke. Synchronizitäten sind ein Kommentar der Seele zu einer Situation in Ihrem Leben, die Sie in Beziehung zum Ganzen bringen. Sie spüren plötzlich, dass da mehr ist, dass

Der Einfall liebt den Zufall, dieser wiederum den Einfall. (Aristoteles)

Sie ein Teil von etwas sind. Sie haben ein Gefühl der Zugehörigkeit, das bis zu einem Gefühl des Friedens in Ihnen werden kann. Synchronizitäten sind zugleich der Weg und das Ziel, sie sind zeitlos, und gerade das ist es, was so berührt. Wenn Sie der Synchronizität Ihren Sinn zugestehen, ist jeder »Zufall« eine eventuelle Andeutung des Lebens. Stellen Sie sich die Frage: »Bin ich bereit, einen Sinn in meinem Alltag, in meinem Leben, anzunehmen?«

C. G. Jung beschreibt zahlreiche »Zufälle«, die einem höheren Willen zu folgen scheinen, beispielsweise das Auftauchen eines Skarabäus, als er gerade eine Patientin behandelte, die von einem Skarabäus geträumt hatte. Der Skarabäus ist ein größerer, seltener Käfer und ein klassisches Geburtssymbol, er steht für Selbstumwandlung und Wiedergeburt. In Ägypten symbolisierte er die Auferstehung und den Kreislauf der Sonne. Diese Begegnung brachte den entscheidenden Umschwung in der Therapie, die davor lange ergebnislos gewesen war.

Synchronisation ist ein weiterer Aspekt von Synchronicity Healing. Synchronisation ist das Herstellen von Gleichlauf. In der Synchronisation stimmt man etwas aufeinander ab, man sorgt für Harmonie und Balance. Synchron stammt von dem griechischen *syn* (mit, gemeinsam) und *chronos* (Zeit) ab, bedeutet also so viel wie gleichzeitig oder parallel. Im Gegensatz dazu bedeutet asynchron, dass etwas nicht gleichzeitig ist, dass es nicht abgestimmt ist oder dass es eben unharmonisch erscheint. Bei Synchronicity Healing arbeiten Sie auch mit der Synchronisation Ihrer beiden Gehirnhälften, Sie erzeugen den Alpha-Zustand, also das bewusste Absenken der Gehirnfrequenzen, und Sie synchronisieren sich selbst mit Ihrem Erleben.[19] Innen und Außen verbinden sich. Ihre Gehirnzellen schwingen simultan und synchron. Synchronizitäten sind aber nicht nur (meistens) synchron, sondern auch inhaltlich miteinander verbunden. Sie sind eine Brücke zwischen Materie und Geist. Manchmal fehlt die Ursache der Wirkung, manchmal tritt die Wirkung vor der Ursache ein. Ursache und Wirkung sind Begriffe, die für Synchronizitäten nicht anwendbar sind. Durch eine solche Kausalisierung

Synchronisation ist das Herstellen von Gleichlauf.

---

[19] Zahlreiche Übungen zum Herbeiführen des Alpha-Zustands finden Sie in meinem Büchlein: Alpha – Die kreative Welle. Schirner 2011.

trennt man etwas, was im Grunde zusammengehört. Kausalität kann immer nur eine Vereinfachung, eine Idealisierung der Komplexität der Natur sein. So wie ein Baum nicht den Wald erklärt, so kann eine Synchronizität nicht durch eine Ursache beschrieben werden. Immer wieder kommen Synchronizitäten ohnehin nicht als Einzelereignisse sondern als ganze Ereignisketten daher.

Warum ist die emotionale Einbindung wichtig?

Man unterscheidet drei Typen von Synchronizitäten. Die erste ist die Koinzidenz, also das Aufeinandertreffen, eines geistigen Inhalts mit einem äußeren Ereignis. Man möchte beispielsweise frische Blumen kaufen, da kommt spontan eine Freundin auf einen Kaffee vorbei und bringt als Geschenk einen Strauß Tulpen mit. Die zweite Variante ist ein Traum, dessen Inhalt – in der realen Welt – an anderem Ort geschieht. Die dritte Variante ist eine Ahnung oder die Vision eines Ereignisses, das zukünftig – ebenfalls in der wirklichen Welt – passiert. Zeit und Raum sind nur Konstrukte des Bewusstseins, die wahre Quelle hängt nicht von diesen Konstrukten ab. So ist es möglich, dass Synchronizitäten auch mit zeitlichem Abstand geschehen, dass Sie Dinge vorhersehen und dass gewaltige Entfernungen zwischen den Bestandteilen einer Synchronizität liegen können.

Hier sind die Voraussetzungen, unter denen ein Geschehen als Synchronizität bezeichnet werden kann:

- eine eher geringe Wahrscheinlichkeit des Eintritts des Ereignisses,
- eine Verbindung, ein Bezug zwischen Geist und Umwelt,
- Parallelität bzw. Zeitnähe,
- Vorhandensein einer (intensiven) emotionalen Komponente,
- Zweideutigkeit der Bedeutung,
- ein dahinter durchscheinender Sinn für den Erlebenden.

Ein Zufall wird zur Synchronizität, wenn er eine Bedeutung für Sie hat. Insbesondere die emotionale Komponente ist wichtig. Eine Synchronizität wird erst bedeutsam, wenn es mir gelingt, dass Sie Ihre Aufmerksamkeit darauf fokussieren und emotional beteiligt sind. Das geschieht in der Regel bei Dingen, die Sie mindestens interessieren, besser jedoch intensiv berühren. Angenommen, Sie sitzen im Straßencafé und jedes zweite Auto, das vorbeifährt, ist ein roter Golf. Das würden Sie wahrscheinlich nicht wahrnehmen, keinesfalls aber würden dem eine Bedeutung beimessen. Es sei denn, Sie haben eine besondere Beziehung zu roten Golfs – etwa, weil Sie in den Fahrer eines roten Golfs verliebt sind. Ein Zufall wird zur Synchronizität, wenn er eine Bedeutung für Sie hat. Überhaupt treten Synchronizitäten vermehrt in Phasen auf, in denen Sie emotional involviert sind. Beste Beispiele dafür sind Krisen und Veränderungsphasen, wie die neue Liebe, kreative Schaffensphasen u. Ä. Synchronizitäten sind die Joker im Kartenspiel des Lebens, sie können die Wendung bringen. Aber es gibt nicht nur »gute« Joker. Ein Joker hält sich grundsätzlich nicht an Regeln, er macht sie. Oft wird diese Trumpfkarte in Zeiten gespielt, in denen Sie an der Grenze zur Bewusstwerdung stehen. Etwas, was in Ihrem Unbewussten lange geköchelt hat, sucht sich nun vulkanartig seinen Weg und ist nicht mehr aufzuhalten. Ich bin der Überbringer dieser Energie.

Überrascht es Sie, dass Sie ausgerechnet in diesen Zeiten Botschaften aus einer anderen Ebene erhalten? Wann auch sonst? Wenn ich Sie unterstützen möchte, dann doch bitte, wenn es darauf ankommt und nicht, wenn es gerade läuft. Glauben Sie mir, ich weiß, was gut für Sie ist. Doch vielleicht haben Sie hin und wieder den Eindruck, dass ich eingreife, wenn alles bestens ist. Dann weise ich Sie aber darauf hin, dass es Zeit ist, das Sofa des Lebens und die Helden im Fernsehen zu verlassen und zurück auf die eigene Reise zu gehen.

Synchronizitäten sind immer individuelle Erlebnisse.

Die emotionale Involviertheit ist auch bei der Ausführung der Übungen in diesem Buch eine wichtige Komponente. Sowohl das Anliegen bzw. das Problem, mit dem Sie eine Übung angehen, als auch die Übung selbst, müssen Sie emotional bewegen. Versuchen Sie, während einer schamanischen Reise nicht nur ein Programm abzuspulen, sondern mit dem Herzen dabei zu sein. Dann integrieren Sie noch Ihre fünf Sinne, und der Erfolg ist nicht mehr fern.

Synchronizitäten sind immer individuelle Erlebnisse. Gerade die Tatsache, dass Sie durch ihre Botschaft persönlich angesprochen werden, zeichnet sie aus. Nur Sie selbst können der Synchronizität einen Sinn geben. Ein Schaudern, ein Gruseln, ein Lächeln, ein außergewöhnliches Gefühl sind Indikatoren dafür.

Jean Shinoda Bolden erzählt eine schöne Anekdote, die die unterschiedlichen Sichtweisen auf einen »Zufall« deutlich macht.[20] Wenn ein westlicher Professor auf dem Universitätsgelände bei Sturm von einem herunterfallenden Dachziegel getroffen wird, schreit er laut auf, die Studenten laufen zusammen. Man ruft den Notarzt, informiert die Versicherung, alle haben Mitleid mit dem armen Opfer, und er wird vielleicht großzügig darauf verzichten, die Universität zu verklagen. Geschieht jedoch einem chinesischen Professor dasselbe, so schreit dieser gar nicht erst, keiner bekommt von seinem Unglück etwas mit. Stattdessen sieht er *Die Wahrheit* das Ereignis im Äußeren als Spiegel seines Inneren *sucht sich* und sucht nach dem Hinweis, der dahinter verbor *ihren Weg.* gen sein könnte. Der westliche Mensch ist extrovertiert, der östliche eher introvertiert. Ersterer projiziert den Grund ins Außen, Letzterer sucht eher nach dem Sinn in sich selbst. In einem solchen Fall ist ein *Sowohl-als-auch* hilfreich, Sie sollten also sowohl im Außen als auch im Innen nach dem Sinn eines Ereignisses suchen.

Einen kosmischen »Zufall« zu bemerken, ihn zu verstehen oder zu deuten, ist schwierig. Die Botschaft einer Synchronizität liegt nicht auf der Hand. Was will oder soll sie Ihnen sagen? Eine Wahrheit sucht sich ihren Weg. Dies geschieht aber so verschlüsselt, dass Sie sie kaum verstehen. Sie könnten sich fragen, was die am Ereignis beteiligten

---

[20] Vgl. Jean Shinoda Bolden: Das Tao der Psychologie. Sinnvolle Zufälle. Heyne 1998, S. 56.

Personen und Symbole bedeuten können. Nur die Beschäftigung mit Ihnen selbst kann die Lösung bringen. Tatsache ist, dass »Zufälle« wichtige Bedeutungen haben (können), wenn Sie dies wollen. Übergehen Sie sie, geschieht nichts – bis ich einen größeren Hammer auspacke und wieder zuschlage, immer zu Ihrem Besten.

Vielleicht haben Sie Lust, alle Zufälle, Koinzidenzen und Synchronizitäten in Ihrem Tagebuch festhalten. Oft stellen Sie später fest, dass es eine ganze Kette kleinerer Begebenheiten war, die letztendlich dazu geführt haben, dass Sie sich für oder gegen etwas entschieden haben. In der Rückschau erscheint die Kette plötzlich sinnvoll und logisch.

Ihnen mag das alles neu sein, was ich Ihnen über Synchronizitäten berichte. Wir Trickster aber arbeiten seit jeher damit. Wenn Sie sich mit dem Thema Synchronizität länger beschäftigen, erkennen Sie, wie umfassend dieses Phänomen Ihr Leben bestimmt und welche Konsequenzen das Wissen über Synchronizitäten darum für Sie haben kann. Zwar wussten die Menschen schon immer um die Verbindung von allem mit jedem, doch im Zuge der Rationalisierung wurde dies mehr und mehr missachtet, war verpönt und irgendwann auch nahezu vergessen. Gott sei Dank stehen wir heute an einem Wendepunkt, an dem dieses alte Wissen wieder gehoben wird. Und meine Aufgabe ist es heute, Sie darauf vorzubereiten.

Wie kann ich Synchronizitäten anziehen?

Wenn Sie Synchronizitäten bewusst erleben und insbesondere anziehen möchten, sollten Sie als Erstes Ihr Beziehungsnetzwerk ausbauen. Aus dem Kontakt mit anderen Menschen können die schönsten Ideen und »Zufälle« entstehen. Nur wenn Sie viele Menschen kennen, können Synchronizitäten schnell und einfach zu Ihnen finden. Lassen Sie sich auf neue Bekanntschaften ein. Zufällige Begegnungen können der wichtige Hinweis sein, auf den Sie gewartet haben. Weiter sollten Sie größten Wert auf Achtsamkeit legen. Wer durch das Leben hetzt, wird die kleinen Zeichen nicht erkennen. Wirklich achtsam zu leben – und dies womöglich den ganzen Tag –, ist schwer. Jede Bewegung bewusst, aber ohne Verkrampfung, auszuführen, bewusst zu essen, zu sprechen, zu fühlen, zu sehen, ist in hektischen Zeiten gar nicht einfach.

Gegeben wird Ihnen, wenn Sie absichtslos geben.

Fangen Sie daher erst einmal mit Sekunden und Minuten der Achtsamkeit an. Gehen Sie auf dem Weg zur Arbeit vielleicht mal 100 Meter langsam, setzen Sie einen Fuß nach dem anderen bewusst auf den Boden, achten Sie auf das, was in Ihrer Umgebung ist, hören Sie zu. Spüren Sie den Weg.

Sie sind es sicher gewohnt, bei einer neuen Bekanntschaft sehr schnell verschiedene Punkte abzuchecken und den anderen in eine Schublade zu stecken. Meist ist das Ergebnis: »Nö, mit dem will ich nichts zu tun haben, der ist ...« Aber auch der Ansatz, jeden Menschen erst einmal toll zu finden, so, wie er ist, ist nicht wahrhaftig, wenn Sie dies nur machen, um irgendwann von ihm zu profitieren. Gegeben wird Ihnen, wenn Sie absichtslos geben –, nicht wenn Sie manipulieren. Suchen Sie sich Ihren Weg und sehen Sie das Gute, das Schöne sowohl in Ihnen selbst als auch im anderen, und lassen Sie sich einfach überraschen, was geschieht! Jede Person, die Sie treffen, hat etwas mit Ihnen zu tun. Was Sie mit ihr anfangen, liegt bei Ihnen.

Übung – Freunde und Bekannte

Überlegen Sie doch mal, wann Sie Ihre Freunde (oder Ihren Chef) kennengelernt haben. Wie waren die Umstände? War etwas Zufälliges oder gar Mysteriöses daran beteiligt? Oder gab es beim Kennenlernen des Chefs etwa Zeichen, die Sie besser als Warnung hätten verstehen sollen?

Oder ist doch alles nur Zufall?

Was ist Zufall? Zufall kommt von Zufallen, Zusammenfallen, Zusammentreffen, und ist das Aufeinanderfolgen von Begebenheiten in der Zeit, die nicht in einer Kausalverbindung zueinander stehen, die aber dennoch eine Verbindung miteinander in sich verbergen. Es geschieht etwas, was nicht erwartbar war, was zudem einen Sinn in sich birgt. Wer kennt nicht diese merkwürdigen »Zufälle«, die uns alles andere als zufällig erscheinen. Sie bezeichnen sie auch gern als Glück, Schicksal, Koinzidenz, Chance, Fügung, höhere Gewalt, Glücksfall, Segen und vieles mehr. Im Englischen gibt es das schöne Wort *serendipity*, was so viel bedeutet wie »*die Gabe, zufällig glückliche und unerwartete Entdeckungen zu machen*«.

Wie gehen Sie mit Zufällen um? Achten Sie bewusst auf sie und warten ab, welche Bedeutung dahinterstecken könnte? Oder sehen Sie einfach über sie hinweg?

Synchronizitäten schicke ich Ihnen, wenn Sie sie brauchen. Sie hebeln Ihr übliches Vorgehen aus, bei dem Sie gezielt suchen und linear vom Ist-Zustand weiterdenken, planen und grübeln. Wenn es sein muss, packe ich meine teuflischsten, reinigenden und zerstörenden Ideen aus. Wenn aber bei Ihnen alles im Fluss ist, werden Sie wenig Bemerkenswertes erleben, was einen offensichtlich synchronistischen Charakter hat. Denn dann habe ich frei!

Stellen Sie sich einen Tiger vor, der in einer großen Garage aufwächst und nie den Dschungel kennenlernt. Dieser Tiger ist immer noch ein Tiger, aber sicherlich nicht der Tiger, der er sein könnte und sollte. Ein Tiger ist zur Jagd, zum Laufen, zum In-der-Sonne-liegen und zur Fortpflanzung geboren. Er hat Kräfte, um seine Beute mit den Zähnen zu reißen und mit den Tatzen festzuhalten. Nie aber wird dieser Tiger in der Garage erfahren, was es wirklich heißt, ein Tiger, ein König des Dschungels, zu sein. Wenn Sie sich begrenzen oder begrenzen lassen, ergeht es Ihnen wie dem Tiger. Der Tiger ahnt vielleicht nur, dass etwas nicht stimmt. Sie aber wissen es – und falls nicht, machen Sie sich keine Sorgen. Ich werde Sie darauf aufmerksam machen.

Übung – Wer sind Sie?

Nehmen Sie sich jeden Morgen Ihr Tagebuch oder einen Block zur Hand. Schreiben Sie auf die erste Seite als Überschrift: »Wer bin ich?«
Jeden Morgen, wenn Sie aufwachen, schreiben Sie ab nun spontan auf, was Ihnen einfällt. Das kann ein Begriff sein oder ein ganzes Dutzend. Überlegen Sie nicht allzu lange, sondern schreiben Sie alles auf. Sollte Ihnen danach sein zu sagen: »Ich bin ein Trottel«, so notieren Sie dies. Machen Sie dies eine längere Zeit (mehrere Monate), und schauen Sie, was sich entwickelt.

Die Geschichte von Driver, dem belgischen Heiler

Die Geschichte von Olivers Familie ist ein schönes Beispiel dafür, wie Synchronizitäten entstehen und wirken. Deswegen lasse ich ihn hier noch einmal zu Wort kommen.

Ein Kreis schloss sich im Jahr 2012 in meiner Familie. Ich gelangte in eine tiefe Verbindung zu meinen Ahnen. Die Geschichte können Sie als Zufall abtun. Für mich aber ist sie zu einer wahren Synchronizität geworden, die ihre Energie über Jahrhunderte erhalten konnte. Sie handelt von einem gewissen Jeroome Driver, der vor langer Zeit als Heiler in Belgien lebte, von seinem Sohn Jeremias, einem berühmten Arzt, und von seinem Vater, einem Kräuterkundigen, dessen Namen wir nicht kennen. Folgen Sie mir bitte in die Zeit der Renaissance.

Sie ahnen es bereits, dieser Mijnheer (niederländisch für »Herr«) Driver ist mein Vorfahre –, und ich bin einer von ganz wenigen noch bekannten Nachkommen. Ich selbst kenne die ganze Geschichte erst seit etwa vier Jahren, als ich – natürlich ganz zufällig – nach meinen Vorfahren googelte und merkwürdige und sehr spannende Parallelen entdeckte. Dass sie möglicherweise einen noch fehlenden Mosaikstein in meine Arbeit bringen würden, zeigte sich jedoch erst viel später. Aber beginnen wir doch ganz am Anfang.

Vor über 600 Jahren lebte mitten in Belgien ein Schäfer mit seiner Frau und einigen Kindern. Das ganze Jahr über trieb er seine Schafe bei Wind und Wetter von Weide zu Weide und von Ort zu Ort. Die kleine Familie trottete in einer Karawane hinter der Herde her, sobald eine Weide abgefressen war. Wenn es einen Unterstand gab, richteten die Familienmitglieder sich dort so gut es ging häuslich ein, ansonsten lebte die Familie in einem kleinen Zelt. Wahrscheinlich ernährten sie sich von Milch, Käse, Früchten und dem, was sie unterwegs fanden oder eintauschten. Sie waren nicht ärmer oder reicher als die meisten anderen Menschen zu dieser Zeit. Die Menschen in Europa erlebten damals einen Wandel, man stand am Beginn der »Neuzeit«. Es war eine Zeit der wilden Kriege und Umbrüche. Columbus entdeckte Amerika, und Luther schlug seine Thesen an die Tore des Wittenberger Doms. Europaweit wurden »Hexen« und Ketzer gefoltert und verbrannt. 1486 erschien in Speyer der Hexenhammer, ein Schriftstück, in dem der Dominikaner und gescheiterte Inquisitor Heinrich Kramer seine Vorstellungen von Hexen zusammenfasste und mit Dutzenden von Kirchenväter-Zitaten untermauerte.

Doch kommen wir zurück zu der kleinen Familie. Das Frühjahr war für die Schäferfamilie die schönste Zeit des Jahres. Nach dem langen düsteren Winter wurden die Tage länger, das Gras wuchs wieder, und die Weiden waren voller bunter Blumen und Kräuter. Endlich *verschwand die klamme Kälte, die nicht aus den Kleidern zu bekommen gewesen war. Wie oft hatten die Familienmitglieder bibbernd, einer an den anderen gedrückt, versucht, die Kälte der Nacht zu besiegen. Die Wärme der Schafe war oft lebensrettend gewesen. Nun aber stand der Sommer vor der Tür, die Vorräte konnten nach und nach aufgefüllt werden, und überall sprangen junge Lämmer herum. Ihr Hab und Gut transportierte die Familie auf einer Art Bollerwagen durchs Land, den der Schäfer und seine Frau selbst zogen. In den Dörfern kannte man ihn als »De Drijvere«. Seinen Namen hatte er von seiner Arbeit, dem Treiben von Schafen. Treiben heißt drijven im Niederländischen, und so wurde er, wie es damals üblich war, nach seinem Beruf »Der Treiber« genannt. Wenn »Der Treiber« auf die Wiesen vor einem Dorf kam, sprach sich dies herum wie ein Lauffeuer. Kranke und Verletzte kamen zu ihm und baten um Hilfe. Der eine oder andere hoffte sicherlich auch auf einen Liebeszauber, um das Herz der Verehrten leichter erobern zu können. Ein Schäfer war zu der damaligen Zeit immer auch Kräuterkundiger, Heiler und Wetterkundiger. Die Menschen kamen zum Schäfer mit ihren Krankheiten, und er heilte mit dem überlieferten Wissen seiner Ahnen. Er kannte alle Kräuter und ihre Heilkräfte, er wusste um heilsame Rituale und nutzte sicherlich auch allerlei Hokuspokus und den Aberglauben seiner Kunden zu deren Genesung.*

Ist dies nicht ein merkwürdiger Zufall? Nun, es handelt sich dabei um eine Synchronizität, eine bedeutungsvolle Koinzidenz zwischen meinen Ahnen und dem, was ich heute mache. Bereits in der Bibel war ein Hirte immer auch ein Anführer, jemand, der vorausgeht, der listig ist und der die kosmischen Geheimnisse kennt. Der Hirte, der seine Schäfchen behütet, steht zugleich für fürsorgendes Wohlwollen und Wohlhandeln innerhalb der Schöpfung. Abraham, Isaak und auch König David, der Goliath besiegt hatte, waren alle Hirten. Sie hüteten das Lamm, das das klassische Opfertier war.

Aber das war noch nicht alles, die Parallelen gehen weiter! Um 1480 wurde nämlich der Sohn des Schäfers Jeroome de Drijvere geboren. Oft wurden die Kinder zur damaligen Zeit nicht alt und verstarben, doch Jeroome überlebte. Als Jeroome erwachsen war, entschied er sich, Arzt zu werden. Er wendete das Wissen über die Menschen, Tiere und Pflanzen, das er bei seinem Vater gelernt hatte, an. Heute würde man ihn als Quacksalber und Kräuterkundigen bezeichnen. Er wurde schließlich in dem kleinen Dörfchen Brakel, das zwischen Brüssel und dem französischen Roubaix liegt, sesshaft. Allzu viel wissen wir nicht über ihn. Er heiratete dort, und 1502 wurde sein Sohn Jeremias geboren. Und hier schließt sich der Kreis, denn auch Jeremias steht für einen Teil von mir. Jeremias interessierte sich sehr für die Heilkünste seines Vaters, aber er versuchte mehr und mehr, die Dinge rational zu ergründen. Jeremias war einer der ersten Ärzte, die versuchten, die Medizin auf eine wissenschaftliche Basis zu stellen.

In ihm entdecke ich meine andere Hälfte, den Ingenieur, der immer alles rational zu ergründen sucht. Heute weiß ich, dass nur beide Hälften gemeinsam stark sein können. Der Schäfer und Hirte, der Kräuterkundige und der rationale Forscher ergänzen sich in idealer Weise.

Jeremias beschäftigte sich übrigens sehr mit den Gedanken des Arztes Galenos von Pergamon, der im 2. Jahrhundert n. Chr. lebte. Galenos' Leitgedanke war, dass alle Erscheinungen in der Natur und im Menschen einen bestimmten Zweck erfüllen mussten. Er begriff den Menschen als eine Leib-Seele-Einheit, die von zwei Seiten beeinflusst werden konnte: von der Metaphysik und von der Materie. Er arbeitete mit der Vier-Elemente-Lehre und sah Feuer, Wasser, Erde und Luft als die Grundelemente allen Seins an. Seine Vier-Säfte-Lehre (Blut, Schleim, gelbe Galle und schwarze Galle) ist aus heutiger Sicht jedoch eher skurril.

Jeremias wurde oberster Professor an der katholischen Universität zu Löwen. Wie damals üblich, gab auch er sich einen lateinischen Namen und nannte sich Jeremias Triverius Brakeli (aus Brakel). In den alten Schriften, die mittlerweile auch in Online-Bibliotheken abrufbar sind, findet man verschiedene Schriftweisen wie Jeremias Triverius, Hieremias Thriveri, Jérémie de Dryvère oder Hieremias de Drivere. 1554 verstarb er und wurde im Dom zu Löwen ehrenvoll bestattet. Das Grab ist heute leider nicht mehr vorhanden. Aber ich kann mich noch daran erinnern, dass mir mein Vater, als ich noch ein Kind war, einmal in diesem Dom eine Grabplatte gezeigt hatte. Der Anatomie-Saal der Universität trägt noch heute den Namen Triverius.[21]

Hätten mein Großvater und dessen Großvater nicht bereits viele Jahre lang mühsam in alten Kirchenarchiven und Ähnlichem geforscht und alles aufgeschrieben, wäre ich nie auf diese Zusammenhänge gestoßen. So aber weiß ich, dass der Stammbaum der Familie Driver auf einem belgischen Schäfer und Heiler steht. Für meine schamanische Arbeit habe ich mit diesen drei Heilern, Großvater, Vater und Sohn, drei starke Geisthelfer gefunden, die ich jederzeit besuchen und um Rat fragen kann. Wenn ich nicht mehr weiterweiß, helfen sie mir.

Und nun können Sie sagen, dass dies alles Zufall ist. Oder Sie machen es wie ich und schenken den Zeichen und Begegnungen Ihres Lebens Ihre Aufmerksamkeit. Ich bin der festen Überzeugung, dass es zum Erreichen von Glück und Heilung absolut ausreichend ist, auf die Hinweise zu achten und auf sie zu hören – und nicht wegzuschauen. Die verschiedenen Wege des

---

[21] In dem Dörfchen Brakel gibt es heute einen Orden, der sich um das Vermächtnis des Triverius kümmert. Die belgische Brauerei »De Graal« – welch ein verheißungsvoller Name für eine Brauerei – stellt das Triverius-Bier her. Passend zum Bier gibt es mittlerweile auch eine Triverius-Wurst und natürlich einen Käse. Eine Arztpraxis in Brakel nennt sich »Huisartenpraktij Triverius« und hat die Internetadresse www.doktertriverius.be.

Heilens, die bei Symptomen ansetzen und in der Regel »etwas wegmachen« sollen, sind nur in Notfällen sinnvoll – wie bei akuten Schmerzen. Dies sehe ich jedoch nur als die »Fitmachung«, als Vorbereitung des Klienten für seine weitere Reise. Wie oft neigen wir dazu, die Augen vor etwas zu verschließen, nur weil es uns gerade nicht in unser Konzept passt. Eine Energie tritt in unser Leben, und statt sie zu nutzen wie den Wind beim Segeln, setzen wir alle Kräfte dafür ein, uns gegen den Wind zu stemmen. Statt Energie zu gewinnen, verlieren wir sie auch noch. Hierin besteht die größte Chance, das eigene Leben zu verändern und sein Urvertrauen wieder zurückzugewinnen. Dadurch kommen Sie in Ihre Kraft.

Bei mir hat es einige Zeit gedauert, bis mir eines Tages während der Meditation die Erkenntnis kam, wie bedeutsam Zufälle und Zeichen sein können. Ich weiß, während einer Meditation sollte man eigentlich nicht denken, doch ehrlich gesagt kommen mir die besten Ideen oft genau dann. Meine Erkenntnis in der Meditation war, dass es einen Zusammenhang zwischen dem im Außen Erlebten und der Entwicklung, der eigenen Reise durch das Leben, geben muss. Das Außen ist nicht nur das Produkt unserer Gedanken, sondern es ist viel mehr. Es ist eine Art Wegweiser, der uns leitet. Ich habe mir lange überlegt, wie man dies für sich nutzen kann und interessante Möglichkeiten gefunden, diese Wegweiser bei Bedarf bewusst abzurufen. Doch das erzählt Ihnen wieder der Trickster.

Wie erkennt man Synchronizitäten am besten?

Als erfahrener Trickster weiß ich, dass Ihr Menschen Check-
listen liebt. Betrachten Sie also die folgende Auflistung zum
Erkennen von Synchronizitäten. Je mehr Aspekte zutreffen,
desto wahrscheinlicher sind Sie einer Synchronizität auf der
Spur.

1. Das Erlebte erscheint auf den ersten Blick »zufällig«
    und war so nicht abseh- oder planbar.

2. Die Wahrscheinlichkeit, dass dieses Ereignis eintritt,
    ist eher gering.

3. Es besteht eine Verbindung zwischen Geist und Um-
    welt.

4. Zwischen den Ereignissen oder Gedanken besteht
    eine Zeitnähe.

5. Das Ereignis ist mit einer (intensiven) emotionalen
    Komponente verbunden.

6. Oft gibt es eine zweideutige Bedeutung.

7. Das Ereignis hat eine symbolische Bedeutung, bzw.
    Sie halten es für bedeutsam.

8. Man könnte annehmen, eine höhere Macht hätte ihre Finger im Spiel. Das Ereignis beinhaltet eine komische Komponente.

9. Das Ereignis scheint einen Sinn zu haben.

10. Sie befinden sich in einer Übergangsphase Ihres Lebens.

11. Mehrere Ereignisse bilden eine Kette, die in ihrer Gesamtheit Sinn macht.

12. Durch das Ereignis schimmert die Verbindung zu etwas Höherem durch.

Diese ersten Erläuterungen über das Phänomen der Synchronizität möchte ich mit einer Geschichte beenden. Der Sinologe Richard Wilhelm erzählte sie über einen Regenmacher.

In einem chinesischen Dorf war seit Wochen kein Regen mehr gefallen, und man ließ den Regenmacher suchen. Nachdem man den alten Mann gefunden hatte, betrat dieser das kleine Haus, das man für ihn vorbereitet hatte, und verschloss die Tür. Er tat nichts, hielt keine Zeremonien oder Rituale ab –, bis es nach drei Tagen endlich zu regnen begann. Nach seiner Methode gefragt, sagte der Regenmacher: »*Als ich in euer Dorf kam, nahm ich eine Disharmonie wahr, das Gleichge-*

wicht der Natur war gestört. Da ich in euer Dorf kam, wart ihr ein Spiegel meiner Seele, und ich habe erst einmal für mich versucht, zur Ruhe zu kommen. Als ich meine innere Harmonie wiederhergestellt hatte, kam der Regen ganz von allein.

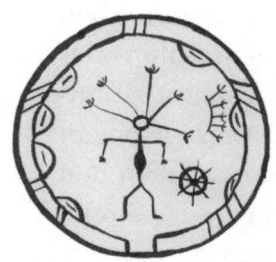

Bilder als Sprache

Die Kraft der inneren Bilder

Synchronizitäten sind die Botschaften, Gedanken und Erlebnisse, die Ihr Ich auf dem Weg zu Ihrem Selbst begleiten. Nun will ich Ihnen zeigen, wie Sie Ihr Leben selbst in die Hand nehmen können. Auf den nächsten Seiten wollen wir uns erst einmal mit dem Weg der Kommunikation zwischen Seele, Unbewusstem und Ihrem Bewusstsein beschäftigen. Danach folgen Vorschläge, wie Sie diese für sich nutzen können.

Vielleicht haben Sie kleine Kinder oder Enkel. Auf jeden Fall aber waren Sie selbst einmal ein Kind. Wenn Papa oder Mama, Oma oder Opa Ihnen, während Sie im Bett lagen, mit flüsternder Stimme ein Märchen vorlasen, wurde nicht nur die Fantasie angeregt, sondern Ihr ganzer Körper war beteiligt. Sie schwebten in fremde Welten oder kämpften gegen das Böse. Im Körper zeigten sich die Emotionen durch Anspannung und Entspannung. Sie erschauderten, die Haare standen Ihnen zu Berge, oder Sie schüttelten sich am ganzen Körper vor Lachen. Ganz automatisch geraten Kinder beim gebannten Zuhören in eine Trance, die schließlich in Schlaf übergeht. Wenn Held oder Heldin in der wunderreichen Welt der Märchen ihre Prüfungen bestehen, geht es ihm oder ihr letztendlich aber immer auch darum, sich selbst zu finden. Was also macht Bilder, wie sie beispielsweise in einem Märchen erzeugt werden, so kraftvoll? Bilder schalten den Verstand teilweise ab und erreichen das Unbewusste direkt. Die »Ja-aber«-Struktur, in der Sie oft feststecken, wird so elegant verhindert. Durch Bilder werden Blockaden überwunden, aber auch schon mal sichtbar gemacht.

Mit Synchronicity Healing geschieht Heilung im Unbewussten.

Vieles, was Sie nicht in Worte fassen können, was da ist, oft eher als latentes Gefühl, denn als konkretes Problem, kann mit gewissen Techniken an die Oberfläche geholt werden oder auch im Unbewussten geheilt werden. Mit Synchronicity Healing geschieht Heilung im Unbewussten. Manche Probleme sollten auch gar nicht mehr angesehen werden, wenn Heilung anders möglich ist. Gerade in der schamanischen Arbeit macht man dies häufig so. Was auch immer hinter dem Problem gesteckt hat, ist nach der schamanischen Behandlung oft aufgelöst.

Gerald Hüther beschreibt in seinem Buch »Die Macht der inneren Bilder«[22], wie Menschen wahrnehmen, lernen und Wissen speichern. Innere Bilder sind in der DNA, in den Zellen und im Gehirn abgespeicherte Informationen und Muster. Diese Bilder bestimmen Ihr Denken, Fühlen und Handeln. Alles, was Sie denken, basiert auf inneren Bildern. Jede Reaktion Ihres Körpers wird von einem entsprechenden in-

---

[22] Gerald Hüther: Die Macht der inneren Bilder. Wie Visionen das Gehirn, den Menschen und die Welt verändern. Vandenhoeck & Ruprecht 2011.

neren Bild gesteuert. Im Gehirn sind diese Bilder in Form hochkomplexer Neuronennetzwerke gespeichert. Sobald Sie etwas wahrnehmen, also etwas sehen, hören, riechen, fühlen oder schmecken, sucht Ihr Gehirn nach entsprechenden inneren Bildern. Das Gehirn vergleicht das, was gespeichert ist, mit dem, was als Erregungsmuster aus den elektrischen Impulsen im Körper entsteht. Passt ein Bild nicht hundertprozentig, so werden das Bestandsbild und das neue Bild verglichen und so lange bearbeitet, bis das Bild stimmig ist. Das Resultat ist ein neues inneres Bild. Neben dem alten Bild existiert nun ein neues. Sie haben gelernt.

Voraussetzung, um etwas wahrzunehmen, ist, dass ein Vergleichsbild bereits vorhanden ist. Etwas, was überhaupt keinem gespeicherten Bild entspricht, kann nicht wahrgenommen werden. Für die Einbettung der erlebten Bilder in unser Wissen, also ins Gehirn, müssen bereits innere Muster vorhanden sein, auf deren Basis aufgebaut werden kann. Nehmen Sie etwas wahr und das Erregungsmuster im Gehirn findet kein passendes inneres Bild, so ergibt dies für Sie keinen Sinn und Sie halten das Wahrgenommene für eine Illusion, ein Trugbild. Sie können nicht sehen, was Sie nicht denken können. Ein Erregungsmuster, zu dem das Gehirn keinerlei Vergleichsmöglichkeit hat, wird nie wahrgenommen. Das ist aber eher unwahrscheinlich, weil Sie in Ihren Zellen das gesammelte Wissen der Evolution und Ihrer Ahnen tragen. Gibt es hingegen ein inneres Bild, das ein wenig »passt«, wird dieses Bild immer weiter modifiziert, bis es mit dem Erregungsmuster übereinstimmt.

Sie können nicht sehen, was Sie nicht denken können.

Bei einfacheren Lebensformen sind diese Muster eher in der DNA gespeichert. Sie sind eine Art Handlungsmuster, wie sich das Lebewesen verhalten sollte. Ein Lebewesen wird erst lebendig durch einen inneren Plan, der zeigt, wie es sein müsste oder werden sollte. Alle Reaktionen auf störende Einflüsse von außen dienen dann dazu, die vorherige Ordnung wiederherzustellen. So kann eine Pflanze in den meisten Fällen nichts Spontanes, also Neues, tun, wenn Ihre Existenz bedroht ist – auch wenn viele Pflanzen hochinteressante Überlebensstrategien entwickelt haben. Erst durch die Entwicklung des Gehirns wurde es möglich, instinktive und weitestgehend automatische Muster zu unterbrechen. Das Gehirn ist in der Lage, selbst innere Bilder zu generieren und zu speichern. Sie müssen nicht mehr langsam lernen, wie die einfacheren Lebensformen, indem Sie Ihre genetischen Erbanlagen verändern. Lernen ist bei Menschen auf einer weiteren Ebene möglich. Und die Sprache ermöglicht es zusätzlich, die Bilder mit anderen Menschen zu teilen. Hier kommt der soziale Aspekt ins Spiel. In frühen Entwicklungsstadien wurde der Mensch weitgehend von genetischen Programmen geprägt und gesteuert, heutzutage wird die soziale Prägung immer wichtiger. Der Einfluss ist bei Menschen viel größer als bei Tieren. Neue Erfahrungen wirken sich bis auf die Ebene der Gene aus. Neue Gensequenzen werden aktiviert, andere stillgelegt.

Ein Lebewesen wird erst lebendig durch einen inneren Plan.

Wie Sie wissen, wirken Visualisierungen am besten, wenn sie alle Sinne ansprechen und insbesondere versuchen, die Freude am Erreichen des gewünschten Ziels klar zu

»spüren«. Nur, wenn das Erregungsmuster stark genug ist und sich im Gehirn in andere Areale ausbreiten kann, die für die Bewertung zuständig sind, wird der wahrgenommene Reiz bewusst. Das, was Sie sehen (oder hören ...), dringt nur in Ihr Bewusstsein ein, wenn eine emotionale Komponente vorhanden ist. Je mehr Sie emotional involviert sind, desto bewusster wird die Wahrnehmung. Hinzu kommt natürlich noch der Vorgang des Fokussierens. Ihre Wahrnehmung ist immer wie der Lichtstrahl eines Scheinwerfers auf einen Ausschnitt Ihrer Umgebung gerichtet. Wenn das Gehirn nur immer wieder das neue Bild erfährt, verblassen die alten Bilder irgendwann. Nervenzellennetzwerke, die nicht gebraucht werden, bauen sich langsam ab. Man spricht dann von »geistigen Erblindungsphänomenen«. Neuronale Verschaltungen und synaptische Netzwerke, die nicht benutzt werden, verkümmern.

Synchronicity Healing formt innere Muster um.

Synchronicity Healing formt innere Muster um. Innere Bilder sollen verändert, alternative Bilder sollen bereitgestellt, alte Bilder sollen aufgelöst werden. Dadurch schließt sich der Kreis von Therapie, Neurologie und Schamanismus. Mit neuen emotional bewegenden Bildern ist es möglich, alte Bilder abzulösen. Dies ist es, was Sie in den Übungen von Synchronicity Healing tun.

Eine kleine Einschränkung möchte ich hier machen: Aus meiner Sicht können Visualisierungen, Affirmationen und all das, mit dem versucht wird, das Leben durch Bilder, Beschwörungen, Gebete etc. zu verändern, nur eine zeitlich befristete Lösung sein. Für den Augenblick kann Heilung entstehen, die auch gerade in diesem Moment sehr wichtig sein kann. Aber das ist keine langfristige Lösung. Jeder, der verspricht, dass man damit die Probleme in den Griff bekommen kann, sagt nur die halbe Wahrheit. Wenn man davon ausgeht, dass Sie ein individuelles Potenzial für ein einzigartiges Leben haben, dann ist der einfachste Weg zur Heilung, dieses Leben zu leben. Folgen Sie diesem Weg nicht, so schicke ich Ihnen ein Symptom nach dem anderen, um Sie ein wenig anzuschieben. Sie kommen dann aus dem Heilen gar nicht mehr heraus.

Mythen als Beschreibung des Unbeschreibbaren

Lassen Sie mich ein wenig über Mythen erzählen. Seit jeher hat der Mensch versucht, das Unsagbare, das Unerklärliche, die Kraft, die das Leben hervorbringt, in Geschichten zu beschreiben. Daraus entstanden die Schöpfungsmythen. In Mythen wird die Allmacht der Natur, das Unbekannte, durch Bekanntes erklärt. Weisheiten und Lehren wurden in Metaphern verpackt, damit ihre Botschaft verständlich war. Metaphern sind Bilder, die etwas anderes umschreiben. In Bildern steckt viel mehr Wirklichkeit als in Worten.

Die Bibel ist ein Ergebnis dieser Erzähltradition der Mythen. Schade, dass die Bibel später teilweise dann als Tatsachenbericht betrachtet wurde. So wurde aus einem Buch der Weisheit ein zweifelhaftes Geschichtenbuch. Ob die

Geschichten »wahr« sind oder nicht, ist zweitrangig. Wahr sind sie, weil sie etwas Wahres erzählen. Aber sie sind keine Tatsachenberichte. Die Bibel ist Poesie, keine Prosa. Erst die Institution Kirche, machte aus der Poesie »profane« Prosa. Poesie ist aber immer mehr als Worte und Sprache. Mit den richtigen Worten ist sie das Fenster zum Zeitlosen. Zugleich ist es schwerer, ihre Botschaften zu erfassen. Mythen sind Poesie, sie sind nicht wahr, enthalten aber dennoch Wahrheit.

»Alles psychische Erleben beruht auf der Imagination und Erinnerung körperlicher Prozesse«[23], sagt Hammel. Sie sehen imaginierte Bilder, hören innere Stimmen und fühlen vorgestellte Gefühle. Ihre körperliche und seelische Reaktion auf Imaginationen sind nahezu genauso wie die auf echtes Erleben. Dabei arbeiten Körper, Geist und Seele Hand in Hand. Veränderungen in der Körperwahrnehmung bewirken Veränderungen in der Psyche, psychische Veränderungen können Sie im Körper spüren und auch nachweisen.

Die Bibel ist Poesie, keine Prosa.

Die Kraft der Metaphern, Bilder und Mythen wurde lange verkannt und als überflüssig angesehen. Man hatte doch schließlich einen scharfen Verstand. Man konnte kleinste Teilchen im Teilchenbeschleuniger beobachten, wozu sollte man dann noch alten Sagen lesen? Dass Gott – als der alte, weißbärtige Mann, der in den Wolken sitzt und über die Menschen wacht – nicht den Menschen erschaffen

[23] Stefan Hammel: Handbuch des therapeutischen Erzählens: Geschichten und Metaphern in Psychotherapie, Kinder- und Familientherapie, Heilkunde, Coaching und Supervision. Klett-Cotta 2011, S. 29.

hatte, war ebenfalls klar, wozu also noch die Bibel lesen? Alle Allegorien für die Gestaltung menschlicher Grundhaltungen gerieten in Vergessenheit, wurden zu Prosa, und ihre Aussagekraft wurde infolgedessen verkannt. Aus archetypischen Bildern wurden ästhetisch angenehme, gern im Licht der Romantik betrachtete Helden ohne Bedeutung.

Alte Geschichten sind nicht nur Erzählungen und Schilderungen von Geschehnissen. Sie waren immer der Versuch, das Unbegreifbare, das Leben und den Tod, in Worte zu fassen. Traf man sich in alten Stammesgesellschaften nach der Jagd am Lagerfeuer, wurden dort die Berichte von der Jagd auf Büffel oder Mammuts immer und immer wieder geschildert. Dadurch entstanden Heldenlegenden, die nachfolgenden Generationen als Lehren dienten. Die getöteten Tiere wurden geehrt, und man zeigte großen Respekt vor der Natur und ihren Lebewesen. Die Mythologie entstand, als der Mensch im Zuge der Entwicklung seines Bewusstseins aus der magischen Phase in die rationale, patriarchale Phase eintrat. Er vergaß seinen Zustand der Einheit mit allem, was ist. Er erlebte sich plötzlich als von der Natur getrennt. Aus dem vormals magischen Erleben entstanden mythische Bilder. Nur auf diese Weise konnte das unmittelbare Erleben in die Zeit der Rationalität hinübergerettet werden.

Übung – Ihre Kindheit

Erinnern Sie sich noch, was Sie als Kind so alles getrieben haben? Schließen Sie für einen Moment die Augen. Atmen Sie ruhig und entspannt. Versetzen Sie sich in die Zeit, als Sie vier Jahre alt waren. Bitte beschäftigen Sie sich in dieser Übung nur mit den schönen Zeiten. Negative Assoziationen schieben Sie gleich wieder beiseite. Wo haben Sie gewohnt? Wie sah Ihr Haus oder Ihre Wohnung aus? Wer lebte mit Ihnen zusammen? Wer waren Ihre Spielkameraden? Was haben Sie gespielt? Mit welchen Aktivitäten haben Sie sich stundenlang die Zeit vertrieben? Worin sind Sie völlig aufgegangen? Lassen Sie all diese Erinnerungen wieder aufleben, und holen Sie sich daraus ein wenig Energie für Ihr jetziges Leben.

Ein Mythos beschreibt. Er regt mithilfe archaischer Bilder Ihre Fantasie an, lässt sich aber nie endgültig verstehen. Der Versuch, einen Mythos zu analysieren, würde ihn zerstören. Sie würden zurückfallen in ein mechanistisches Weltbild, Sie würden den Trennungsgedanken einführen, und ständen am Ende wieder mit leeren Händen da.

Die alten Muster, die vor 30 000 Jahren ihre Gültigkeit hatten, sind immer noch aktuell. Vieles hat sich seitdem verändert, aber noch mehr ist gleich geblieben. Die Entwicklung des Menschen von der Zeugung über die Geburt, die Kindheit, die Geschlechtsreife, das Erwachsensein, das Älterwerden und den Tod ist dieselbe wie damals. Genauso nutzen Sie Denksysteme, die sich im Laufe der Jahrtausende aufgrund einer begrenzten Zahl von Bildern entwickelt haben, um das Leben zu verstehen. Denn diese haben nach wie vor Gültigkeit.

An diesem Punkt setzt die schamanische Arbeit an, und dies ist auch der Grund, warum ich so ausführlich auf Mythen und Bilder eingehe. Uralte Rituale und Techniken wirken heute genauso stark und manchmal geradezu magisch wie damals. Über die Verbindung mit mythischen Ritualen und archetypischen Begegnungen gewinnen Sie einen intuitiven Zugang zum Verständnis des Lebens. Die alten Symbole haben immer noch Gültigkeit, Lernen Sie, Sie zu erkennen und zu verstehen. Rituale sind eine elegante Möglichkeit, mit der anderen Seite zu kommunizieren. Sie führen uns direkt zu Ihrem Unbewussten. Je elementarer – also je archetypischer ein Symbol ist – desto tiefer und stärker wirken seine Kräfte. Nur über innere Bilder können Sie sich verändern. Bleiben die Bilder aber kraftlos oder beruhen ausschließlich auf rationalem Denken, geschieht nichts, denn nur emotional bewegende Bilder machen einen Unterschied. Dieses Prinzip kennen Sie vielleicht aus der Technik der Visualisierungen. Visualisieren von Heilungsvorgängen ohne ein echtes Gefühl des Erfolgs, der Freude, über das Ergebnis dabei, lässt Ihr Körperbewusstsein kalt – es geschieht nichts.

Uralte Rituale und Techniken wirken heute genauso stark wie damals.

Träume als Botschaften des Unbewussten

Träume stellen eine wichtige Möglichkeit zur Problemlösung dar, sind jedoch zumeist die am wenigsten beachtete. Träume lügen nicht, sagt ein Sprichwort. Träume sind so alt wie die Menschheit. Das Zitat am Anfang dieses Buches verweist auf den Glauben der Aborigines, die Welt wäre durch einen Traum erschaffen worden. Die Schamanen sehen das ganze Leben als Traum, sie unterscheiden in ihrem Weltbild nicht zwischen Realität und Traum. Der Traum ist genauso wirklich, wie der vermeintlich »echte« Alltag. Träume sind synchronistische Ereignisse, die in direktem Zusammenhang mit Ihrer Psyche stehen. Sie sind Metaphern für etwas, was für Sie wichtig ist. Im Traum, wenn der Gedankenstrom in Ihrem Kopf ruht, haben Sie – nicht bewusst – unbegrenzten Zugang zu Ihrem Unbewussten. Wenn Sie das Steuerrad des kontrollierenden Verstandes loslassen und im Schlaf auf dem Meer des Unbewussten treiben, sind Sie dem Leben – also mir – ausgeliefert. Meinungen, Glaubenssätze, Regeln, Normen sind vergessen. Träume können unkontrolliert und hemmungslos Träume sein. Das Tor für Synchronizitäten steht im Traum weit offen, und ich habe leichtes Spiel. Sie sind für ein paar Stunden nicht mehr derjenige, der Sie vorgeben zu sein. Sie sind Sie selbst. Daher finden die kreativsten und verrücktesten, aber auch die am schwersten zu verstehenden Synchronizitäten im Traum zu Ihnen. In Träumen sinken Sie tief in Ihre mythischen Strukturen. Geschichten

Das Tor für Synchronizitäten steht im Traum weit offen.

sind erzählte Träume, Erlebtes sind manifestierte Träume. In Träumen ordnen Sie Ihr Innenleben, verarbeiten Eindrücke und erhalten Impulse für Ihr weiteres Leben. Im Traum erleben Sie die Begegnung Ihrer Seele mit dem irdischen Leben als Geschichte. Sie erhalten aus einer anderen Ebene Botschaften von mir, die es zu deuten gilt. Träume entstehen in der Quelle Ihrer Selbsterkenntnis, im Unbewussten.

Übung – Traumassoziation

Können Sie sich an Ihren letzten Traum erinnern? Oder gibt es gar einen Traum, den Sie mehrmals hatten?

Schreiben Sie diesen besonderen Traum auf, und machen Sie eine Liste aller Symbole, an die Sie sich erinnern können.

Was fällt Ihnen spontan dazu ein, wenn Sie frei assoziieren? Sie können auch ein Traumlexikon zur Hand nehmen und die Symbole in der Reihenfolge ihres Erscheinens deuten. Erkennen Sie einen Zusammenhang?

Träume entstehen entweder aus bewussten Inhalten und real Erlebtem oder durch Vorgänge im Unbewussten. Ein Traum »arbeitet« mit Archetypen und der Urkraft dieser Bilder. Sie zu verstehen, bedarf Kenntnis ihrer mythologischen Bedeutungen. Träume können eine unbewusste Reaktion auf eine bewusste Situation sein, sie können aber auch auf eine Situation hinweisen, die aus einem Konflikt zwischen Bewusstsein und Unbewusstem entstanden ist. Sie können eine Tendenz des Unbewussten sein, das eine Veränderung bewirken will, oder aber sie können auch absolut unbewusste Prozesse sein. Der Traum ist ein Theater, in dem Sie selbst alle Rollen innehaben. Sie sind Regisseur, Autor, Schauspieler und Zuschauer zugleich. Träume versuchen oft, etwas auszugleichen, bei dem die Balance fehlt, oder Fehlendes in Ihrem Leben zu ergänzen. Sind Sie beispielsweise im wahren Leben ein schlechter Redner und haben stets großes Lampenfieber, können Sie im Traum hingegen eine Rede vor vielen Menschen locker und mit Freude halten. Der Traum schickt Ihnen das Bild, wie es sein könnte, wenn es anders wäre. Oder Ihnen gefällt in der Realität der Mann einer anderen Frau (oder die Frau eines anderen Mannes) »ein wenig«, im Traum hingegen zieht er oder sie Sie deutlich mehr an. Die Anziehung, die Sie sich vielleicht nicht zu zeigen oder zu leben erlauben, kommt also zum Vorschein. Im Traum bekommen Sie in ungewöhnlicher Form Feedback von Ihrem Unbewussten. Dabei ist der Traum an sich bewertungsfrei. Träume sind Projektionen dessen, was sich gerade in Ihnen abspielt, aber vielleicht nicht wahrgenommen wer-

Ein Traum »arbeitet« mit Archetypen und der Urkraft dieser Bilder.

den soll oder darf. Der Traum projiziert, während Sie schlafen, all das, was Sie nicht wissen wollen, in Ihren Kopf.

Durch das Erleben der Träume ergänzen Sie Ihr Wissen, Sie lernen aus den Botschaften des Unbewussten etwas über sich selbst und über die Welt. In Träumen erleben Sie Dinge, die Sie nicht wissen können. Diese Bilder kommen nicht aus Ihrem Bewusstsein, sondern aus einem viel größeren Meer des Wissens. In den Träumen finden Sie immer neue Aspekte Ihres Selbst, Ihnen gehen die Augen auf (ein weit verbreitetes Motiv in Religion und Mythologie). Dieses Selbst ist Ihr innerster Seelenkern und zugleich das Göttliche in Ihnen. Es ist das Zentrum des Tanzes des Lebens, das Tao des Ostens. Das Selbst ist das, was Sie in Ihrem Inneren erfahren, wenn Sie eine Verbundenheit mit der Einheit, mit dem ewigen Tao fühlen, das alles, was außerhalb von Ihnen ist, mit Ihnen verbindet. Woher aber hole ich, der Trickster, Traumbilder und ihre Inhalte? Sie kommen aus dem kollektiven Unbewussten, das klar und deutlich erkennt, was fehlt. Das kollektive Unbewusste sieht messerscharf, wie es Ihnen Dinge in Ihrem Leben verdeutlichen kann. Per definitionem ist das Unbewusste etwas, was Sie nicht erkennen, beherrschen oder kennen können und worauf Sie bewusst niemals Zugriff haben werden. Ja, Sie wissen nicht einmal, wie groß es ist, was es ist, denn es ist unermesslich tief und weit.

Alle Erfahrungen und alles Wissen des Kosmos sind im Feld des kollektiven Unbewussten gespeichert. Es ist ein Meer aus Informationen, das alle Menschen umschließt. Die Tropfen des Meeres sind die Summe allen Lebens im gesam-

In Träumen finden Sie immer neue Aspekte Ihres Selbst.

ten Kosmos. Alle jemals von Menschen gemachten Erfahrungen, alles Wissen, einfach alles, sind darin enthalten. Aus schamanischer Sicht ist der Körper der Speicher des Unbewussten. Die Schamanen sagen, dass jede Zelle alles Wissen dieser Welt beinhaltet. Da Sie keinen rationalen Zugang dazu haben, sind Bilder die einzige Möglichkeit, um das Tor zum Unbewussten zu öffnen. Im tiefen Schlaf sind Sie in einem Zustand, in dem Träume als Boten des Unbewussten erscheinen können. Wenn Sie nicht schlafen, ermöglicht ein leichter Trance-Zustand, wie er beispielsweise während einer schamanischen Reise durch Trommeln oder Rasseln erzeugt wird, diese Öffnung. In Träumen haben Sie oft das Gefühl, dass eine höhere Macht mit Ihnen spricht. Doch die Kommunikation mit ihr gestaltet sich schwierig. Sie können aber mit mir, dem Trickster, bewusst kommunizieren, indem Sie die Übungen dieses Buches anwenden.

Alles Wissen des Kosmos ist im Feld des kollektiven Unbewussten gespeichert.

Alle Übungen in diesem Buch dienen letztendlich dazu, Türen und Fenster zu öffnen, um es dem Unbewussten zu ermöglichen, Ihnen Botschaften auf Ihre Fragen zu schicken.

Möchten Sie sich mit Ihrem Traum beschäftigen, schreiben Sie ihn direkt nach dem Aufwachen in allen Einzelheiten auf. Vielleicht malen Sie oder skizzieren Sie auch gewisse Details. Sollten Sie zu den Menschen gehören, die sofort nach dem Aufwachen alles vergessen, was Sie nachts erlebten, nehmen Sie sich bitte jeden Abend immer wieder bewusst vor, sich daran zu erinnern. Dann stellen Sie sich für den nächsten Morgen einen Wecker mit einem Signalton, der Sie eher abrupt weckt, und resümieren Sie das Geträumte unmittelbar. Sollten Sie sich plötzlich schlechter an Ihre Träume erinnern können, ist dies ein Anzeichen dafür, dass Sie Ihre Verbindung zur Quelle verloren haben. Insbesondere sehr rationale Menschen – eher Männer als Frauen – haben Schwierigkeiten, sich ihre Träume zu merken.

Es gibt zwei Wege, Träume besser zu verstehen. Der erste Weg ist es, quasi durch eine Lupe auf alle Einzelheiten des Traums zu schauen. Lassen Sie Ihrer Fantasie zu den verschiedenen Aspekten freien Lauf. Vergleichen Sie die Elemente, die in Ihren Träumen auftauchen, mit ähnlichen Symbolen und Phänomenen aus Mythen oder Märchen. Vielleicht entdecken Sie Zusammenhänge und symbolische Bedeutungen? Die zweite Möglichkeit ist, in einer Fantasiereise den Traum fortzusetzen. Was könnte der nächste Schritt sein? Wie könnte es weitergehen? Welchen Handlungsimpuls spüren Sie? Durch die bewusste Konzentration auf das jeweilige Bild wird das Tor des Bewusstseins zum Unbewussten geöffnet. Und wenn Sie mich nett bitten, werde ich mich nicht scheuen, Ihnen aus der Quelle weitere Bilder zu schicken, die Ihnen helfen können. Dann bekommen Sie eine Ahnung, wie Ihr Traum weitergehen könnte. Hin und wieder sind die Bilder vielleicht sehr komplex, dann warten Sie ein paar Tage. Suchen Sie nach den Archetypen[24] und ihrer Bedeutung. Gibt es Symbole, mit denen Sie etwas anfangen können? Betrachten Sie den Traum von allen Seiten wie einen Edelstein. Vergleichen Sie Ihre

Wenn das Leben aus Träumen besteht, ist es folgerichtig, dass bewusstes Träumen Ihr Leben verändern kann.

---

[24] Archetypen sind die kollektiven Urbilder der Seele, die Urmuster menschlichen Vorstellungsvermögens, die im kollektiven Unbewussten sitzen. Mehr dazu finden Sie unter anderem auf Wikipedia.

Träume mit Puzzleteilen, mit Mosaiksteinchen. Irgendwann, wenn Sie genug Zusammengehörigkeiten gefunden haben, können Sie das Bild erkennen – die Botschaft Ihrer Träume.

Bei vielen Naturvölkern wird ein großer Traum öffentlich besprochen, gedeutet und dementsprechend gehandelt. Dort hilft ein solcher Traum dem Einzelnen und der Gemeinschaft zu mehr Ganzheit und zu Erkenntnis. Sowohl der einzelne Mensch als auch die Familie, Gruppe oder das Volk lernen aus den Botschaften des Unbewussten und erweitern so ihr Potenzial. Das Feld des kollektiven Unbewussten wirkt so regulierend, es gleicht aus, wird vervollständigt und unterstützt in wichtigen Situationen und Zeiten, insbesondere bei Übergängen von einer Lebensphase zur nächsten. Betrachten Sie Ihre Träume als vom Unbewussten geschickte Synchronizitäten, deren Bedeutung Ihnen manchmal nie, oft erst spät und nur selten sofort klar wird. Wenn Sie sich damit mehr beschäftigen, werden Sie den Sinn und die Beziehung zwischen Ihren Träumen und dem Erleben im Außen mehr und mehr verstehen. Wenn Sie in der Realität gerade mit etwas beschäftigt sind und Sie eine Traumbotschaft erhalten, die Sie mit Ihrer Wirklichkeit in Verbindung bringen, schauen Sie genau hin. Wenn das Leben aus Träumen besteht, ist es folgerichtig, dass bewusstes Träumen Ihr Leben verändern kann. Bewusstes Träumen kann bedeuten, dass Sie Geschichten erzählen, meditieren, Fantasiereisen machen, schamanisch arbeiten und mehr. Die schönsten, aber auch schwierigsten Träume sind diejenigen, in denen kreative Menschen neue Ideen haben oder die etwas Zukünftiges vorwegnehmen. Viele Erfindungen wurden im Traum oder in trance-ähnli-

chen Zuständen gemacht. Gibt es einen Weg, diese Möglichkeiten aktiv zu nutzen und nicht auf »zufällige« Ereignisse
warten zu müssen? Einfluss auf Strukturen nehmen zu wollen, die unbewusst sind, bedeutet, einen Weg zu wählen, mit
dem das Unbewusste arbeiten kann. Das heißt, Sie sprechen
das Unbewusste in seiner »Muttersprache«, dem Traum, an.
Alles Analytische ist dem Unbewussten ein Graus. Die un-
geheure Kapazität, das Verarbeitungsvermögen, die Kreativität und das Potenzial des Unbewussten werden mit der
Sprache der Bilder viel besser erreicht. Auch darin zeigt sich,
dass das alte Wissen der Schamanen, das überwiegend aus
Bildern und Geschichten besteht, aktueller ist denn je. Schamanische Arbeit ist die Basis für Synchronicity Healing. Ich
kenne keine andere Methode, die den Verstand dermaßen
außen vor lässt und ihn geradezu ausbremst. Der Schamanismus arbeitet nahezu ausschließlich mit Ritualen, Bildern,
Gefühlen, Wahrnehmungen und Emotionen und ist selten
rational. Gestalttherapie funktioniert ähnlich. Daher stam-
men die entsprechenden Übungen überwiegend aus diesen
Bereichen.

Wie dechiffriere ich die Zeichen?

Sie haben bereits Tipps bekommen, wie Sie mit Zufällen, Träumen und anderen Botschaften umgehen können. Gibt es vielleicht eine Regel, mit der Sie an eine Synchronizität herangehen können? Wer will Ihnen mit diesen Hinweisen etwas sagen? Sind sie eine Warnung, ein Weckruf oder eher eine Bestätigung, dass Sie auf dem richtigen Weg sind? Sollen Sie möglicherweise Ihren Weg ändern? Es ist immer eine Gratwanderung, wenn Sie versuchen, Synchronizitäten zu deuten. Falsch ist es sicherlich, diese bis in Kleinste zu analysieren. Falsch ist es aber auch, sie zu ignorieren. Die Kunst besteht auch darin, so zu leben, dass nützliche Synchronizitäten auftreten können, die Ihnen neue Wege eröffnen und die wertvoll für Sie sind. Hüten Sie sich davor, Synchronizitäten, die gerade keinen kausalen Charakter offenbaren, kausal verstehen zu wollen und sie allzu logisch weiterzudenken. Die intuitive Idee ist das, was zählt. Sie ist eine Botschaft an ihr Herz. Synchronizitäten schicke ich Ihnen bevorzugt in emotionalen Phasen, wenn Sie so richtig im Chaos versinken. In diesen Fällen ist es aber nicht immer einfach, Synchronizitäten zu erkennen, geschweige denn, sich um sie zu kümmern.

Im Folgenden finden Sie einige Fragen, die Ihnen eine Ahnung geben können, wie offen Sie momentan für Synchronizitäten sind.

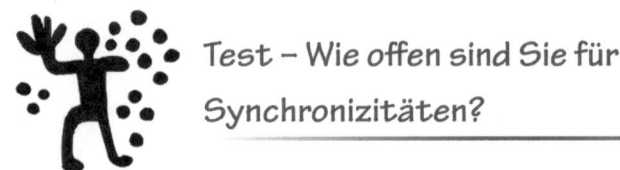

Test – Wie offen sind Sie für Synchronizitäten?

Können Sie sich in der Regel an Details Ihrer Träume erinnern?

Haben Sie in Ihren Träumen schon Antworten auf aktuelle Fragen gefunden?

Meditieren Sie, oder machen Sie etwas Ähnliches regelmäßig?

Wenn sich eine Tür für Sie schließt, öffnet sich dann eine andere?

Hatten Sie einmal eine Vorahnung, die sich bewahrheitet hat?

Erkennen Sie Omen, also Vorzeichen eines zukünftigen Ereignisses, in Ihrem Leben?

Haben Sie schon einmal das Gefühl gehabt, Gedankenübertragung erlebt zu haben?

Gelingt es Ihnen, gewünschte Ergebnisse oder Ereignisse mit der Kraft Ihrer Gedanken zu beeinflussen oder zu erzeugen?

Spüren Sie leicht den emotionalen Zustand anderer Menschen?

Haben Sie das Gefühl, dass in Ihrem Leben immer alles zur rechten Zeit kam?

Nutzen Sie Orakel, Tarot oder andere Vorhersagetechniken?

Gehen Sie gern Risiken ein?

Mögen Sie lieber die Routine oder das Unerwartete?
Sind Sie kreativ, fällt es Ihnen leicht, zu visualisieren?
Glauben Sie, dass das, was Sie brauchen, den Weg zu
Ihnen findet?

Eine Möglichkeit, Synchronizitäten zu verstehen, ist die Beschäftigung mit den Urbildern, den Archetypen. Wenn Sie
meinen, dass ein Urbild involviert ist – und das ist bei wesentlichen Botschaften immer der Fall – prüfen Sie, was es
bedeuten könnte. Neben meinem Modell der vier
Urbilder, das hier noch vorgestellt werden wird, *Archetypen*
gibt es viele weitere Möglichkeiten, diese anders zu *erscheinen*
gruppieren und zu benennen. So könnte man die *nicht nur als*
Sternzeichen ebenfalls als einen Satz von Urbildern *Personen.*
ansehen.

Archetypen erscheinen nicht nur als Personen, sondern
ebenso als Energie, Verhalten, Symbol oder Situation. Überlegen Sie, was das Grundlegende an Ihrem Erlebnis sein
könnte. Mit Überlegen meine ich in diesem Zusammenhang eher, darüber zu meditieren als wirklich nachzudenken. Symbol- und Traumdeutungsbücher sind eine weitere
Möglichkeit. Bücher über Traumsymbole sind eine ergiebige
Quelle für die Deutung von Bildern und Träumen. In ihnen
finden Sie die Bedeutung von Zeichen, ihren Ursprung und
weitere Anregungen. Im Internet finden Sie mittlerweile
ebenfalls zu fast allen Symbolen und Begriffen umfangreiche
Informationen.

Synchronizitäten sind sowohl Ursache Ihrer Handlungen als auch deren Ergebnis. Mein Ziel ist es, dass Sie sich für Synchronizitäten öffnen und sie so vermehrt in Ihr Leben bringen. Sobald Sie feststellen, dass Sie öfter als zuvor Synchronizitäten erleben, sind Sie auf dem richtigen Weg. Sie haben dann für sich den richtigen Weg gefunden, der vom Unbewussten unterstützt wird. Wer sich dem Fluss des Lebens voll und ganz anvertraut, wird von einem Fluss aus Synchronizitäten geleitet.

Übung – Ihre Synchronizitäten

Fällt Ihnen ein typisches Beispiel einer Synchronizität ein? Dies kann ein Zufall, ein Omen, eine Begegnung oder Ähnliches gewesen sein.
Wie waren damals die äußeren Umstände? Was beschäftigte Sie? Wer war involviert? Wie sind Sie mit dem Ereignis umgegangen? Haben Sie auf das Zeichen gehört? War es für Sie eher eine Warnung oder eine Motivation? War die Synchronizität sinnvoll und nützlich für Sie? Wie würden Sie heute auf sie reagieren?

Eine Warnung muss an dieser Stelle erlaubt sein. Solange Sie die Welt nicht für Maya, die große Illusion, halten und dies auch hundertprozentig leben, sollten Sie sich bewusst machen, dass Sie keine Kugel im Flipper der Synchronizitäten sind. Suchen Sie nicht in allem und jedem nach Zeichen. Manchmal mache ich auch Urlaub. Eine Wolke kann auch einfach nur eine Wolke sein. Nicht jeder Mensch, der Sie in der Fußgängerzone anrempelt, ist ein Wink des Schicksals und möchte von Ihnen zum Kaffee eingeladen werden. Spielen Sie mit den Synchronizitäten, aber vergessen Sie dabei nicht, das Spiel des Lebens weiterzuspielen.

Nichts ist, wie es scheint –

Wahrnehmung und Wirklichkeit

Die meisten Menschen haben gelernt, dass es eine objektive Form der Realität gibt und dass irgendwann alle Vorgänge der Welt mechanistisch und kausal erklärbar sein werden. Einige Indianerstämme und auch alte asiatische Kulturen haben eine völlig andere Weltsicht, die auf Synchronizitäten und nicht auf Linearität basiert.

Mühsam müssen Sie sich nun einem neuen Denken und Wahrnehmen öffnen und versuchen, die alten Modelle nicht zu beachten. Dies kann nur in der unmittelbaren Erfahrung der Dinge geschehen, wenn Sie mit der Brücke der Bilder das Bewusste und das Unbewusste verbinden und sich mit anderen Weltanschauungen beschäftigen, denn Geist und Materie lassen sich nicht trennen.

Probleme entstehen im Denken, die Wahrnehmung hingegen ist zunächst neutral. Da ist beispielsweise etwas, was Sie sehen, riechen oder fühlen. Erst Ihr Verstand macht möglicherweise durch seine Bewertung ein Problem daraus. Die simplen Mechanismen, die dabei ablaufen, zeige ich Ihnen im folgenden Kapitel über Krankheiten und ihre Entstehung unter neurologischen Aspekten.

Erst Ihr Verstand macht möglicherweise durch seine Bewertung ein Problem daraus.

Mittels Ihrer Sinne treten Sie mit allem, was außerhalb von Ihnen ist, in Kontakt. Genauso können Sie auch mit sich selbst, mit Ihrem Körper, Ihren Gefühlen, Kontakt aufnehmen. In Kontakt mit Dingen und Menschen zu treten, bedeutet aber zugleich auch, eine gemeinsame Grenze zu erfahren.

Der Kontakt entsteht immer an der Grenze, dort, wo sich die Menschen berühren. An dieser Grenze hören Sie auf, und das Andere beginnt. Die Grenze ist eine Art gemeinsames Feld. Sie müssen sich aber abgrenzen, damit Sie sich berühren können. Wenn die Grenze verschwimmt, erkennen Sie nicht mehr, was innen und was außen ist, und Sie verlieren sich. Dort, wo es keine Grenze gibt, gibt es kein Ich und kein Du. Um sich selbst erfahren zu können, brauchen Sie jedoch Grenzen. Kontakt spielt eine große Rolle, Sie gehen in Kontakt mit sich, mit Ihrem Körper und mit dem, was ist. Dann kann Energie fließen. Voraussetzung dafür ist aber, dass Sie auch mit sich selbst in Kontakt sind. Erst dann können Sie anderen Menschen helfen. Menschen, die ihre Grenzen nicht klar ziehen, sind ständig von Leiden im Außen belastet und laden sich eine Unmenge Leid auf. Helfende Berufe sind dafür prädestiniert. Oft definieren sich Menschen, die in dieser Berufsgruppe tätig sind, über ihre Leistung und Empathie für andere, vergessen aber sich selbst dabei. Man kann sich aber nur im Leben positionieren, wenn man seine Grenzen kennt und weiß, wo man steht.

Der Mensch entscheidet bereits durch seine Art der Wahrnehmung, was er wahrnehmen wird. Ein spiritueller Lehrer sagte einmal in einem Workshop: »Du wirst nur das Übersinnliche wahrnehmen, das du verkraften kannst. Alles, was die Grundlagen deines Denkens gefährden würde, wirst du nicht erleben.« Angenommen, Sie würden gerne einmal eine außerkörperliche Erfahrung machen und es funktioniert einfach nicht, dann sind Sie noch nicht so weit. Die Gefahr bestünde, dass Sie eine Psychose daraus entwickeln. Es ist eine Art von Selbstschutz.

Man kann sich nur im Leben positionieren, wenn man seine Grenzen kennt.

Es ist viel entscheidender, *wie* Sie beobachten, als *was*. Aus der Wahl des »Wie« resultiert die Fokussierung auf die Unterscheidungen, die Sie treffen. Ihre Aufmerksamkeit ist ein Scheinwerfer, den Sie auf etwas im Dunkeln richten. Je nachdem, wohin Sie leuchten, sehen Sie im Lichtkegel etwas. Sie richten den Scheinwerfer immer nur auf das, was Sie selbst sind. Was Sie nicht sind, können Sie nicht wahrnehmen. So erfahren Sie sich selbst und wachsen. Mit jeder Erfahrung verstärkt sich der Lichtstrahl und zeigt Ihnen mehr von Ihnen selbst. Gleichzeitig werden Sie offener, empfindsamer und aufmerksamer. Sie erkennen Dinge an sich, die Ihnen vorher nie aufgefallen sind.

Eine Information kann nicht aus sich selbst heraus existieren, sondern wird erst vom Beobachter erschaffen. Draußen ist keine Wirklichkeit, erst der Beobachter »in-formiert« eine Unterscheidung. Er erschafft die Form neu. Aus der Quelle entsteht Schatten, weil Sie mit Ihrem Bewusstsein das Licht erkennen. Sie unterscheiden in Licht und Schatten. Länder entstehen erst dadurch, dass Sie eine Linie ziehen. Aber aus dem Weltraum betrachtet entfallen all diese Unterscheidungen.

Niemand ist in der Lage, die Welt zu erkennen, wie sie wirklich ist – jedenfalls nicht durch seine fünf Sinne und durch das, was Sie üblicherweise unter Wahrnehmung verstehen. Wenn Sie eine Beobachtung machen, sehen Sie letztlich nur das Resultat Ihrer Art der Beobachtung. Erst das hinter der Wahrnehmung stehende Bedürfnis lässt die Wirklichkeit entstehen. Die Welt ist nicht vorgegeben, sie erhält ihre Gestalt je nach Blickwinkel und Motiv. Der Konstruktivismus hat auf die Frage, ob Sie in der Welt oder die Welt in Ihnen ist, eine klare Antwort. Alles, was Sie über die Welt wissen, ist in Ihnen. Die Welt ist das, was in Ihnen ist. Wenn Sie alles auf Basis aktueller, erinnerter und fiktiver Wahrnehmung unbewusst (mit-)gestalten, so können Sie dies auch bewusst tun. Sie können die Welt verändern, indem Sie Ihre Wahrnehmung gezielt fokussieren. Im Schamanismus können Sie Vergangenheit, Gegenwart und Zukunft bewusst verändern. Dies geschieht über Bilder und durch die bewusst erzeugte Wahrnehmung eines Traums, der durch den Vorgang des Träumens zur Realität wird. Ihr Erleben erzeugt Träume, die Sie in jeder Körperzelle abspeichern. Der Körper hat also eine geistige Funktion. Ihre Erinnerungen sind Träume, und diese können Sie durch das Erleben neuer Träume ersetzen. Genauso können Sie die Zukunft programmieren, indem Sie sie erträumen. Dies ist genau das, was Sie in einer schamanischen Reise tun. Ihr Bewusstsein gestaltet die Welt. Zeit, Raum und Materie sind Konstrukte Ihres Bewusstseins. Ihr Bewusstsein ist holografisch. Es ist in jedem Menschen und in jeder Zelle und in jedem Atom in voller Gänze vorhanden.

Ihr Körper kennt Sie besser –

Körperwahrnehmung

Sie haben gerade gesehen, dass Sie bei dem, was Sie erleben, zumindest eine erhebliche Rolle spielen. Solange Sie alles Wahrgenommene immer nur vor dem Hintergrund Ihrer Erfahrungen interpretieren und selektieren, nehmen Sie nicht wirklich wahr, was ist. Sie sehen nicht das, was da ist, sondern das, von dem Sie befürchten, dass es da ist. Ihr Verstand nährt sich aus den Erfahrungen der Vergangenheit, analysiert die aktuelle Situation und rechnet beides zusammen hoch auf die Zukunft. Ihre Körperwahrnehmung hingegen kann nicht lügen. Ihr eigener Körper ist der beste Seismograf für Ihr aktuelles Befinden. Wenn Sie die ganze Aufmerksamkeit Ihrem Körper schenken und sich mit dem beschäftigen, was er wahrnimmt, sind Sie auf dem Weg zur Wahrheit. Sie bleiben dann konsequent im Hier und Jetzt, bei dem, was ist. Es kann sein, dass Sie bei solchen Übungen zur Körperwahrnehmung schon mal in die Rolle eines aktuellen Gefühls wechseln, eines Symptoms oder auch anderer Dinge und Personen, um sich so von ihm ein umfassendes Bild machen zu können. Sie lernen, Gefühle und Symptome anzunehmen und ihnen zuzuhören. Lassen Sie den Schmerz sprechen, tauschen Sie die Rollen, seien Sie selbst der Schmerz, und sprechen Sie zu der Person, die Sie quälen. Statt immer nur alles rational zu ergründen, nehmen Sie direkten Kontakt zu dem Symptom auf und nutzen dessen Wissen. Sie sprechen mit Ihrem Körper, der – wie Sie im folgenden Kapitel noch sehen – in seinen Reaktionen sehr klaren, biologischen Regeln folgt. Stress, insbesondere in Beziehungen, zeigt sich in körperlichen Symptomen, die neurologisch erklärbar sind.

Ihr Unbewusstes erhält die Möglichkeit, sich durch diese Übungen über Ihren Körper zu artikulieren. Alles, was Sie erleben, alles Wissen, jede Erfahrung wird in den Zellen Ihres Körpers gespeichert. In ihnen finden Sie die Informationen, die ihn auch wieder heilen können. Wenn Sie auf Ihren Körper hören, erfahren Sie Dinge und gewinnen Erkenntnisse, die Ihr Leben verändern können. Es gibt kaum Themen, bei denen es sich nicht lohnt, einmal den Körper zu fragen. Auch wenn ein Problem auf den ersten Blick nichts mit Ihrem Körper zu tun hat, kann Ihre Körperwahrnehmung Ihnen wertvolle Hinweise geben. Egal, ob Sie Blockaden haben, sich nicht entscheiden können, es Ihnen an Selbstliebe oder Selbstvertrauen mangelt oder Sie gar von Ihren Emotionen schier überwältigt werden – Sie sollten Ihren Körper immer mit betrachten. Mit der Zeit lernen Sie dann, seine kleinen Zeichen zu erkennen und präventiv mit ihnen zu arbeiten. Ihr Körper ist reines Selbstheilungspotenzial, wenn Sie auf ihn hören und ihn seinen Job machen lassen. Er weiß, was gut für Sie ist. Er weiß, welche Menschen Ihnen schaden. Ihr Körper ist immer nur im Hier und Jetzt. Er kann gar nicht anders. Was Sie in Ihrem Körper spüren, ist jetzt da, nicht gestern und auch nicht morgen. Wenn da jetzt etwas ist, hat dies einen guten Grund.

Welches Gefühl also steckt hinter der Körperwahrnehmung? Sie spüren einen »Kloß« im Hals, was kann die Ursache sein? Ist es Angst oder Wut? Wovor? Glauben Sie niemals, dass Sie bereits wissen, was dahintersteckt. Denn dann hätten Sie dieses Problem nicht. Wenn ein Symptom vorhanden ist, gibt es auch etwas, was Sie nicht wissen und was noch auf Klärung »hofft«. Versuchen Sie daher eher, entspannt hinzuschauen und nicht, in Ihrem Körper zu wühlen. Seien Sie lieber zu langsam als zu schnell. Seien Sie bewusst und lernen Sie, zu warten ohne abzuschweifen. Vielleicht entdecken Sie dann einen Glaubenssatz, der hinter dem Problem liegt. Das Erkennen solcher Zusammenhänge ist bereits heilsam. Es kommt nicht darauf an, möglichst schnell seine Gefühle zu ergründen, um dann die nächste Übung machen zu können. Das Wahrnehmen selbst ist wichtig und bewirkt langsame, aber stetige Verbesserungen.

Ann Weiser Cornell vergleicht das Beobachten der Gefühle mit dem Anpirschen an ein scheues Reh im Wald.[25] Sie bedeuten für das Reh keine Gefahr, doch das weiß das Reh nicht. Wie müssen Sie vorgehen, damit sich das Reh sicher fühlt? Was müssen Sie tun, damit das Reh nicht die Flucht ergreift? Gehen Sie mit sich selbst genauso um. Pirschen Sie sich langsam und ohne etwas zu verbergen an Ihre Wahrnehmungen heran. Symptome möchten erst einmal angenommen und anerkannt werden, ehe sie sich öffnen. Auf diese Weise werden sich Ihre Gefühle nach und nach ändern. Sollten Sie hingegen aktiv versuchen, Ihre Gefühle zu verändern, werden Sie scheitern. Negative Gefühle zu verdrängen, führt dazu, dass sie sich manifestieren, entweder in körperlichen Symptomen oder in Projektionen auf andere Menschen. Das, was gespürt wird, verändert sich. Lassen Sie zu, dass sich Ihre Gefühle entwickeln und dass sie wachsen, Sie beide werden davon profitieren. Versuchen Sie jedoch nicht, sich in Ihren Gefühlen zu suhlen, sondern halten Sie eine gewisse Distanz. Identifizieren Sie sich mit ihnen nur zu einem gewissen Teil, sodass Sie sie noch beobachten können und sich nicht selbst auflösen.

Das, was gespürt wird, verändert sich.

Ihr Körper kann Ihnen keine Geschichte erzählen, wenn kein Zuhörer mehr da ist. In den Übungen praktizieren Sie dies zumeist dadurch, dass Sie einen Dialog in wechselnden Rollen mit sich selbst führen. Sich selbst zuzuhören, fällt vielen Menschen schwer. Nicht jeder kann sich einfach mal so

---

[25] Ann Weiser Cornell: Focusing – Der Stimme des Körpers folgen. Anleitungen und Übungen zur Selbsterfahrungen. rororo 1997.

in ein Symptom hineinversetzen und mit ihm kommunizieren. Sehr leicht gerät man in einen Übungsmodus, in dem die Übung einfach gemacht wird – aus und fertig. Versuchen Sie, dies zu vermeiden. Lassen Sie sich Zeit, hören Sie aktiv zu, versuchen Sie bitte zu verstehen. Seien Sie langsam und behutsam, denken Sie an das Reh. Überlegen Sie sich, wodurch sich ein guter Zuhörer auszeichnet und beherzigen Sie das. Wie stellen Sie sich einen guten Zuhörer vor? Wahrscheinlich würden Sie zunächst offen und herzlich begrüßt werden wollen: »Hallo, da bist du ja!« Sie hätten gern Zeit zu sprechen, ohne unterbrochen zu werden, auch wenn Sie einmal eine Pause zum Nachdenken brauchen. Sie hätten sicherlich gern Empathie und Wertschätzung. Auf kluge Ratschläge würden Sie wohl eher verzichten wollen.

Es gibt Menschen, die von ihren Gefühlen abgeschnitten sind. Meist wollen sie aufgrund schwerer seelischer Verletzungen mit Emotionen nichts mehr zu tun haben und sind kaum in der Lage, in sich hineinzuspüren. Durch ständiges Verdrängen und Nicht-Hinschauen haben diese Menschen die Synapsen, die Gehirn und Körper verbinden, blockiert. Ihr Körper ist ihnen ein Rätsel. Lassen Sie sich besonders viel Zeit, wenn es Ihnen schwerfällt, in sich hineinzuspüren. Achten Sie auf kleine Unterschiede. Vielleicht fühlt sich Ihr Bauch ein wenig anders an als der Brustkorb. Seien Sie langsam, und üben Sie einzig und allein das Wahrnehmen Ihres Körpers. Sollten Sie die Möglichkeit haben, eine schamanische Gruppe zu besuchen oder ein paar Sitzungen bei einem schamanisch arbeitenden Heiler zu machen, tun Sie das.

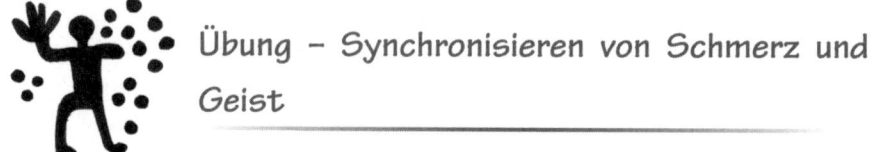

Übung – Synchronisieren von Schmerz und Geist

Wählen Sie den Schmerz oder das Körpersymptom, mit dem Sie sich heute beschäftigen wollen. Idealerweise ist dieses Symptom akut. Sollten Sie ein körperliches Problem haben, das aber gerade nicht schmerzt, können Sie auch dieses nehmen.

Ein körperliches Symptom ist nicht zufällig da. Es ist eine Reaktion Ihres Körpers auf geistige oder seelische Vorgänge, die wiederum auf Wahrnehmungen beruhen. Durch das Symptom können Sie also eine Menge über sich selbst lernen.

Viele Symptome unterschiedlichster Art rühren daher, dass Sie sie – mehr oder weniger unbewusst – dazu nutzen, andere Menschen zu beeinflussen, zu manipulieren und an sich zu binden. Sie können schließlich nichts dafür, dass Sie krank werden. Aber Sie müssen dann nicht groß um Hilfe betteln, denn Ihnen wird diese kaum verwehrt werden.

Beginnen Sie mit der gewohnten Einstimmung.

Wie sind Ihre Gefühle in Bezug auf das Symptom? Was macht das Symptom mit Ihnen? Wie fühlen Sie es? Wie schränkt es Sie ein? Was fühlen Sie, wenn Sie sich mit diesen Fragen beschäftigen?

Gehen Sie zu dem Körperteil, in dem sich das Symptom zeigt. Was fühlen Sie dort? Nehmen Sie in aller

Ruhe die Empfindungen wahr, die Sie dort spüren, alle Schmerzen, alle Spannungen, vielleicht auch Gefühle der Ohnmacht und der Hilflosigkeit. Wie zeigen sich diese Gefühle in Ihrem Körper?

Nun, da Sie Ihr Symptom besser kennen, versuchen Sie bitte, es zu verstärken. Was müssen Sie dafür tun? Wie gut gelingt Ihnen dies? Lassen Sie es stärker werden.

Nun werden Sie langsam selbst zu dem Symptom. Versetzen Sie sich in es hinein. Wie sind Sie? Wie ist Ihnen zumute? Was ist das Besondere an Ihnen? Was ist Ihre Aufgabe? Gibt es etwas, was Sie dem Körper, in dem Sie sich befinden, sagen möchten? Was ist Ihre Absicht? Wie versuchen Sie, diese zu erreichen?

Seien Sie nun wieder Sie selbst, und antworten Sie dem Symptom. Was halten Sie von dem, was Sie gehört haben? Was sollte das Symptom wissen? Erzählen Sie ihm, wie Sie sich nun fühlen.

Werden Sie nun wieder zum Symptom, und setzen Sie das Gespräch fort. Erzählen Sie dem Menschen von Ihrer Nützlichkeit.

Werden Sie wieder Sie selbst, und antworten Sie. Setzen Sie dieses Gespräch noch ein wenig fort.

Gehen Sie beim Tausch der Rollen langsam vor.

Was können Sie voneinander erfahren und lernen? Wie finden Sie einen Weg, der Sie beide weiterbringt?

Nun beenden Sie den Dialog, und seien Sie nochmals das Symptom. Als Symptom sprechen Sie nun zu den Menschen in Ihrer Umgebung, zu Partner, Eltern,

Kindern, Chef und Kollegen, Freunden usw. Wie ziehen Sie diese Menschen in Mitleidenschaft? Was tun Sie ihnen an? Sagen Sie zu jedem: »Ich ziehe dich in Mitleidenschaft, indem ich ...«

Was antworten diese Menschen? Wie ist Ihre Wirkung als Symptom auf diese Menschen? Welche Auswirkungen hat das Symptom auf sie?

Seien Sie nun wieder Sie selbst.

Sprechen Sie nochmals all die Wege an, die Ihr Symptom nutzt, um Ihre Mitmenschen in Mitleidenschaft zu ziehen – diesmal allerdings als Sie selbst, also nicht als Symptom, sondern als Herr oder Frau ...

Sagen Sie zum Beispiel: »Ich, Oliver Driver, benutze meine Rückenschmerzen, damit ich sichergehen kann, dass du mich beachtest.«

Suchen Sie eine für Sie stimmige Aussage.

Denken Sie noch einen Moment über den Dialog nach.

Wobei hilft Ihnen das Symptom im Alltag, zum Beispiel im Umgang mit anderen Menschen? Oder ist es vielleicht gar eine Strafe für etwas? Welche Alternativen haben Sie, um diese Effekte auf anderem Weg zu erreichen? Wenn Ihre Kopfschmerzen dazu führen, dass Sie Zuneigung erhalten, wie könnten Sie dies ebenfalls erreichen?

Nach einer Weile öffnen Sie Ihre Augen wieder.

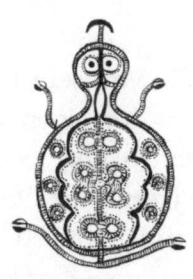 # Krankheit, Heilung, Glück und Sinn

Auf die Signale des Körpers hören

In diesem Buch ist nicht der Raum, um umfassend auf das Thema Krankheit und Heilung eingehen zu können. Dennoch sollen hier einige Aspekte näher betrachtet werden, weil sie sehr zum Verständnis der Entstehung von Krankheiten aufgrund Ihrer Lebensführung sowie Ihrer Gedanken beitragen. Wenn Sie die Entstehung einer Krankheit nachvollziehen können, erahnen Sie den Weg der Heilung vielleicht bereits. Es liegt in der Natur des Menschen, Dinge nur zu verändern, wenn sie unbequem sind. Erst wenn eine Krankheit ausgebrochen ist, beginnen Sie, nach den Ursachen zu suchen. Was können Sie ändern, wenn Sie mit einer falschen Lebensführung dazu beigetragen haben, krank zu werden? Wie müssen Sie leben, um gesund zu bleiben? Wenn man weiß, wie beispielsweise Stress zu Burn-out und psychischen Krankheiten führt, kann man daran arbeiten.

Ich hatte bereits den Körper als Seismografen Ihres persönlichen Befindens bezeichnet. Auf den nächsten Seiten möchte ich kurz darauf eingehen, welche neurologischen und biologischen Vorgänge dahinterstehen.

Es gibt keine Reaktionen im Körper, die von selbst geschehen, sondern sie sind stets Reaktionen auf einen wie auch immer gearteten Einfluss von außen. In den letzten 50 Jahren setzten Wissenschaftler und Mediziner die Quote der Krankheiten, die psychisch bedingt sind, von 50 auf 80 Prozent hinauf. Dies sind Einschätzungen von eher konservativen Ärzten. Möglicherweise sind es sogar 100 Prozent. Vielleicht ist auch die Unterscheidung zwischen psychisch und physisch bedingten Krankheiten generell falsch. Falsch ist dann natürlich auch der Schluss, dass Menschen selbst »schuld« sind an ihren Krankheiten. Es geht weder um die Schuldfrage noch um Probleme, sondern ausschließlich um die Lösung, den Heilungserfolg. Ursachensuche ist dafür in der Regel nicht notwendig. Sie müssen nicht wissen, warum Sie krank sind, wenn Sie wissen, wie Sie gesund werden können. Natürlich sind viele Therapeuten davon überzeugt, dass man die Ursache kennen muss, um heil werden zu können. Andere arbeiten lieber an Lösungen anstatt Probleme auszuweiten. Dies ist eine Grundsatzfrage.

Es geht ausschließlich um die Lösung, den Heilungserfolg.

Werfen Sie einen Blick auf die wesentlichen Vorgänge in Ihrem Erleben, nämlich die Wahrnehmung von Einflüssen über Ihre fünf Sinne. Ausgangsbasis ist immer ein Ereignis im Außen. Etwas in Ihrem Umfeld passiert, und je nachdem melden sich Auge, Ohr, Haut, Nase oder Mund mit ihren jeweiligen Wahrnehmungen. Sobald Sie in Kontakt mit etwas treten, etwas wahrnehmen, wird diese Wahrnehmung unmittelbar im entsprechenden Organ in einen elektrischen Impuls umgewandelt, der zum Gehirn weitergeleitet wird. Grundsätzlich können Sie daher sagen, dass jedes Erleben im Hirn in elektrische Impulse umgesetzt wird und zur Freisetzung von Nervenbotenstoffen führt. Dies ist der Weg Ihres Körpers, sich an verändernde Umweltbedingungen und Beziehungen anzupassen. Aus jedem psychischen Vorgang macht das Gehirn einen biologischen, körperlichen Vorgang. Der elektrische Impuls wird über die Nervenzellen und ihre Übergänge, die Synapsen, bis in den Kortex, die Hirnrinde, geleitet. Dort hat jeder der fünf Sinne ein eigenes Areal, in dem die jeweiligen Signale zu einem Bild verarbeitet werden. Die Großhirnrinde verarbeitet in Zusammenarbeit mit dem Mandelkern, der Amygdala, dieses Bild und vergleicht es mit früheren, bereits erlebten und abgespeicherten Bildern. Der Mandelkern entscheidet nach diesem Vergleich, ob es sich um eine Bedrohung oder um etwas anderes handelt. Großhirn und Mandelkern senden im Alarmzustand Botenstoffe an den Hypothalamus (Steuerzentrum des vegetativen Nervensystems) und den Hirnstamm. Im Hypothalamus wird ein Gen (CRH-Gen) zugeschaltet. Das CRH-Gen kurbelt die Produktion des CRH an, welches wiederum in der Hirnanhangsdrüse ein anderes Gen (POMC-Gen) aktiviert. Dieses Gen veranlasst die Produktion von ACTH, dem Botenstoff, der die Nebennieren dazu veranlasst, Cortisol zu produzieren und auszuschütten. Das Cortisol ist der entscheidende Stoff. Durch dieses Hormon werden nun eine Reihe von verschiedenen weiteren Genen im ganzen Körper an- und abgeschaltet.

Keine Angst vor Ihren Genen!

Gene steuern die Prozesse in Ihrem Körper. Sie sind allerdings nicht unveränderbar, sondern werden ebenfalls von einer Vielzahl von Einflüssen gesteuert. Dies sind u. a. Gedanken, Gefühle, Erfahrungen, also alles, was uns beschäftigt oder widerfährt. Analog zu den Genen verändern sich auch die Strukturen Ihres Gehirns ständig mit. Es gibt Gene, die codieren konstante Eigenschaften, aber die für Gesundheit und Krankheit entscheidenden Gene werden von der Umwelt ein- und ausgeschaltet. Sie sind nicht statisch! Ich wiederhole dies gern nochmals: Gene werden durch eine Art Genschalter (Promoter und Enhancer) ein- und ausgeschaltet (Genregulation). Ein Signalstoff (Transkriptionsfaktor) lagert sich an diesem Schalter an, der einen Start- oder Stopp-Befehl an Zellen und Organe sendet. Die Herstellung des jeweiligen Produkts wird begonnen oder gestoppt.

Die Aktivität der Gene hängt großteils von äußeren Einflüssen ab und ist im Wesentlichen nicht vererbt. Die entscheidenden Einflüsse kommen aus der Umwelt, aus dem System Mensch und aus der benachbarten Zelle. Gene und Umwelt funktionieren gemeinsam, sie sind Bestandteile eines Gesamtsystems, das nicht trennbar ist. Gene werden durch Reaktionen des Menschen und durch Handlungsmuster verändert bzw. eingestellt und sorgen bei weiteren ähnlichen oder gleichen Auslösern für die bekannte Reaktion.

Sie haben das entsprechende Verhalten (auf allen Ebe-
nen) gelernt und in den Genen verankert. Genetisch
bedingte Krebserkrankungen (u. a.) betragen übrigens
bei dem als vererblich gefürchteten Brustkrebs nur
fünf Prozent der Fälle. Und nur ein bis zwei Prozent
aller Krankheiten sind durch Genveränderungen ver-
ursacht.[26]

Cortisol sorgt dafür, dass insbesondere Immunbotenstoffe
nicht mehr ausreichend produziert werden, weil die Gene,
die dafür zuständig sind, abgeschaltet sind. Dies verzögert
Wundheilungen. Entzündungen können nicht rich-
tig bekämpft werden. Fieber kann sich nicht entwi- *Stress bremst*
ckeln, seine heilende Wirkung kann nicht eintreten. *die natürlichen*
Erste Schlussfolgerung daraus ist, dass Stress nicht *Selbsthei-*
alle Krankheiten verursacht, jedoch deren Bekämp- *lungskräfte des*
fung durch die natürlichen Selbstheilungskräfte *Körpers aus.*
des Körpers ausbremst. Das CRH hat weitere Auswirkungen, es sorgt für Unruhe und Angst, es stellt den Ap-
petit ab, und es erhöht den Blutdruck. Die typischen roten
Hautflecken, die entstehen, wenn Sie sich aufregen oder ärgern, werden durch das CRH ausgelöst. Gemeinsam mit
dem Stresshormon ACTH vermindert CRH die Produktion
von Sexualhormonen, die Lust verschwindet.

Bisher wurde die Reaktion des Hirnstammes nicht weiter
erwähnt. Sobald der Mandelkern eine Bedrohung erkennt,
sendet er ein Signal an den Hirnstamm. Dieser schüttet als

---

[26] Joachim Bauer: Das Gedächtnis des Körpers. Wie Beziehungen und Lebensstile
unsere Gene beeinflussen. Piper Taschenbuch 2012, S. 22.

Reaktion auf den Alarm die Hormone Adrenalin und Noradrenalin aus. Diese sorgen für die bekannten Reaktionen in Ihrem Körper, die sich bei Angst zeigen. Atmung und Puls werden schneller, der Blutdruck steigt, und der Vagusnerv meldet den Alarm weiter an Magen und Darm. Der dahinterstehende Sinn ist, dass Ihnen mehr Energie zur Verfügung steht, weil momentan unwichtige Körperfunktionen ruhen und die Muskeln maximale Spannkraft haben. In weiser Voraussicht, dass der Biss des Säbelzahntigers drohen könnte, reagiert der Körper, als ob er schon gebissen worden wäre, und schüttet vorsorglich alles aus, was er für diesen Fall braucht. Der Säbelzahntiger ist ausgestorben, unser Körper aber funktioniert in vielen Aspekten noch wie der eines Menschen, der vor über 30 000 Jahren lebte.

Der Hauptauslöser von Krankheiten: Stress

Sie haben gerade das Alarmsystem des Körpers kennengelernt. Es gibt vier Möglichkeiten, auf Stress zu reagieren: Kampf, Flucht, Erstarren sowie Spiel. Im Kampf wehren Sie sich mit Händen und Füßen gegen den Stressor, in der Hoffnung, den längeren Atem zu haben. Flucht heißt, weglaufen, nicht hinsehen wollen, verdrängen. Das Erstarren tritt ein, wenn Sie keine Chance zu Flucht oder zum Angriff haben. Wie ein Kaninchen, das gejagt wird, erstarren Sie und sind unfähig, sich zu bewegen. Bei Tieren vergeht dieser Effekt, wenn sich die Situation auflöst. Menschen neigen dazu, eine solche Situation als Trauma zu erleben und sie für immer mit sich herumzuschleppen. Im Spiel wird der Stressor gar nicht als Stressor im eigentlichen Sinne gesehen. Er ist einfach ein Teil des Lebens. Jeder Sportler kennt diese Art von Stress. Er setzt sich ihr freiwillig aus, indem er sich einzeln oder in der Mannschaft mit anderen misst. Wenn Sie in absoluter Achtsamkeit und Bewusstheit, im Fluss des Lebens sind, kann kein Stressor überleben.

Was aber geht in Ihrem Körper vor? Eine ganz normale Situation kann als Bedrohung angesehen werden, und obwohl Sie nur ein wenig Stress empfinden, hat der Körper bereits einen Automatismus zum Kampf eingeleitet. Die Reaktion auf Stress ist stereotyp. Der Körper muss schnell sein, will er Gefahren und Krankheiten effizient bekämpfen. Er kann nicht abwarten und schauen, wie ernst es wohl wird. Menschen, die nie gelernt haben, Stress und *Die Reaktion* emotionale Anspannungen wahrzunehmen, spüren *auf Stress ist* oft gar nicht, warum ihr Körper sich so »komisch« *stereotyp.* verhält. Stress entsteht durch Widerstand gegen etwas, was Ihnen auf emotionaler, geistiger oder körperlicher Ebene begegnet. Körperlicher Stress beinhaltet alles, was Sie mit Ihren fünf Sinnen wahrnehmen. Sobald Sie sich dazu Gedanken machen, kann aus Ihrer Wahrnehmung mentaler Stress entstehen. Auf emotionaler Ebene reagieren Sie dann infolge Ihrer Gedanken. Oft unterdrücken Sie Ihre Bedürfnisse und kommunizieren sie nicht. Vielleicht schämen Sie sich, trauen sich nicht, sind zu stolz oder haben Angst. Ein

Grund dafür sind Ihre Glaubenssätze und alte Erfahrungen. Dieses Unterdrücken führt zu Stress aufgrund der Nichtbefriedigung von Bedürfnissen. Und was schützt vor Stress? Der Begründer der modernen Stressforschung, Hans Selye, hat dazu einmal gesagt: »Erwirb die Liebe deines Nächsten!« Positive äußere Situationen aktivieren eine Großzahl von Genen, die zum Wachsen von Netzwerken führen und so dem Gehirn die Möglichkeit eröffnen, in einer ähnlichen Situation anders zu reagieren. Positiv denkende Menschen haben nachweislich mehr Antikörper im Blut und eine bessere Immunabwehr. Dadurch wird die übliche Stressreaktion schwächer. Die Reaktionskette ist weniger ausgeprägt. Zudem hat der Körper die Fähigkeit, vorhandene Anspannungen aufzulösen – wenn er dafür ausreichend Zeit und Ruhe bekommt. Hier setzen Meditation, aber auch körperorientierte Methoden wie Feldenkrais u. a. an. Meditation löst eine Reaktion des Parasympathikus aus, die entspannend wirkt und die normale Stressreaktionen wie Flucht oder Kampf wieder auflöst. Da auch Traumata und all das, wonach normalerweise in der Psychoanalyse gesucht wird, aus schamanischer Sicht als Anspannungen im Körper gespeichert sind, werden diese durch das Auflösen der Anspannungen ebenfalls gelöscht. Normalerweise gleichen sich Immunsystem und Stresssystem über den Tag aus, der Körper findet in seine Balance.

Der Körper hat die Fähigkeit, vorhandene Anspannungen aufzulösen.

Vielleicht wissen Sie, dass in der Mitte der Nacht der Cortisonspiegel im Blut seinen Tiefstand hat – ein Grund dafür, dass Kinder gerade dann häufig Hustenanfälle bekommen.

Bei Dauerstress ist ein Ausgleich nicht mehr möglich, schlafende Viren werden geweckt (z. B. Herpes), die natürlichen Killerzellen des Körpers werden weniger, sodass Tumore bzw. deren frühe Stadien entarteter Zellen nicht richtig bekämpft werden können.

Der Körper merkt sich negative Erfahrungen und baut die entsprechenden Nervenzellen-Netzwerke aus. Stress führt zudem zu Veränderungen in der Gehirnstruktur im Hippocampus (wichtig für das Gedächtnis), weil die Produktion der Nervenwachstumsfaktoren (BDNF) unter Stress abgeschaltet wird. Stress schädigt also das Gehirn auch physisch! Zudem lassen Kreativität und Einfallsreichtum nach. In Experimenten mit Ratten zeigte sich, dass diese unter Dauerstress nicht mehr in der Lage waren, auf Problemlösungen zu kommen, die sie ansonsten leicht fanden.[27] Stattdessen wiederholten Sie immer wieder denselben, nicht erfolgreichen Ansatz. Der eine oder andere erkennt sich darin vielleicht bereits wieder. Sicherlich kennen Sie stressige Situationen, in denen Ihnen einfach nichts (Neues, anderes) mehr einzufallen scheint, und Sie immer wieder bei den gleichen Gedanken landen. Sie sind gefangen in einem Teufelskreis.

Bei all dem sollten Sie nicht vergessen, dass Stress nicht nur negativ ist. Stress war einmal eine Überlebensstrategie, zudem kann er eine Quelle für Kreativität und Entwicklung sein, solange Sie nicht im Teufelskreis um sich selbst rotieren. Man spricht dann von Eustress, der den Organismus positiv beeinflusst, im Gegensatz zu dem schädlichen Distress, der

---

[27] Robert Sapolsky: Warum Zebras keine Migräne kriegen. Wie Stress den Menschen krank macht. Piper 1998.

bedrohlich und überfordernd ist. Eustress bringt Sie in einen Zustand erhöhter Wachheit und Aufmerksamkeit und ermöglicht es Ihnen, Lösungen sowohl in Gefahrensituationen als auch in den normalen Herausforderungen des Alltags zu finden.

Die Steigerung von Stress:

Depression und Burn-out

Depression und Burn-out möchte ich in diesem Zusammenhang explizit erwähnen, weil sie die extreme Folge einer konstanten Stresssituation sind. Wer unter einer Depression leidet, erfährt tagein, tagaus die bereits beschriebenen Prozesse in seinem Körper. Aus Dauerstress wird irgendwann ein Burn-out und dann eine handfeste Depression. Die Hauptkennzeichen sind eine emotionale Erschöpfung, eine negative, zynische Einstellung gegenüber Kollegen, Vorgesetzten und Kunden sowie die negative Einschätzung von Sinn und Qualität der eigenen Arbeit. 15 Prozent der Bevölkerung leiden mindestens einmal im Leben an einer Depression, die meisten zwischen dem 20. und 30. Lebensjahr und um das 50. herum. Ein Gefühl der Wertlosigkeit ist der Kern einer Depression. Der Absturz des Selbstwertgefühls verändert die Beziehung eines Menschen zu sich selbst. Eine Depression verstellt aufgrund der zuvor beschriebenen Mechanismen der Reizverarbeitung die Gene massiv und verändert dadurch körperliche Abläufe. Die negative Weltsicht setzt sich im Gehirn fest. Die entsprechenden Netzwerke wachsen und verstärken sich. Die Depression kommt oft wellenartig alle paar Jahre wieder, die auslösenden Ereignisse werden dabei immer geringfügiger. Die Erfahrung einer Krankheit wird im Körper gespeichert, er ist dann biologisch konditioniert. Auf neue Geschehnisse reagieren diese Menschen immer schneller mit einer neuen Depression. Der zur Auslösung erforderliche Reiz kann immer schwächer werden und löst dennoch erneut eine Depression aus, wenn keine Behandlung erfolgt ist.

Das eigene Bewertungssystem entscheidet mit dem limbischen System aufgrund abgespeicherter Vorerfahrungen, wie bedrohlich eine erlebte Situation ist. Weil das Hirn für auslösende Ereignisse durch stetige Wiederholung und Übung immer sensibler wird, reicht oft ein von außen betrachtet geringfügiger Reiz aus. Akute Gefühle sind dann der Tropfen, der das Fass zum Überlaufen bringt.

Die Depression erhöht das Herzrisiko, weil sie den Puls starr macht. Die Schwankungsbreite des Pulses, die Herzratenvariabilität, ist beschränkt. Das Herz ist sozusagen gefesselt und kann nicht so spontan reagieren, wie es notwendig wäre. Es kann sich nicht einer erhöhten Belastung anpassen, genauso wenig kann es sich richtig entspannen und die Depression kann der Vorläufer einer koronaren Herzkrankheit sein.

Depressive haben selten bis nie Fieber, sie können nicht richtig gesund werden, weil sie nicht richtig krank werden – ein paradoxer Zustand. Stress stellt das Interleukin-1 ab, ein Gen, das verantwortlich für die Entstehung von Fieber ist. Depressionen könnten durch Herbeiführen von Fieber reduziert werden. Bereits Parmenides sagte 500 v. Chr.: »*Gebt mir die Macht, Fieber zu erzeugen, und ich heile euch alle Krankheiten.*« Eine Reihe weiterer Krankheiten können in depressivem Zustand leichter entstehen bzw. werden sogar durch diesen verursacht.

Lassen Sie uns nun nur noch einen Blick auf den Verdauungstrakt werfen.

Auf den Magen geschlagen

»Mir ist der ganze Ärger auf den Magen geschlagen« oder »Mir liegt etwas schwer im Magen« oder »Ich habe es satt«. Depressive Menschen neigen zu Verstopfung, Menschen mit chronischer Angst und Phobien hingegen haben Durchfall. Der Grund hierfür ist, dass auch der Bauch ein »Gehirn« hat. Es nennt sich enterisches Nervensystem. Seine Aufgabe ist die Steuerung des Verdauungstraktes. Dieses Nervensystem enthält mehr Nervenzellen als das Rückenmark. Es ist über zahlreiche Verbindungen an das Zentralnervensystem gekoppelt. Wie alle grundlegenden Körperfunktionen ist das

Bauchhirn kaum bewusst zu beeinflussen, es wird durch Neuronen gesteuert. Man vermutet, dass sich die Reize, die das Bauchhirn aufnimmt, in Gefühlen äußern.

Die Reaktionskette bei Stress beginnt wieder mit dem CRH, welches im Magen-Darm-Trakt andockt und dort dafür sorgt, dass der Körper sich erleichtert. Ursprünglich diente diese Reaktion der Gewichtsreduzierung bei der Flucht. Treffend sagen Sie vielleicht: »Ich habe mir vor Angst in die Hose gemacht.« Außerdem sorgt das CRH dafür, dass die Durchlässigkeit der Schleimhäute erhöht wird, um die Energieaufnahme zu beschleunigen. Eine Nebenwirkung davon ist, dass nun auch Mikroben leichtes Spiel haben und es zu Entzündungen kommen kann, die wegen des im Alarmzustand befindlichen Körpers nicht heilen. Zusätzlich zieht sich der Magen zusammen, das Sättigungsgefühl entsteht schneller. Außerdem vermehren sich die Mastzellen in der Speiseröhre, was zu Sodbrennen führt. Dies alles sind Symptome, die jeder kennt, der stressige Situationen erlebt.

Andauernde Probleme führen zu nachweisbaren Veränderungen im Gehirn, sodass ein Teufelskreis entstehen kann. Immer kleinere Auslöser reichen dann für die Auslösung von Symptomen aus. Diesen Kreislauf gilt es zu durchbrechen. Ihr Hirn braucht neue Erfahrungen, neue Bilder, die unmittelbar mit positiven, starken Gefühlen verbunden sind, sodass die alten Programme im Mandelkern überschrieben werden können. Daraus entwickeln sich neue Handlungsmöglichkeiten.

Im Folgenden wollen wir einen Blick darauf werfen, was Sie glücklich macht. Wir schauen uns an, was Glück ist und welche Aspekte Ihres Lebens dabei eine Rolle spielen.

Sinn – Grundlage des Glücks

Gibt es im Leben einen Sinn? Wäre es nicht toll zu wissen, warum Sie auf der Erde sind – und was aus Ihnen wird, wenn Sie das nicht mehr sind? Es stellt sich auch die Frage, ob es einen übergeordneten Sinn gibt, der allein das Leben bereits sinnvoll macht, oder ob Sie diesen Sinn erst erschaffen müssen. Eine Menge Leid wäre bestimmt leichter zu ertragen, wenn Sie wüssten, was sein Sinn ist, oder? Mit Sinn im Leben könnte Ihre Seele wieder fliegen, ein Gefühl der Leichtigkeit, des Vertrauens und neuer Schwung würden Sie tragen.

Was ist Glück? Für den österreichischen Therapeuten Viktor Frankl strebt der Mensch nicht das Glücklichsein an sich an, sondern den Grund zum Glücklichsein.[28] Sobald dieser gefunden ist, stellt sich das Glück von selbst ein. Frankl ist fest davon überzeugt, dass der Mensch nicht zuerst und zuletzt vom Willen zur Macht oder zur Lust durchdrungen ist, sondern vom Willen zum Sinn. Er selbst saß im Konzen-

---

[28] Viktor E. Frankl: Der Mensch vor der Frage nach dem Sinn: Eine Auswahl aus dem Gesamtwerk, Piper 1985.

trationslager und hat dort festgestellt, dass die Insassen, die dennoch in ihrem Leben und Leiden einen Sinn sahen, am wahrscheinlichsten überlebten. Der Mensch ist darauf aus, Sinn in seinem Leben zu finden und diesem nachzugehen, ihn zu erfüllen, aber auch anderem menschlichen Sein zu begegnen und dieses zu lieben. Erfüllung und Begegnung geben dem Menschen einen Grund für Glück und zur Lust. Sinn aber findet er in der Erfahrung des Lebens. Indem Sie Ihr Leben mit anderen teilen und Ihr Potenzial im Sinne aller einsetzen, erfahren Sie Sinn.

Der Dalai Lama antwortete einmal auf die Frage, was ihn an der Menschheit am meisten überraschte: »*Der Mensch. Denn er opfert seine Gesundheit, um Geld zu machen. Dann gibt er sein Geld aus, um seine Gesundheit wiederherzustellen. Und danach hat er so viel Sorgen und Gedanken um die Zukunft, dass er die Gegenwart gar nicht mehr genießen kann. Er lebt, als ob er niemals sterben würde, letztendlich stirbt er, ohne jemals gelebt zu haben.*«

Fragen Sie sich doch einfach regelmäßig morgens vor dem Spiegel, ob Sie das, was Sie an diesem Tag vorhaben, auch täten, wenn Sie wüssten, dass es sich um Ihren letzten Lebenstag handelte. Und wenn die Antwort häufig »Nein« oder auch nur »Ich weiß nicht« lautet, wissen Sie, dass es an der Zeit ist, etwas zu ändern.

Ihre Lebensführung – Die acht Säulen des Lebens

Der Mensch hat zwei wesentliche Bedürfnisse, diese sind Zugehörigkeit und Wachstum. Er will Kontakt mit anderen haben, er will sich austauschen, er will gehört und geliebt werden. Zugleich will er sich aber weiterentwickeln können, er will lernen, forschen, experimentieren und kreativ sein. Auf den beiden genannten Bedürfnissen beruhen letztendlich die Faktoren für ein glückliches, gesundes Lebens. Glück basiert auf Sinn im eigenen Leben. Dieser Sinn kann aus den unterschiedlichsten Themen und Aufgaben erwachsen. Die Erziehung der eigenen Kinder füllt viele Menschen aus. Andere bewegen Menschen durch Musik, wieder andere arbeiten mit all ihrer Kraft an großen Projekten. Ohne Sinn aber ist selbst der größte finanzielle Erfolg wertlos.

Glück basiert auf Sinn im eigenen Leben.

Eine dänische Zwillingsstudie besagt, dass der Einfluss der Gene auf die Gesundheit 25 Prozent beträgt – wobei die Gene selbst wiederum durch die Umwelt beeinflussbar sind.[29] Die übrigen 75 Prozent werden durch die Art der Lebensführung beeinflusst. Durch die Lebensführung und Ihre Gedanken schalten Sie Ihre Gene an und aus. So entscheiden Sie mit, ob Sie eine bestimmte Krankheit bekommen oder aber, ob Ihr Immunsystem in der Lage ist, eine Krankheit zu heilen. Ihre Lebensführung und nicht Ihre Gene erhöhen in vielen Fällen Ihre Anfälligkeit für bösartige Tumore und andere Erkrankungen.

---

[29] Dan Buettner: The Blue Zones. Lessons for Living Longer From the People Who've Lived the Longest. The National Geographic, 2008.

Zuvor wurde bereits kurz auf die Neurogenese, die Fähigkeit des Gehirns, neue Nervenzellen zu bilden, eingegangen. Ein Faktor für den Erhalt vorhandener Nervenzellen sowie für die bessere Vernetzung der Zellen untereinander durch die Bildung neuer Synapsen ist der Wachstumsfaktor BDNF (brain-derived neutrophic factor). BDNF schützt die vorhandenen Zellen und fördert zugleich das Wachstum neuer. Besonders aktiv ist es in den Bereichen des Gehirns, die für das Gedächtnis und das abstrakte Denken verantwortlich sind, also für die höheren Hirnfunktionen. Alzheimer-Patienten haben einen niedrigeren BDNF-Spiegel. Es gibt konkrete Faktoren, die die BDNF-Produktion anregen, und einer davon ist eine entsprechende Lebensführung: Sowohl Meditation, Ernährung – und hier insbesondere das gelegentliche Fasten sowie die Omega-3-Fettsäure DHA[30] (Docosahexaensäure) – als auch Bewegung und Sport, Ihr Beziehungsnetzwerk sowie jede geistige Tätigkeit und Input wirken sich positiv auf die BDNF-Produktion aus.

BDNF schützt die vorhandenen Zellen und fördert zugleich das Wachstum neuer.

Im Folgenden finden Sie acht Aspekte Ihres Lebens, die die BDNF-Produktion beeinflussen und Ihr Wohlbefinden bestimmen. Die ersten beiden Aspekte sind mit Abstand die wichtigsten, die folgenden sind etwa gleichwertig.

---

[30] DHA ist Baustein für die Gehirnzellen, ein Entzündungsregulator und steuert zudem die BDNF-Produktion.

- Beziehungen, Freundschaften
- Liebe und Partnerschaft
- Spiritualität
- Arbeit
- Finanzielles
- Bewegung
- Spaß und Spiel, Freizeit
- Ernährung

Die erste Beziehung eines jeden Menschen ist die zu seiner Mutter. Urvertrauen entsteht, wenn man sich als Baby in dieser Beziehung geborgen fühlt. Die Gestaltung Ihrer Beziehungen ist Grundlage Ihres körperlichen, biologischen Erlebens. Sie haben Beziehungen zu Menschen und Dingen, nehmen Informationen auf und reagieren auf diese. Beziehungen zu Ihrer Umwelt sind die Basis Ihres Lebens. Diese Beziehungen beeinflussen Ihr ganzes Leben. Sie machen Sie glücklich oder krank. Soziale Beziehungen sind für die Gesundheit wichtiger als Ernährung und viele andere Aspekte des Lebens. Der Bruch einer wichtigen Beziehung zu einer einzelnen Person oder zu einer Gruppe ist bei vielen Menschen Auslöser schwererer Erkrankungen. Wie oft stirbt der verbleibende Partner bei älteren Paaren wenig später an gebrochenem Herzen? Bei einigen Völkern werden Verbrecher aus der Gemeinschaft verbannt, was für die Verbannten oft den Tod bedeutet. Eine Liebesbeziehung ist etwas ganz Besonderes, aber auch gute Freunde und ein stabiles soziales Netzwerk kön-

Soziale Beziehungen sind für die Gesundheit wichtiger als Ernährung und viele andere Aspekte des Lebens.

nen Defizite in den anderen oben genannten Faktoren ausgleichen.

Wenn Oliver seine wöchentlichen offenen Treffen veranstaltet, ist es immer wieder faszinierend zu beobachten, wie eine Gruppe von Fremden in kürzester Zeit in der Lage ist, anderen gern und viel zu geben und sich als Einzelne und auch als Gruppe zu heilen. Viele Menschen kennen das Gefühl, etwas ohne Bedingung zu bekommen, nicht. Eine Teilnehmerin beschrieb das Erleben dieser Großzügigkeit, dieser Verbundenheit, als eine Art Erleuchtungserlebnis, das sie am nächsten Tag hatte. Sie sah plötzlich auch die Menschen auf der Straße nicht mehr als Fremde, sondern fühlte sich mit ihnen verbunden.

Wie aber wirken sich Beziehungen auf Ihren Körper aus? Eine neue Beziehung, ein neuer Mensch, den Sie kennenlernen, bringt neue Aspekte in Ihre Welt. Eine neue Umgebung oder neue Einflüsse führen dazu, dass Gene aktiviert werden, die für das Nervenwachstum verantwortlich sind. Das Gehirn verändert sich, es schaltet anders, sodass es in einer ähnlichen Situation anders reagiert. Wiederholt sich dieser Reiz immer wieder, so wird das Nervennetzwerk größer, die Synapsen verstärken sich, und das neue Reaktionsmuster etabliert sich. So führt der Auf- oder Ausbau guter Beziehungen direkt ins Glück. Durch Synchronicity Healing ermöglichen Sie Ihrem Gehirn, sich neu zu vernetzen, neue Schaltkreise zu entwickeln, Synapsen zu verstärken und so Ihr Reaktionspotenzial zu vergrößern.

Dies alles bedeutet zwar nicht, dass Sie auf die anderen Faktoren keinen Wert legen sollten, wohl aber, dass Sie die

Priorität eindeutig auf Ihre Beziehungen setzen sollten. Ein erfülltes Leben führt geradezu von allein zu mehr Spiritualität, die dann auch eine sehr handfeste, wertvolle Spiritualität ist und weniger ein idealisiertes Wunschdenken. Der Beruf hat heutzutage ein großes Gewicht bekommen, insbesondere im Hinblick auf seine negativen Auswirkungen auf die Gesundheit, dennoch ist er weniger wichtig. Sie haben sicher bereits gehört oder gelesen, dass jede Arbeit für einen achtsamen Menschen erfüllend sein kann. Eng damit verbunden ist der finanzielle Aspekt. Viele Menschen arbeiten, um zu überleben. Nun, wenn dies bei Ihnen so ist, dann arbeiten Sie doch besser mit Freude. Wenn dies einfach nicht geht, sollten Sie sich genau anschauen, was dahintersteckt. Schauen Sie einmal auf Ihre Existenzangst und überlegen, was es Ihnen wert ist, diese Arbeit nicht mehr zu machen. *Love it, change it or leave it!*

Love it, change it or leave it!

Körperliche Ertüchtigung ist eine tolle Sache. Wer zwei bis drei Mal pro Woche eine halbe Stunde Sport macht, hält seinen Körper in Schwung. Das körperliche Erlebnis führt zur Ausschüttung von Hormonen und wirkt sich positiv aus. *Mens sana in corpore sano,* sagten schon die alten Römer. Ausdauersport erhöht die Gedächtnisleistung und reduziert viele Krankheitsrisiken. Eine Studie hat gezeigt, dass 150 Minuten Sport in der Woche das Risiko, an Demenz zu erkranken, um 260 Prozent senkt.[31] Vielleicht haben Sie die Gelegenheit, Ihren Sport in der Natur zu betreiben und so auch diesen Aspekt ein wenig zu berücksichtigen. Die Energie in einem Park oder

Das körperliche Erlebnis wirkt sich positiv aus.

---

[31] N.T. Lautenschlager et. al.: Journal of the American Medical Association 292, Nr. 12, 1454-61.

im Wald ist eine andere als die in einem Fitnessstudio. Sport erreicht dennoch keineswegs die Kraft von Beziehungen. Auch Spaß und Spiel sowie Freizeit sollten Sie nicht vernachlässigen. Das Leben ist ein Spiel, das Sie spielen, auch wenn es oft zu einem Kampf wird. Das innere Kind wurde in die Verbannung geschickt, das Spielerische ging so verloren, nun handelt nur noch der Erwachsene, der Rationalist. Dieser kann oft gar nicht mehr so richtig spielen, ihm fehlen die Zeit, die Muße und auch die Kreativität. Geben Sie Ihrem inneren Kind wieder die Möglichkeit, sich im Spiel auszutoben.

Bekanntermaßen ist eine gesunde, ausgewogene Ernährung wichtig. Dennoch wird sie oft überschätzt. Wer sich normal ernährt, braucht keine Nahrungsergänzungsmittel, Vitamine oder andere Zusätze. Grundsätzlich ist ein Leben mit gesunden Beziehungen und gegenseitigem Austausch sowie der Möglichkeit zu persönlichem Wachstum deutlich wichtiger als eine gesunde Ernährung. In vielerlei Hinsicht kommt es außerdem mehr darauf an, wie Sie essen und nicht was Sie essen. Wer abends vor dem Fernseher mal eben eine Dose Erdnüsse leert, muss sich nicht wundern, dass sein Körper sich durch Wachstum an meist sehr ungelegenen Stellen revanchiert. Wer hingegen achtsam isst, spürt dies auch in anderen Bereichen seines Lebens.

Ein achtsames Leben führt man in allen Bereichen des täglichen Lebens.

Ein achtsames Leben führt man in allen Bereichen des täglichen Lebens, nicht nur allein auf dem Meditationskissen. Achtsam essen bedeutet, vielleicht erst einmal einen Moment der Stille zuzulassen, zu beten oder zu danken. Ge-

gessen wird im Hier und Jetzt, es wird geschwiegen. Alle Konzentration gilt der Nahrung. Der Automatismus, der uns dazu drängt, Essen schnell herunterzuschlingen und reichlich zu uns zu nehmen, dabei noch Zeitung zu lesen, fernzusehen oder auch zu reden, muss unterbrochen werden. Essen ist mehr als Kalorienzufuhr, es ist Genuss und Selbstpflege. Sicherlich können Sie nicht Ihr ganzes Leben auf einmal umkrempeln, aber eine kurze Phase der Stille vor jeder Mahlzeit sollte schon möglich sein. Und wenn Sie sich ein- bis zweimal in der Woche Zeit nehmen, achtsam zu essen, so ist dies bereits ein schöner Beginn.

Letztendlich werden Sie, wenn Sie achtsam und bewusst leben, nicht nur Ihre Beziehungen pflegen, sondern auch automatisch bewusster essen. Sehen Sie dementsprechend die Art und Weise, wie Sie sich ernähren, eher als Symptom denn als Auslöser an, und verfallen Sie nicht in Aktionismus.

Am Ende Ihrer Reise werden Sie Ihr natürliches Gleichgewicht finden. Vielleicht haben Sie aber bereits jetzt Lust auf eine kleine Bestandsaufnahme?

Übung – Die acht Säulen der Gesundheit, Ihre Selbsteinschätzung

Legen Sie ein Blatt Papier quer vor sich hin, und unterteilen Sie es in acht gleiche Spalten. Schreiben Sie in jede Spalte jeweils eine der acht Säulen der Gesundheit.

Am linken Rand zeichnen Sie eine Skala von 0 (unten) bis 100. Überlegen Sie sich, wie viel Prozent Sie in jedem einzelnen Bereich derzeit auf den Durchschnitt der letzten Monate leben. Malen Sie die entsprechende Fläche in der Säule grün aus.

Nun müssen Sie sich entscheiden, was Ihnen wichtig ist. Wohin wollen Sie in jedem Bereich? Angenommen Sie haben in der Spalte Ernährung angegeben, dass Sie Ihre Ernährung als zu etwa 30 % optimal ansehen. Sie meinen aber, dass diese deutlich besser sein sollte, vielleicht zu 80 % optimal, oder vielleicht auch nur zu 40 %, weil Ihnen Ernährung gar nicht so wichtig ist. Der Bereich zwischen 30 % und 80 bzw. 40 % ist also Ihr Defizit. Malen Sie den Anteil in jeder Säule, der Ihnen noch fehlt, rot aus.

Je nach aktuellem Stand und Ihrer Idealvorstellung, die nicht 100 % sein muss, stellen Sie unterschiedliche Größen des Defizits fest. Wo sind Ihre größten Defizite? Was sollten Sie ändern? Wo könnten Sie anfangen? Woran würden Sie bemerken, dass Sie einen Schritt weiter sind? Was müssten Sie dafür tun?

Suchen Sie sich das aus, was Ihnen am leichtesten fällt, und beginnen Sie damit, sich für diesen Bereich kleine Verbesserungsziele zu setzen. Gehen Sie in kleinen Schritten vor. Werfen Sie in ein paar Monaten nochmals einen Blick auf Ihre Skizze. Wo haben Sie etwas erreicht? Wo nicht?

Übung – Heilige Kühe

Nachdem Sie nun Ihren Status quo ermittelt haben, ist es sinnvoll zu klären, warum Sie Ihre Defizite noch haben. Welche Glaubenssätze stecken dahinter? Was sind Ihre »heiligen Kühe«?

Ergänzen Sie einfach die folgenden Sätze mit jeweils einigen Assoziationen, die Ihnen einfallen.

Wenn ich …, dann werde ich …

Beispiel Liebe und Partnerschaft: Wenn ich die richtige Frau/den richtigen Mann gefunden habe, dann werde ich endlich glücklich sein/weniger arbeiten/ abnehmen/wird mein Leben einen Sinn haben usw.

Nun haben Sie Ihre Glaubenssätze, die heiligen Kühe, die es zu schlachten gilt. Schlachten können Sie diese, indem Sie sie erkennen, sich ihrer bewusst werden und sie auf ihren Wahrheitsgehalt und Sinn prüfen.

Sie werden feststellen, dass Sie in die erste Lücke immer Ihre Einschränkung geschrieben haben und in die zweite all das, was Sie brauchen und worum Sie sich kümmern sollten. Wer meint, nur durch eine Partnerschaft glücklich sein zu können, erliegt einem Trugschluss. Wer aus dem Frust des Alleinseins zunimmt und auf den richtigen Partner wartet, um abnehmen zu können, irrt. Natürlich ist es so einfacher, aber eine kausale Verbindung dieser Dinge anzunehmen, ist letztendlich eine Ausrede.

Heilung heißt Vertrauen

Heilung entsteht aus dem Einssein mit dem, aus dem Sie kommen und in das Sie eines Tages zurückkehren werden – mit der Natur. Schaut man sich dagegen die Zersplitterung der Medizin in verschiedene Fachgebiete sowie die Teilung in körperliche und geistige Krankheiten an, stimmt doch etwas nicht. Wie soll man das Ganzheitliche berücksichtigen, wenn man immer mehr in den Körper hineinzoomt? Schließlich wird der Ausschnitt immer kleiner, und man läuft Gefahr, alles andere nicht mehr zu sehen.

Vor langer Zeit lebten die Menschen in Einheit und im Einklang mit der Natur. Sie erlebten sich als Teil von ihr. In der Verbindung zur Natur bzw. in dem Bewusstsein, dass die Natur alles ist, was Sie brauchen, können Sie auch heute noch unendlich viel Kraft finden.

Umfasse einen uralten Baum
mit deiner tiefen, alten, wieder aufgeplatzten Wunde,
und ewige Heilung wird über dich kommen.[32]

Heilung ist ein Ganzwerden, ein Heilwerden. In der Heilung verbinden Sie sich mit der Quelle, aus der Sie kommen. Sie erinnern sich wieder an Ihre Verbindung mit allem, was ist. Gedanken der Trennung lösen sich auf. In der Heilung öffnen Sie sich Ihrem Schatten, umarmen ihn. Heil werden bedeutet entsprechend, sein Potenzial zu leben, sich zu entwickeln und das Spiel des Lebens aus Freude zu spielen und nicht für den Sieg. Heilung ist das absolute Vertrauen in das Leben. Seinem Potenzial zu folgen heißt, seine Kreativität zu leben.

Entscheiden Sie sich für das, was Ihnen am meisten Befriedigung gibt. Dienen Sie Ihrem eigenen Heil und damit wahrscheinlich auch dem Heil der Gesellschaft. Lassen Sie sich nicht von anderen beeinflussen, die meinen, Sie beraten zu müssen. Wenn Sie Ihrer Medizin folgen, fühlen Sie sich erfüllt. Sie sind nicht fremdbestimmt, Sie sind nicht mehr

---

[32] Unbekannter Autor, gefunden in: Angeles Arrien: Der vierfache Weg. Den inneren Krieger, Heiler, Seher und Lehrer entwickeln. Bauer 1997, S. 100.

Opfer, sondern Gestalter Ihres Lebens. Und dann treten Synchronizitäten in Ihr Leben. Sie leben im Einklang mit Ihrer Medizin und damit im Einklang mit dem Universum. Das ist der Zeitpunkt, zu dem Ihr Selbst die Führung übernimmt und dafür Sorge trägt, dass Sie alles vorfinden, was Sie brauchen. Bis Sie das erreicht haben, muss ich Sie anschubsen.

Kennen Sie die Geschichte von den beiden Schmetterlingen, die dicht nebeneinander aus ihren Kokons schlüpften? Der eine kämpfte sich mühsam aus der engen Hülle, dehnte und streckte sich und war schillernd weiß. Der andere kämpfte sich ebenfalls mit seinem Kokon ab und entpuppte sich als leuchtend gelber Schmetterling. »Ach, wie schön ist doch der gelbe Schmetterling«, dachte der weiße. »Ach, ist der weiße Schmetterling nicht herrlich anzuschauen?«, meinte der gelbe. Beide schauten sich selbst verschämt an, schlugen die Flügel wieder zusammen und blieben auf ihrem Blatt hocken. Als ein Vogel kam, der sie fressen wollte, flogen beide aus Scham nicht weg.

Heilung ist ...

... *das absolute Vertrauen in das Leben.*

... *eine lebenslange Reise.*

... *ein Sich-Verbinden mit allem.*

... *der Mut, dem eigenem Schatten gegenüberzutreten.*

... *die eigenen Widerstände zu erkennen.*

... *die echten Gefühle wahrzunehmen und nicht die dazugehörigen Gedanken.*

... *sich selbst gegenüber aufrichtig und wahrhaftig zu sein.*

... *die Erkenntnis der eigenen Verbindung mit dem Göttlichen.*

... *ein natürlicher Vorgang.*

... *Selbstliebe.*

... *Liebe.*

Übung – Sich im Außen wiederfinden

Durch die Beschäftigung mit den Dingen der Außenwelt können Sie zu Ihrem Inneren finden.

Schauen Sie sich dort um, wo Sie gerade sind, lassen Sie Ihren Blick schweifen. Wählen Sie einen Gegenstand aus, der gut in eine Hand passt. Dies kann ein Alltagsobjekt, ein Objekt aus der Natur oder auch Ihre kleine Buddha- oder Engelfigur sein. Nehmen Sie den Gegenstand in die Hand.

Wie sieht er aus? Wie fühlt er sich an? Wie riecht er? Was fällt Ihnen auf? Betrachten Sie ihn, erkunden Sie ihn. Was sind seine Besonderheiten?

Ganz langsam schließen Sie beim Betrachten Ihre Augenlider. Dabei stellen Sie sich vor, dass Sie zu diesem Objekt werden. Identifizieren Sie sich mit ihm, versinken Sie ganz in ihm. Nun sind Sie das Objekt.

Wie sind Sie? Was sind Sie?

Überlegen Sie sich nicht, wie sich das Objekt fühlt, bleiben Sie bei sich und Ihrem Körper als Objekt. Was sind Ihre Eigenschaften als Objekt?

Wie fühlen Sie sich? Was macht Sie aus? Was tun Sie?

Bleiben Sie bei Ihren Wahrnehmungen und Gefühlen, beginnen Sie nicht, zu denken oder aktiv zu werden.

Lassen Sie kommen, was in Ihnen ist.

Wenn Sie etwas wahrnehmen, identifizieren Sie sich damit. Sollte Ihnen ein Bild erscheinen, seien Sie das Bild.

Kommt Ihnen eine Melodie oder auch nur ein Ton in den Kopf, so seien Sie der Klang.

Müssen Sie an einen Satz denken, identifizieren Sie sich mit diesem Satz, lassen Sie sich in ihn fallen.

Seien Sie noch eine Weile das Ding, und lassen Sie alles los. Wo in Ihrem Körper haben Sie etwas gespürt? Welche Assoziationen haben Sie für sich selbst aus dem gerade Erfahrenen?

Waren Sie bei sich? Waren Sie Sie selbst, oder waren Sie eher außerhalb von sich selbst? Konnten Sie bereitwillig Ihr Ich aufgeben und zu dem Objekt werden?

Vielleicht haben Sie nun Lust, diese Übung nochmals mit einem anderen Objekt zu machen.

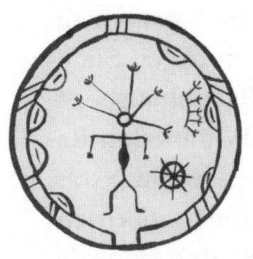# Arbeiten mit Synchronicity Healing

Vorbereitung und Einstieg

Die wichtigsten Dinge, die Sie für die energetische Arbeit brauchen, sind ausreichend Zeit, ein ungestörter Platz und Lust auf Energiearbeit. Ohne Lust wird das Ergebnis im besten Falle durchschnittlich, meist geschieht aber gar nichts.

Sorgen Sie dafür, dass Sie niemand anrufen kann, dass keiner in Ihr Zimmer hereinplatzt, und sorgen Sie für eine angenehme Atmosphäre. Kleiden Sie sich bequem, sodass Sie sich wohlfühlen. Zeigen Sie Ihrer Seele, dass Sie sich nun genügend Zeit nehmen, um wertschätzend mit Körper, Geist und Seele zu arbeiten.

Der Körper ist das Messinstrument Ihrer Seele.

Beschäftigen Sie sich immer auch mit Ihrer Körperwahrnehmung. Denken Sie daran: Der Körper ist das Messinstrument Ihrer Seele. Begrüßen Sie immer das, was Sie wahrnehmen. Lassen Sie Ihren Körper sprechen. Achten Sie bei allem darauf, dass Sie nicht wegdösen oder sich zu sehr entspannen. Es ist notwendig, dass Sie zugleich entspannt und bewusst sind. Bleiben Sie geduldig, und drängen Sie nicht auf Erfolg. Lassen Sie das Reh zu Ihnen kommen, jagen Sie es nicht! Kennen Sie die Geschichte von dem Reihenhausbesitzer, der sich in seinem kleinen Garten einen Wimbledon-Rasen anlegen wollte? Jeden Morgen beobachtete er das Gras, doch es wuchs schrecklich langsam. Da begann er, flach auf dem Boden liegend, an jedem Halm zu ziehen, und siehe da, nach zwei Tagen hatte das Gras schon fast die richtige Länge. Als er aber am dritten Tag aus dem Fenster blickte, war der gesamte Rasen gelb. Gras wächst nicht schneller, indem man an ihm zieht.

Synchronicity Healing ist Heilung durch persönliches Wachstum und durch Integration der verdrängten Anteile. Es gibt keinen Helden, der nach dem Frühstück loszieht, einen Drachen erschlägt und pünktlich zum Mittagessen unverwundet mit einer Kiste Gold zurück ist. Persönliches Wachstum ist auch ein Geduldsspiel, die Schritte sind oft so klein, dass Sie sie leicht übersehen. Doch eines Tages wird aus dem kleinen Samen ein stattlicher Baum, ein mächtiger Riese, ein Freund der Winde und des Regens, der Elfen und der Gnome.

Gras wächst nicht schneller, wenn man daran zieht.

Bei schamanischen Reisen beispielsweise ist es wichtig, dass Sie sich Ihren Gefühlen hingeben. Sollten Sie dabei weinen müssen, ist dies sehr gut. Weinen gehört dazu, wenn Sie wichtige Augenblicke erfahren, seien sie der Freude oder des Leids. In diesen Momenten begegnen Sie Ihrer Seele und nehmen Kontakt mit ihr auf. Tränen der Trauer oder der Angst lassen Sie laufen, denn nicht gelebte Trauer und verdrängte Angst lähmen Sie, Ihre Kreativität geht dann verloren. Trauer ist ein Anzeichen für das Loslassen. Die Veränderung, die Erfahrung der Trennung, der Verlust gehen Hand in Hand mit der Trauer. Geben Sie Ihrer Trauer den Raum, den sie braucht. Wer Trauer verdrängt, dessen Körper wird mit Anspannung reagieren. Daraus entsteht Krankheit.

Vorbereitung des heiligen Raums

Der heilige Raum ist ein Platz, an dem Sie mit sich oder anderen arbeiten. Wie ein energetischer Panzer wird er Sie schützen. Wenn Sie mit Synchronicity Healing arbeiten, bereiten Sie den Raum, in dem dies stattfinden soll, entsprechend vor. Integrieren Sie Rituale fest in Ihre Arbeit. Sie fokussieren dadurch Ihre Absicht und öffnen den Kanal zur Quelle. Rituale müssen nicht groß und pompös sein, manchmal reicht das Anlegen eines bestimmten Kleidungsstücks, das Anzünden einer Kerze oder ein wenig Musik im Hintergrund.

Die im Folgenden beschriebenen Schritte führen Sie bitte vor jeder energetischen/schamanischen Arbeit durch – mindestens einmal täglich. Zum einen wird dadurch der Raum – dieser »Raum« kann auch ein Wald oder eine Wiese sein – selbst energetisch vorbereitet, zum anderen bringen Sie sich selbst damit in eine achtsame und respektvolle Haltung. Sie beginnen damit, dass Sie einen heiligen Raum für sich öffnen. Sprechen Sie ein Gebet Ihrer Wahl, z. B. eines an die vier

Himmelsrichtungen, wie das Folgende, das Oliver einmal basierend auf einem Original der Qero-Indios geschrieben hat. Letztendlich können Sie jeden Text nehmen oder auch improvisieren, solange Sie sich damit gut fühlen. Die vier Richtungen sowie Mutter Erde und Vater Sonne sind Bilder für die Ganzheit des Kosmos.

Indem Sie dieses Gebet sprechen, erinnern Sie die alten Strukturen Ihres Gehirns daran, wie verbunden Sie noch mit der Natur sind.

Mutter Erde, Pachamama,
wie die Schildkröte trägst du uns auf deinem Rücken.
Hilf mir heute in der Heilung meiner Anliegen,
hilf allen Wesen dieser Erde,
den Steinwesen, den Pflanzenwesen,
den Vierbeinern, den Zweibeinern,
den Krabbelnden und Kriechenden,
denen mit Schuppen,
denen mit Fell und denen mit Federn.
Sie alle sind eins.

Vater Sonne, Großmutter Mond, an die Nation der Sterne.
Helft mir, meine Sorgen anzunehmen und loszulassen.
Lasst meine Widerstände schmelzen wie die Sonne den Schnee.
Lehrt mich, den richtigen Weg zu finden
für mich und meine Familie.

Ich danke für das Geschehene und das,
was ich daraus lernen durfte.

An die Winde des Ostens – großer Adler,
lehre mich die klare Sicht auf die Dinge,
zeige mir, wie ich den nötigen Abstand gewinne,
und meine Träume und Visionen erkennen kann.
Gib mir die Kraft für meine Ziele,
flieg mit mir an der Seite des Großen Geistes.

An die Winde des Südens – Kojote,
zeige mir meine Intuition und Intention.
Du bist der Gaukler und Gauner zugleich,
lehre mich, mein Leben hier und jetzt zu leben
und meine Ziele zu erreichen.
Lass mich behutsam sein,
zeige mir den Weg der Schönheit.

An die Winde des Westens – großer Bär,
beschütze meinen Ort der Heilung.
Deine Ruhe und Kraft sollen mir helfen,
respektvoll mit allen Lebewesen umzugehen.
Hilf mir, auch die letzten Schritte meines Weges
auf Mutter Erde mutig und friedvoll zu gehen.

An die Winde des Nordens – weißer Büffel,
meine Ahnen rufe ich an unser Feuer der Liebe.
Wärmt euch,
und erzählt mir die Geschichten der Alten.
Teilt Eure Weisheit und Erfahrung mit mir und
lehrt mich den Weg über den Tod hinaus in ein neues
Leben.
Ich ehre euch, die ihr vor mir wart
und euch, die ihr nach mir kommen werdet.

Großer Geist,
zahlreich wie die Sterne sind deine Namen,
du bist der namenlose Eine.
Lehre mich, den Spiegel des Außen zu verstehen
und in mich selbst zu schauen.
Ich danke dir, dass du uns erlaubst,
heute hier zusammenzukommen,
um deine Lieder zu singen.

Im Anschluss reinigen Sie den Raum durch Räuchern. Benutzen Sie dazu Palo Santo, das heilige Holz aus Südamerika, aber auch weißer Salbei oder Beifuß sind passend. Wenn Sie Räucherprofi sind, fallen Ihnen sicherlich noch mehr Möglichkeiten ein. Ansonsten werfen Sie doch einfach einen Blick in die einschlägige Literatur.

Wenn Sie an einem Klienten arbeiten, hüllen Sie diesen zum Schutz während der Arbeit mit der Energie Ihres Kronenchakras ein. Dazu stellen Sie sich vor, dass eine leuchtende, vibrierende Energiewolke direkt über Ihrem Kopf schwebt. Sie strecken ganz einfach beide Arme langsam und bewusst nach oben über den Kopf in das Licht hinein und ziehen diese Energie mit den Händen wie einen Vorgang aus gleißendem Licht hinunter über sich und den Klienten, sodass die Energiewolke Sie beide umhüllt.

Schließen des heiligen Raums

Am Tagesende oder nach einer einzelnen Arbeit für Sie selbst oder (einen) Klienten – schließen Sie den heiligen Raum wieder. Sie können nochmals räuchern. Bedanken Sie sich bei den Spirits, bei Ihrem Krafttier oder womit auch immer Sie gearbeitet haben. Sprechen Sie noch einmal das Gebet, mit dem Sie auch den heiligen Raum geöffnet haben.

Und danach?

Wenn Sie sich aufmachen und an sich arbeiten, wenn Sie Ihre Wahrnehmung und Ihr Bewusstsein erweitern, öffnen Sie sich zugleich. Sie werden offener, aber auch verletzlicher. Wer sensibler wird, erfährt das eigene Leid und das der anderen intensiver. Ähnlich wie in der Homöopathie kann es sein, dass Sie sich in den Tagen nach einer intensiven Erfahrung eher schlechter fühlen. Das passiert, ist jedoch in der Regel nicht von Dauer. Die Erstverschlimmerung geht nach ein paar Tagen in eine kontinuierliche Verbesserung über.

Wenn Sie sich etwas Gutes tun wollen, nehmen Sie abends ein Vollbad mit Meersalz. Geben Sie ordentlich Salz ins Wasser, auf die genaue Menge kommt es nicht an. Salz reinigt energetisch. Je nach Thema können auch Salz-Kräutermischungen angebracht sein. Trinken Sie viel Wasser, um alle Schlacken und Schadstoffe, die durch die energetische Arbeit noch im Körper sind, auszuschwemmen. Je nach Ziel der Behandlung kann auch ein individuell hergestellter Kräutertee passen. Verzichten Sie auf Alkohol, und ruhen Sie sich aus. Gönnen Sie sich eine Pause.

Übung – Harmonisierung mit Licht

Diese Übung können Sie täglich zur eigenen Stärkung machen oder eben auch mit einem Klienten.

Morgens nach dem Aufstehen »schalten« Sie Ihr Licht an. Stellen Sie sich vor, wie aus einer kleinen Flamme in Ihrem Herzen eine große Lichtwolke entsteht, die Sie ganz umhüllt und schützt. Die Farbe des Lichts spielt zunächst keine Rolle. Stellen Sie sich vor, dass dieses Licht den Ort, an dem Sie sich aufhalten, ganz automatisch harmonisiert.

Sollten Sie Spannungen im Inneren spüren, aktivieren Sie das Licht noch mehr. Im Konflikt mit anderen Menschen dehnen Sie das Licht entweder so weit aus, dass auch diese von dem Feld der Harmonie umhüllt werden, oder aber Sie nutzen Ihr Lichtfeld als Schutzpanzer.

Wenn Sie das Licht zur Heilung anderer Menschen einsetzen wollen, prüfen Sie, zu welchem Chakra das jeweilige Problem gehört und arbeiten Sie dann mit der jeweiligen Farbe des betroffenen Chakras. Das betroffene Chakra können Sie auspendeln oder auch intuitiv auswählen. Die jeweilige Farbe orientiert sich am Regenbogen, unten Rot, dann Orange, Gelb, Grün, Hellblau, Indigo und Violett. Umhüllen Sie den Menschen mit dem Licht, und schauen Sie, wie die Energien harmonisiert werden und wieder fließen können.

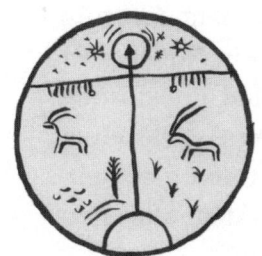 # Meine vier Helfer

Kreis und Kreuz als Grundmuster

des Lebens

> *Siehe, ich starb als Stein und ging als Pflanze auf,*
> *starb als Pflanze und nahm darauf als Tier den Lauf,*
> *starb als Tier und ward ein Mensch. Was fürcht ich dann,*
> *da durch Sterben ich nicht minder werden kann?*
>
> *(Rumi)*

Meine vier Freunde, mit denen Sie sich im Folgenden beschäftigen werden, der Krieger, die Seherin, die Heilerin
und der Lehrer, stehen für die Gesamtheit des menschlichen
Selbst. Wie die vier Viertel eines Kreises ergeben sie zusammen ein Ganzes. In ihrer Gesamtheit symbolisieren sie den
Kreislauf des Lebens.

Für C.G. Jung war der Kreis eines der machtvollsten religiösen Symbole. Bei der Betrachtung des Kreises schauen
wir auf uns Selbst. Zauberer ziehen einen Kreis auf den Boden. Der Kreis steht für Ganzheit, Geschlossenheit, Vollständigkeit und Unendlichkeit. Er hat keinen Anfang und kein

Ende. Er ist an allen Stellen gleich weit von seinem Zentrum entfernt. Zugleich trennt er in ein Innen und ein Außen. Der berühmte Kalif Harun al Raschid ließ Bagdad kreisförmig erbauen, weil er den mütterlich-schützenden Aspekt einer Stadt betonen wollte. Der Kreis symbolisiert den ganzheitlichen Aspekt des weiblichen Archetyps, aus dem alles hervorgeht.

Das Kreuz verweist auf die vier Himmelsrichtungen, die Jahreszeiten oder die Elemente. Genau wie der Kreis hat es einen Mittelpunkt. Während der Kreis mit den Erscheinungen der Himmelskörper verbunden ist, hängt das Kreuz eher mit Orientierung zusammen. Der Kreis ist himmlisch, das Kreuz irdisch. In der Verbindung aus Kreis und Kreuz entsteht die Einheit aus Himmel und Erde, das Medizinrad.

Andere Systeme basieren auf einer Zwei- oder Dreiteilung. Yin und Yang oder Jugend und Alter sind Beispiele für die Zweiteilung. Andere Systeme sind noch umfassender, in der Astrologie treffen Sie beispielsweise auf zwölf Tierkreiszeichen.

Übung – Sand-Mandala

Kennen Sie die wunderschönen Sand-Mandalas der tibetischen Mönche? In stundenlanger, akribischer Arbeit kreieren sie mit einer Engelsgeduld feinste Muster. Mandala ist das Sanskrit-Wort für »Kreis«. Ein Mandala steht symbolisch für das Selbst in der kosmischen Ordnung. Es ist quasi der Kosmos im Miniformat. Ähnlich wie ein Spiegel zeigt es dem Menschen ein Sinnbild seines Selbst. Mandalas gehören zu den ältesten religiösen Symbolen der Menschheit. Meist haben sie eine Kreisform, manchmal sind sie quadratisch. Symmetrisch aufgebaut haben sie einen klaren Bezug zur Bildmitte. Die Meditation über einem Mandala wirkt ausgleichend und heilend.

Wenn Sie für sich nun ein Mandala fertigen, ist dies der Versuch, Ihren persönlichen Kreis, Ihr Selbst, mit dem Kreis des Kosmos zu vereinen. Sie finden somit zurück zum Ursprung, zur Quelle Ihres Lebens. Auch beim Mandala befindet sich in der Mitte die Quelle, das Göttliche.

Ziehen Sie einfach einen großen Kreis auf dem Boden, und beginnen Sie mit verschiedenfarbigem Sand ein Bild zu streuen. Nehmen Sie sich ein paar Stunden Zeit dafür! Wenn Sie es (nur) malen, geht zwar ein wenig des meditativen Charakters des Sandstreuens verloren, aber natürlich ist auch dies möglich.

Zwischendurch könnten Sie vor Ihrem Mandala me-

ditieren. Bevor Sie (oder die Natur) es wieder zerstören, stellen Sie sich in die Mitte und meditieren dort
eine halbe Stunde im Stehen (z. B. die Meditation des
Kriegers auf Seite 247).
Farbigen Sand bekommen Sie z. B. in Bastelgeschäf-
ten, im Floristenbedarf und bei Kerzenhändlern im
Internet.

Die Bedeutung des Kreises

Nachdem Ödipus unwissentlich seinen Vater getötet hatte,
traf er in Theben die Sphinx, ein Wesen, das halb geflügelte
Jungfrau und halb Löwe war. Sie wollte ihren Heißhunger
auf Menschenfleisch stillen, indem sie den Menschen Rätsel
aufgab. Wer die Antwort nicht wusste, wurde verspeist. Die
Sphinx fragte Ödipus: »Was ist das? Es hat am Morgen vier
Füße, am Mittag zwei und am Abend drei. Aber wenn es die
meisten Füße bewegt, ist es am langsamsten und schwächs-
ten?« Ödipus wusste die Antwort: »Es ist der Mensch. Am
Morgen ist er das krabbelnde Kind, das wenig Kraft hat.
Mittags hingegen ist er erwachsen und steht in seiner vollen
Kraft, und am Abend ist er der an einem Stock humpelnde
Greis.«
    Durch diese Erzählung soll vermittelt werden, dass der
Mensch, sobald er den Lauf der Natur anerkennt, keine

Furcht mehr haben muss. Der Fluch der Sphinx verschwindet mit der Erkenntnis und der Annahme. Der Tod wird zu einem Aspekt des Lebens.

Bei den Indianern stellt das Medizinrad den ewigen Kreislauf von Leben und Tod, Geburt und Wiedergeburt, eingebettet in den übergeordneten Kreislauf der Natur dar. Im Medizinrad ist die vierte Phase, die Phase des Nordens, im menschlichen Leben die Zeit zwischen Tod und Leben. Das Rad als Ganzes steht für die Große Mutter, die Große Göttin, aus der alles stammt und in die alles zurückkehrt.

Schon Heraklit sagte »Alles fließt«. Auf die Kindheit folgt die Jugend, die vom Erwachsensein abgelöst wird, und schon folgen das Alter und letztendlich der Tod. Insbesondere die Übergänge, die Schwellen zur nächsten Phase, sind oft schmerzhaft. Dabei kommen Sie gar nicht umhin, diesen Weg zu gehen. Das Schicksal zwingt Sie. Und auch wenn jeder Mensch seinen eigenen Weg gehen muss, gibt es eine Gemeinsamkeit: Bewegung. Leben bedeutet Bewegung und Veränderung. Stillstand ist kein Weg.

Das Rad der Fortuna

Fortuna ist die Göttin des Glücks, des Schicksals. Ihr Werkzeug ist das Rad, das vier Speichen hat. Das Leben wird als Rad dargestellt, dessen Speichen einzelne Phasen symbolisieren. Das Rad dreht sich, und mal sind Sie oben, dann wieder unten, mal links, mal rechts. Fortuna selbst thront in der Radmitte, der Nabe.

Im mittelalterlichen Codex Buranus findet sich eine Abbildung des Rads mit Inschriften und Figuren, die den Werdegang eines Königs darstellen und beschreiben:

- *regnabo = ich werde König sein*
- *regno = ich herrsche, ich regiere*
- *regnávi = ich habe die Krone verloren*
- *sum sine regno = ich habe keine Macht mehr*

Das Rad des Schicksals dreht sich für uns alle immer weiter. Wen es nach oben trägt, dem liegt die Welt zu Füßen – und wer schon oben sitzt, der wird im nächsten Augenblick vom Rad überrollt. Gleiches gilt auch für andere Kreisläufe, wie den Wechsel der Jahreszeiten oder das ewige »stirb und werde« der Natur. All diese Kreisläufe sind unausweichlich – doch auch voller Hoffnung, denn auf jeden Tod folgt neues Leben. Nichts währt ewig, nicht die Macht, nicht der Reichtum, nicht das Glück – aber auch das Leiden nicht. Und dennoch tun die Menschen so, als wüssten sie nichts von dem ständigen Wandel um sich herum. Fortuna selbst steht immer in der Mitte. Sie bleibt immer am selben Fleck. Die Mitte ist die Quelle, die Erleuchtung. Wenn Sie es schaffen, von Ihrer Mitte aus zu leben, dreht sich das Rad weiter, Leben und Tod hören nicht auf, und Sie erleben eine Distanz und

eine gleichzeitige Transzendierung von allen Gegen-
sätzen. Die Mitte steht für Ihr Selbst, um das sich das
Rad dreht. Ihr Leben, die Erfahrungen und Bilder, Ihre
Wünsche und Gedanken, Ihre Geschichte, also all das,
was Sie zu der Person macht, die Sie glauben zu sein,
dreht sich um diese Achse. Wer sich selbst verwirk-
licht, hält sein Rad nicht an, sondern bewegt sich in
Richtung der Radmitte, in das Zentrum eines Orkans,
dorthin, wo absolute Stille herrscht. Sie schauen sich
dann aus einer gesunden Distanz das sich weiterdre-
hende Rad des Lebens an, Ihr Selbst aber ist durch
nichts mehr zu erschüttern.

Bei den Ojibwa Nordamerikas erklärt man sich die Entstehung der Erde in folgendem Schöpfungsmythos. Bereits hier
tauchen meine vier Freunde auf.

Es war einmal der Erdmacher. Irgendwann entschied
er sich, einen Stern zu erschaffen, den er Erde nannte.
Weil er sich viel Mühe dabei gab und sich ausreichend
Zeit ließ, wurde die Erde wunderschön.
Es gab wilde und unwegsame Gebiete, aber auch Idyl-
len und Liebliches. Der Erdmacher pflanzte Blumen,
Gras und Bäume. Auf der Erde tobten allerdings Stür-
me und Regen, die vieles davon wieder zerstörten. So
entschied sich der Erdmacher, vier Hüter auf die Erde
zu schicken, die für Ordnung sorgen sollten. Jeder
dieser vier Hüter bekam eine Gegend zugeteilt, die er
schützen sollte.

Der Plan ging auf, die Unwetter beruhigten sich, und
schon bald wagten es leuchtende Wesen, die sich Men-
schen nannten, die Erde zu betreten.
Doch die leuchtenden Wesen fühlten sich fremd. Sie
wussten mit dieser unbegreiflichen Welt nicht umzu-
gehen. Als sie auf einen Hasen trafen, baten sie ihn um
Hilfe. Der Hase war bekannt als tapferer und schlau-
er Held und hatte ihnen bereits öfter geholfen. Dem
Hasen war klar, dass er das allein niemals schaffen
konnte. Also reiste er um die Welt zu den vier Hütern.
Er reiste zur Hüterin des Ostens, der Seherin, und zur
Hüterin des Südens, der Heilerin. Dann reiste er zum
Hüter des Westens, dem Lehrer, und zum Hüter des
Nordens, dem Krieger. Die Hüter gaben dem Hasen
den gewünschten Rat und teilten ihre Weisheit mit
ihm. So konnte der Hase den Menschen helfen. Und
die Menschen fanden Frieden und Freude auf der Erde.

Die vier Hüter stehen für die Energien, die Sie in unterschiedlichen Phasen des Lebens begleiten. Krieger, Seherin, Heilerin und Lehrer sind die ältesten Archetypen. Sie spielten in
allen alten Kulturen eine wichtige Rolle. Durch ihre in den
Jahrtausenden gewachsene Existenz haben diese vier Archetypen eine enorme Kraft und sind hervorragend geeignet,
Ihren Entwicklungsprozess und Ihre Heilung zu begleiten.

Der Kreislauf der Natur bestimmte in früheren Zeiten
das Leben der Menschen in einer Art und Weise, die heute unvorstellbar ist. Jeden Abend verschwand die Sonne,
und niemals konnte man sicher sein, dass es nicht für im-

mer dunkel bleiben würde. Im Winter war es ähnlich, die Tage wurden kürzer und kürzer. Wer wusste schon, ob die Wärme rechtzeitig wiederkommen würde, bevor die knappen Vorräte verbraucht wären? So wurde der Kreis ein Sinnbild für den Kreislauf der Natur. Sich immer wiederholend und doch nie gleich wurde der Kreis zur sich aufwärts windenden Spirale. Nach jedem Durchlauf wurde eine höhere Bewusstseinsebene erreicht.

Alles Seiende ist darauf angelegt, sich ständig weiterzuentwickeln. Diese Entwicklung erfolgt in Kreisen, in Spiralen. Der Kreislauf geht zugleich in die Höhe wie auch in die Weite.

Ergänzt wurde der Kreis um die vier Himmelsrichtungen oder Jahreszeiten sowie die trennenden Diagonalen als Schwelle von einem Abschnitt zum nächsten, von einer Jahreszeit zur nächsten, von einem Lebensabschnitt zum nächsten. An diesen Übergängen finden zudem die Jahreskreisfeste Frühjahrsgleiche, Sonnenwende, Herbstgleiche und Wintersonnenwende statt.

In assyrischen Palästen sieht man als Türwächter ein Wesen, das aus drei Tieren und einem Menschen zusammengesetzt ist. Auf dem Körper des Löwens sitzt ein Menschenkopf, das Tier hat die Flügel des Adlers und die Füße des Stiers. Im Christentum stehen die vier Evangelisten Matthäus, Markus, Lukas und Johannes für die vier Richtungen. In England betet man: »*Matthew, Marc, Luke and John, bless the bed that I sleep on.*« Die vier stehen für die vier Bettpfosten, in deren Mitte ich sicher schlafen kann.[33]

---

[33] Joseph Campbell: Die Kraft der Mythen. Albatros im Patmos 2007, S. 107.

Die Rolle der Mitte

Die Mitte des Rades ist der heilige Ort. Die Indianer nennen im Medizinrad den in der Mitte liegenden Stein den Schöpferstein. Der Schöpferstein steht für den Kosmos und ist Basis und Bezugspunkt für alles. Die Indianer nennen diese Quelle Wakan-Tanka, was »Die Große Macht« bedeutet. Der Schöpferstein steht für Chi, Prana, Odem, Mana, Gott, Allah, Großer Geist und die Urkraft, das Eine, die kosmische Mutter, die universelle Energie, die Leere, die Stille, das Tao.

Religion gilt als veraltet, andererseits entwickelt sich eine neue Spiritualität. Inmitten dieser neuen Phänomene taucht ein uralter Mythos immer wieder auf: die uralte Göttin, die Große Göttin. Bevor sich die patriarchalische Gesellschaft entwickelte, galt sie als Herrscherin über die Erde. In Zeiten der männlichen Vorherrschaft wurde sie konsequent verleugnet. Die ältesten Gottheiten des Krieges und der Zerstörung waren weiblich, erst im Zuge der Patriarchalisierung wurden sie durch männliche Götter ersetzt. Sie hießen Inanna, Sachmet oder Kali und waren Herrinnen der Liebe und des Kriegs. Sie waren promisk und keusch, sie standen für nährende Mütterlichkeit und für blutdürstige Zerstörungswut gleichzeitig. Ihnen ging es nicht um Erweiterung oder Eroberung, sondern um den Fortgang der Welt, um den Kreislauf des Lebens (Geburt, Wachstum, Liebe, Tod und Wiedergeburt).[34]

---

[34] Edward C. Whitmont: Die Rückkehr der Göttin. Von der Kraft des Weiblichen in Individuum und Gesellschaft. rororo 1993.

Die vier Typen

Synchronicity Healing arbeitet mit den vier ursprünglichen Archetypen Krieger, Seherin, Heilerin und Lehrer. In ihrer Gesamtheit enthalten sie alle Aspekte des Lebens. Mit ihnen zu arbeiten, heißt, sich selbst zu erkennen und mit bisher unbekannten Aspekten des Selbst in Kontakt zu treten. Im besten Fall gelingt es Ihnen, diese zu akzeptieren und sogar zu schätzen. Archetypen sind ein hervorragendes Element, um auch Ihre negativen Seiten, Ihre Schatten erkennen zu können. Dies hat eine heilende Wirkung und kann sich auf alle Ebenen Ihres Seins auswirken.

Auch in der Götterwelt der Griechen gibt es zahlreiche Götter, die die verschiedenen Aspekte des menschlichen Lebenskreislaufs vertreten. Doch schon Walter F. Otto wusste, *dass alle anderen griechischen Götter (außer Zeus) als nach außen gerichtete Projektionen der mannigfaltigen Aspekte von Zeus anzusehen sind.*[35] Ähnlich sind Krieger, Heilerin, Seherin und Lehrer Projektionen des menschlichen Selbst, die lehren sollen, vollständig zu werden. Die Bilder, Träume und Tranceerfahrungen, mit denen Sie arbeiten, interessiert diese theoretische Unterscheidung in vier, sieben, 16 oder mehr Archetypen sowieso nicht. Bei vielen Veröffentlichungen zu spirituellen Modellen wird der Fehler gemacht, dass man sie auf der Verstandesebene erklärt und auch in der Arbeit mit sich selbst und anderen diese Ebene nicht verlässt. Dies hilft

---

[35] Walter F. Otto: Die Götter Griechenlands. Das Bild des Göttlichen im Spiegel des griechischen Geistes. Klostermann 2002, S. 34.

nicht. Es gibt keinen bewussten, kontrollierbaren Zugang zu den Archetypen. Der einzig mögliche Zugang liegt auf der Ebene des Unbewussten. Ziel ist es, sich zu vervollständigen, also alle Archetypen mit ihren Aspekten in Ihnen zu vereinigen. In der Beschäftigung mit den Archetypen erkennen Sie Ihre Stärken und Schwächen, Ihre Vorlieben und auch das, was Sie lieber nicht ansehen. Ihr Ich wächst und wächst, Steinchen für Steinchen nähern Sie sich Ihrer Ganzheit an.

Alles ist eins, alles ist miteinander verbunden. Auf einer tieferen Ebene sind auch Sie so eng mit allem verbunden, dass das Trennende in Ihrer Wahrnehmung dagegen nur eine Kleinigkeit ist, eine Konstruktion des Egos. *Die Archetypen sind im kollektiven Unbewussten verwurzelt.* Nur leider ist es sehr schwer, diese Einheit objektiv erfahrbar zu machen. Manch einer erfährt sie in Einheits- oder Erleuchtungserfahrungen. In diesen Momenten fühlt man sich unmittelbar mit der Quelle verbunden. Die Archetypen entstammen dieser Quelle. Sie sind im kollektiven Unbewussten verwurzelt und helfen Ihnen, dessen Botschaften zu verstehen.

Die Summe der Archetypen bildet den gesamten Kosmos ab. Seherin, Heilerin, Lehrer und Krieger gemeinsam ergeben ebenfalls diese Ganzheit. Diese müssen alle Aspekte des Seins umfassen, welches aus dem Nichts entstanden ist. Entsprechend neutralisieren sie sich in ihrer Gesamtheit wieder und werden zu einem »Nichts«. Lassen Sie mich dies zum besseren Verständnis an einem Beispiel zeigen. Sie kennen sicherlich Yin und Yang. Yin und Yang sind die zwei entgegengesetzten Aspekte, Kräfte oder Prinzipien, die sich gegenseitig ergänzen, genauso aber auch neutralisieren. Yin ist der empfangende, passive, gern auch als das Weibliche bezeichnete Pol. Yang ist der gebende, aktive, oft als das Männliche umschriebene Pol. Yin oder Yang könnten Sie jeweils wieder unterteilen. Eine Möglichkeit ist beispielsweise, die Elemente Wasser und Erde dem Yin zuzuordnen und Feuer und Luft dem männlichen Yang. Im Hinduismus kennt man dazu gleichbedeutend die drei Grundkräfte Tamas, Rajas und Satva.

Auf den Archetypen basierend manifestieren sich die Menschen, Pflanzen, Tiere und alles Leblose. Die Urprinzipien manifestieren sich in allen Dingen. Alles, was existiert, hat ein oder mehrere Urprinzipien in sich bzw. beruht auf ihnen. Die Schöpfung folgt der Idee. Am Anfang war das Wort.

Werner Heisenberg, Nobelpreisträger und einer der Pioniere der Quantenphysik sagte kurz vor seinem Tod, dass das Wesentliche der Natur nicht die Teilchen, sondern die zugrunde liegenden Symmetrien sind. Diese Symmetrien verstand er als Archetypen der Materie, als Urgrund der menschlichen Existenz. Die Teilchen sind nur materielle Verwirklichungen dieser Archetypen.

Die Archetypen sind Elemente einer universalen Sprache.

Anhand der Archetypen haben Sie die Möglichkeit zu verstehen, welche Rolle eine Person in Ihrem Leben spielt. Durch die Beschäftigung mit den Archetypen lernen Sie, sich selbst, das, was vorhanden ist, und das, was entwicklungsfähig ist, zu erkennen.

Die Archetypen sind Elemente einer universalen Sprache, die alle Menschen im Blut haben. Archetypen können sehr vielseitige Persönlichkeiten sein, die Sie in ihrer Ganzheit mit all ihren Licht- und Schattenseiten selten erfassen. Oft werden insbesondere die negativen Aspekte, die nun einmal zum Leben gehören, nicht erkannt bzw. es wird weggeschaut. In den archaischen Gesellschaften verkörperten die Schamanen – meist Männer – sowohl den Seher, den Heiler, den Lehrer als auch den Krieger. Sie waren Meister des Wandels und Mittler zwischen diesen Welten. Dies können auch Sie schaffen. Integrieren Sie das, was in Ihnen ist, werden Sie ganz, und leben Sie das gesamte Spektrum Ihrer Persönlichkeit.

Im Synchronicity Healing wird auf der Ebene der Archetypen daran gearbeitet, einen individuellen Ausgleich, ein Gleichgewicht zu finden. Können Sie heute sagen, dass Ihr Leben im Gleichgewicht ist? Oder hängt die Waage auf einer Seite doch eher herunter? Vielleicht wiederholen Sie nochmals die Übung zu den acht Pfeilern der Gesundheit. Es gibt sicherlich Bereiche, in denen Sie besser sind. Und genauso gibt es Bereiche, die Sie vernachlässigen – manchmal bewusst, weil Sie sie nicht mögen, oder auch unbewusst. Oft erkennen Sie erst im Laufe des Lebens, dass es noch etwas gibt, um das Sie sich noch nie gekümmert haben.

Beschäftigen Sie sich mit Ihren Eigenschaften und Fähigkeiten, machen Sie die Übungen, und erfahren Sie so mehr über sich selbst.

Übung – Den eigenen Archetyp fühlen

Lesen Sie erst einmal nicht weiter, sondern überlegen Sie: Was meinen Sie? Sind Sie eher Krieger,
Seherin, Heilerin oder Lehrer?

Schauen wir doch einmal gemeinsam. Schließen Sie
für ein paar Minuten die Augen, kommen Sie zur
Ruhe. Atmen Sie ruhig ein und aus.
Stellen Sie sich vor, dass Sie sich auf einem mittelalterlichen Marktplatz viele Hundert Jahre vor unserer
Zeit befinden. Es ist Markttag, Sie spüren die Hitze
des Sommers. Der Platz ist voller Menschen. Zwischen einige angenehme Gerüche mischt sich der Ge-
stank von Abwässern.
Beobachten Sie Ihre Umgebung. Nutzen Sie dazu all
Ihre Sinne. Was sehen Sie? Welche Gerüche nehmen
Sie wahr? Was fühlen Sie auf Ihrer Haut? Welche Ge-
räusche dringen an Ihr Ohr? Nun schauen Sie hinunter auf Ihre Füße. Was sehen Sie da? Tragen Sie Schu-
he? Wie sehen diese aus? Lassen Sie Ihren Blick höher
wandern. Welche Kleidung tragen Sie? Was sehen Sie
sonst?
Tasten Sie Ihren Kopf und Ihr Gesicht ab. Was entdecken Sie?
Was tun Sie dort, wo Sie sich gerade befinden? Haben
Sie Kontakt zu anderen Menschen?

Fühlen Sie in sich hinein. Was ist Ihre Rolle auf diesem Marktplatz? Was sind Ihre Stärken in dieser Rolle? Worin sind Sie gut? Wofür könnten die Menschen Sie lieben? Wofür fürchtet man Sie möglicherweise? Sind Sie Heiler/in, Seher/in, Lehrer/in oder Krieger/in?

Der Krieger

Das Prinzip des Kriegers lautet Präsenz. Darf ich Ihnen nun den Krieger vorstellen? Genau wie meine drei anderen Freunde ist er ein Teil Ihres Selbst. Gewisse Anteile haben es bereits bis in Ihre Persönlichkeit geschafft, viele aber schlummern noch als reines Potenzial in Ihnen.

Zeige dich, und entscheide dich, präsent zu sein.

»Zeige dich, und entscheide dich, präsent zu sein«[36], ist das Motto des Kriegers. Nur wenn Sie präsent sind, können Sie auf Ihre kriegerischen Kräfte zurückgreifen. Beurteilen Sie den Krieger nicht vorschnell als schlecht oder aggressiv. Die Menschen neigen dazu, die Wörter Krieger, Krieg und kriegerisch negativ zu bewerten. Das ist aber sehr einseitig. Überlegen Sie doch einmal: Wozu kann das als negativ Eingestufte gut oder hilfreich sein?

Der Weg des Kriegers wird von der Fähigkeit bestimmt, sich selbst und andere durch das Leben zu führen. In der Präsenz des Kriegers zeigt sich die Fähigkeit, sich auf geistiger, emotionaler, körperlicher und spiritueller Ebene ausdrücken zu können. Als Krieger begegnen Sie anderen Menschen mit Respekt, und im Umgang mit ihnen sind Sie klug und umsichtig. Dabei wissen Sie, Grenzen zu setzen, Verantwortung zu übernehmen und Ihre Kraft bewusst und diszipliniert einzusetzen. Sie respektieren aber auch die Grenzen

---

[36] Vgl. dazu: Angeles Arrien: Der vierfache Weg. Den inneren Krieger, Heiler, Seher und Lehrer entwickeln. Bauer 1997.

der anderen. Der Krieger schätzt Vielfalt im Leben – in anderen und sich selbst.

Der Krieger sagt, was er denkt. Seine Kommunikation ist bewusst, und er formuliert klar und unmissverständlich. Der Krieger ist bereit, einen klaren Standpunkt zu beziehen. Er ist konfliktbereit, aber nicht streitsüchtig. Wenn er Verantwortung übernimmt, so steht er auch für die Konsequenzen ein. Der Krieger ist immer auch ein Kämpfer, und er muss lernen, seine Kraft zu beherrschen.

Noch immer gibt es in vielen Regionen der Welt grausame Bürgerkriege und Terror. Viele Menschen neigen daher dazu, die Lösung für eine friedliche Welt im Pazifismus zu suchen. Aber: Kann es vielleicht auch einmal das Richtige sein, für eine bessere und gerechtere Welt mit Waffen zu kämpfen?

Ein Krieger lebt seine Medizin.

Ein Krieger lebt seine Medizin und setzt seine Kraft um. Der Krieger nutzt sein individuelles Potenzial, die Summe aller Möglichkeiten, die jeden Menschen einzigartig macht. In seiner Hand wird aus dem Schwert ein Segen. In der Hand eines schlechten Menschen wird es zum Fluch. Der Krieger hat Geduld, und er vertraut in seine eigenen Fähigkeiten.

Das in unserer modernen Gesellschaft übliche Vergleichen mit anderen, also die Definition der eigenen Persönlichkeit über im Außen Wahrgenommenes, ergibt keinen Sinn. Wenn Sie ein einzigartiges Potenzial haben, sind auch Sie einzigartig. Der Wunsch, wie ein anderer sein zu wollen, entfernt Sie von Ihrer ureigenen Medizin und von dem, was doch gerade Sie außergewöhnlich macht. Ein Krieger glaubt sowohl an die eigenen Fähigkeiten als auch an die der anderen. Durch sein Vertrauen ermöglicht er Erfolge.[37]

Jeder Krieger ist ein Ehrenmann, ihn in seiner Ehre zu kränken, kann tödlich enden. Er vergisst nie, er setzt sich aber auch für die Schwachen ein. Gerechtigkeit ist ihm wichtig. Der Krieger will immer voranschreiten. Er treibt seine Mitmenschen zur Veränderung an. Zufriedenheit kennt er nicht. Alles geht immer noch besser. Dafür ist er bereit, alles aufzugeben. Es ist wichtig, dass ein Krieger für etwas kämpft und nicht gegen etwas. Im Einsatz für eine Sache, die ihm am Herzen liegt, ist er großartig, dagegen sinkt sein Energiepegel im Kampf gegen etwas gegen Null.

Die Jahreszeit des Kriegers ist der Winter, die Zeit der Ruhe und der Stille. Der Winter steht für Erneuerung und Transformation. Die Samen der Pflanzen ruhen in der Erde und warten darauf, im nächsten Frühling zu neuem Leben erweckt zu werden. Doch diese Ruhe ist trügerisch. Im Verborgenen beginnen die Säfte der Bäume wieder zu steigen. Gerade erst sind die Rauhnächte vergangen, doch unbemerkt bereitet sich die Natur bereits intensiv auf das Frühjahr vor.

Der Winter steht für Erneuerung und Transformation.

Zu den negativen Seiten des Kriegers gehören ein Drang zur Rebellion, also zum Widerstand gegen Strukturen, und Egoismus. Wenn ein unvollkommener Krieger Probleme mit Autoritäten hat, ist die Ursache dafür die eigene Unfähigkeit, sich selbst Autorität zu verschaffen. Autoritätskonflikte mit anderen entstehen dadurch, dass man eigene Schwächen

---

[37] Siehe hierzu auch die Anmerkungen zu Vertrauen beim Lehrer.

auf andere projiziert. Der vollkommene Krieger hingegen nimmt sowohl seine Stärken als auch seine Schwächen an.

Zudem lässt der Krieger sich schon mal gern für die Interessen anderer einspannen, er wird zum Söldner und ist jedem Herrn treu ergeben. Es passiert durchaus, dass ihm der Inhalt der Aufgabe selbst gleichgültig ist, sein Ziel ist die hervorragende Ausführung derselben. Dafür erwartet er Anerkennung. Hin und wieder passiert es dem Krieger, dass er Kämpfe mit sich selbst austrägt und sich in inneren Konflikten aufreibt. Wenn kein Kampf im Außen möglich ist, kämpft er eben gegen sich selbst. Ein Krieger muss kämpfen, und er muss siegen. Sich auszuruhen ist für ihn Zeitverschwendung. Entsprechend wichtig ist es für ihn, auf Ruhephasen zu achten.

Weil sich der Krieger zu leicht für andere einspannen lässt, ist für ihn das richtige Ziel besonders wichtig. Er muss lernen zu unterscheiden, was für ihn sinnvoll ist und was nicht. Gelegentlich verliert sich ein Krieger auch im Einzelkämpfertum. Sich zu integrieren, fällt ihm schwer, und wenn es ihm gelingt, neigt er dazu, nach Macht zu streben und sich im Kampf behaupten zu wollen, anstatt durch Empathie und Überzeugung seinen Platz in der Gruppe zu sichern.

Magst du in der Schlacht besiegen tausendmal zehntausend Krieger, wer das eigene Ich bezwungen, ist der größte Held und Sieger.
(Buddha)

Ein Aspekt des Kriegers ist der König, der in anderen Varianten des Archetypenmodells verwendet wird. Man könnte ihn als Krieger mit Charisma bezeichnen. Wenn er den Raum betritt, schweigen die anderen, auch wenn er dies gar nicht beabsichtigt. Er ist ein natürlicher Anführer, dem man gern folgt.

Verantwortung zu übernehmen scheut er nicht. Als König sorgt er dafür, gute Ratgeber um sich zu haben. Er lässt »seinen Leuten« die Freiheit für eigene Entscheidungen, bietet ihnen aber auch Unterstützung an, wenn diese notwendig ist. Der König neigt jedoch dazu, arrogant zu werden und seine natürliche Autorität auszunutzen. Er ist es gewohnt, bewundert zu werden und braucht dies auch. Ein König muss daher immer darauf achten, nicht in der Isolation zu landen oder eines Tages gestürzt zu werden.

Dazu fällt mir gerade folgende passende Geschichte ein.

Im alten Japan gab es einen Schneider, der sich auf seinen Reisen als Samurai verkleidete, damit ihm nichts passierte. Als er einen wirklichen Samurai traf, forderte dieser ihn zum Duell auf.

Ein weiser, alter Mann gab dem Schneider auf sein Flehen hin den Tipp, er solle sich in Disziplin üben und den Kampf genauso wie seine Schneiderarbeit angehen – mit voller Hingabe. »Beachte den Samurai nicht. Sei ein Schneider. Lege deinen Überrock sorgfältig ab, falte ihn. Rolle deine Ärmel hoch, ergreife das Schwert, schließe die Augen, und hebe das Schwert über den Kopf. Spürst du eine Bewegung, schwingst du das Schwert senkrecht herunter. Solltest du einen Luftzug über deinem Kopf spüren, warst du zu langsam!«

Der Schneider tat, wie ihm geheißen. Voller Hingabe zog er sich aus, faltete seinen Rock und machte

sich bereit, ohne dabei den Samurai eines Blickes zu
würdigen. Der Samurai war beeindruckt, nie hatte er
solch einen furchtlosen Mann gesehen. Mit einer Ver-
beugung entschuldigte er sich. Der Schneider aber hat-
te die Essenz des Kriegers verstanden.

Instrument und Heilmittel

Jeder der vier Archetypen hat ein typisches Instrument und
ein besonderes Heilmittel. Das Instrument des Kriegers ist
die Rassel, mit der er den Regen und das Rascheln der Blätter nachahmt. Die Rassel nutzt er außerdem dazu, Seelenver-
luste zu heilen und den energetischen Körper zu reinigen.

Das Heilmittel des Kriegers ist der Tanz. Im Tanz lernt
der Krieger Anmut, Bewegungskoordination, Ausdruck,
Gefühl und innere Ruhe. Moderne Krieger führen nicht nur
Krieg, sie tanzen und feiern auch. Sie können sich hingeben
und ausdrücken.

Die Meditation des Kriegers ist eine stehende Meditation. Stellen Sie sich aufrecht hin. Nehmen Sie die Haltung des Kriegers ein. Dabei stehen Sie mit leicht geöffneten Beinen. Ihre Füße sind etwa eine Fußlänge auseinander. Die Knie sind nicht ganz durchgedrückt, die Hüfte ist leicht vorgeschoben. Die Brust herausgestreckt, Schultern zurückgeschoben und erhobenen Hauptes stehen Sie da wie ein Krieger. Dies entspricht übrigens der Grundhaltung in vielen Kampfsportarten.

Pendeln Sie zunächst ganz leicht nach links und rechts, indem Sie das Gewicht von einem Fuß auf den anderen verlagern. Lassen Sie die Bewegungen immer kleiner werden, bis Sie zentriert sind. Danach pendeln Sie vor und zurück, von der Ferse auf die Zehen und umgekehrt. Und wieder werden die Pendelbewegungen kleiner und kleiner, bis Ihr ganzer Körper leicht und locker auf einem Punkt zentriert steht. Sie stehen dann in der Nullposition.

Lassen Sie Ihre Augen, wenn möglich, geöffnet. Fällt Ihnen dies zunächst schwer, schließen Sie die Augen. Fühlen Sie den Boden unter Ihren Füßen? Nehmen Sie Kontakt zu ihm auf. Spüren Sie Ihre Kraft. Stehen Sie mehr auf dem linken oder auf dem rechten Fuß? Belasten Sie Ihre Füße eher vorne, hinten oder seitlich? Stehen Sie gerade oder nach hinten oder nach vorne gebeugt?

Nehmen Sie Ihren ganzen Körper wahr. Sind Ihre Schultern entspannt? Was spüren Sie im Bauch? Achten Sie auch auf Kiefer- und Gesichtsmuskulatur. Beobachten Sie Ihren ganzen Körper. Vertraut er den Füßen, die ihn mit der Erde verbinden?

Verändern sich Ihr Körper oder Ihre Haltung während der Meditation? Nehmen Sie alles gewahr, und beobachten Sie, so lange Sie möchten.

Übung – Fragen an den Krieger

Sollten Sie sich tiefer gehend mit dem Archetyp Krieger beschäftigen, können Ihnen die folgenden Fragen dabei eine Hilfe sein. Ein Teil dieser Fragen orientiert sich an den Ideen von Angeles Arrien , die in »Der vierfache Weg«[38] vorgestellt werden – ein wunderbares Buch zu den vier Archetypen im Kontext eines schamanischen Weltbildes.

Sie können diese Fragen auch Ihrem inneren Krieger während einer schamanischen Reise stellen.[39] Reisen

---

[38] Angeles Arrien: Der vierfache Weg. Den inneren Krieger, Heiler, Seher und Lehrer entwickeln. Bauer 1997.

[39] Fundierte Informationen zum Thema »Schamanisches Reisen« finden Sie u. a. in: Georg O. Gschwandler: Schamanische Wege zur Mitte. Praxisbuch des schamanischen Reisens. Schirner 2012.

Sie dazu gedanklich in eine Gegend, die Ihnen spontan in den Sinn kommt, und suchen Sie einen magischen Ort, eine Hütte, eine Höhle oder Ähnliches, an dem Sie Ihrem Krieger die Fragen stellen können. Je mehr Zeit Sie sich für jede Frage nehmen, desto besser. Meditieren Sie. Versuchen Sie, Ihren Verstand auszuschalten und nur Ihren Körper sprechen zu lassen. Dann nehmen Sie Stift und Papier zur Hand und schreiben einfach los.

Zum Abschluss bedanken Sie sich bei Ihrem inneren Krieger. Er wird Ihnen einen Rat mitgeben. Schließlich machen Sie sich auf den Rückweg.

Wie steht es um Ihre Verbindung zur Natur?

Sind Sie in der Lage, das Gute und Schöne in sich zu erkennen und dies zu leben, oder plagen Sie Selbstzweifel?

Wann sind Sie von ihrem Weg abgekommen? Wann war der Zeitpunkt, an dem Sie Ihre Träume aufgaben? Wann haben Sie Teile Ihrer Seele verloren? Seelenanteile gehen verloren, wenn sie uns schützen mussten, wenn uns Negatives widerfahren ist.

Tanzen und singen Sie noch?

Erinnern Sie sich daran, welche Vorbilder Sie in Ihrer Kindheit hatten? Wer könnte Sie für die Zukunft inspirieren? Welches dieser Vorbilder war ein Krieger? War es ein guter Krieger? Welche Energie ging von ihm aus? Was haben Sie von ihm gelernt?

Gibt es Menschen, die den Krieger in Ihnen erkannt haben und sich Ihrer Führung anvertrauen?

Wann haben Sie sich in Ihrem Leben wie ein Krieger verhalten? Versetzen Sie sich in diese Situation hinein, und beschreiben Sie sie. Was haben Sie daraus an Erfahrungen mitgenommen?

Wann hatten Sie Angst und konnten nicht wie ein Krieger reagieren? Sind Sie präsent? Nimmt man Sie wahr?

Sind Sie in der Lage, die Kraft der Kommunikation zu nutzen?

Wo können Sie sich verbessern?

Führen bedeutet nicht Befehlen, Kommandieren oder Delegieren. Führen ist Dienen an anderen. Wann, in welchen Situation und wie führen Sie?

Wie steht es um Ihren Krieger? Sind Sie sich überhaupt seiner Energie bewusst? Gibt es Situationen, in denen Ihr Krieger schwach wird, in denen Sie Ihre Erdung verlieren? In welchen Momenten verlässt Sie der Mut? Erstellen Sie eine Liste mit Dingen, vor denen Sie sich fürchten. Betrachten Sie diese Liste Punkt für Punkt aus der Sicht eines Kriegers.

Wann sind Sie konsequent und vertreten Ihren Standpunkt? Welche inneren und äußeren Konflikte gibt es zurzeit in Ihrem Leben? Was bremst Sie aus? Was könnte eine Lösung dafür sein? Sagen Sie, was Sie meinen? Leben Sie, was Sie sagen? Können Sie klar Nein sagen?

Sind Sie in der Lage, eine passende Work-Life-Balance zu schaffen? Können Sie bewusst Zeiten der Stille in Ihr Leben einbauen? Können Sie Stille ertragen?

Respektieren Sie sich? Respektieren Sie andere Menschen? Sind Sie in der Lage, Grenzen zu setzen und die Grenzen anderer zu respektieren?

Wie steht es um Ihre Disziplin? Könnte Ihr Leben mehr Disziplin und Struktur vertragen oder gibt es gar zu viel davon? Könnten Sie ein wenig mehr Freiheit und Strukturlosigkeit gebrauchen?

Was bedeutet Freiheit für Sie? Können Sie allein sein, oder brauchen Sie immer jemanden um sich? Wovon sind Sie abhängig oder süchtig? Wann waren Sie das letzte Mal unkontrolliert, wild, spontan und lebendig bis in die Haarspitzen? Lassen Sie dieses Wilde in sich oft genug heraus oder sperren Sie es ein?

Sind Sie in der Lage, sich dem Fluss des Lebens anzuvertrauen, oder reiben Sie sich im Kampf mit dem Leben auf? Sind Sie ein Kämpfer? Können Sie einschätzen, wann es sich zu kämpfen lohnt, oder kämpfen Sie oft gegen Windmühlen?

Wann leben Sie die Schattenseiten des Kriegers aus? Wann sind Sie rebellisch? Wann lehnen Sie sich gegen Strukturen unnötig auf? Wann sind Sie egoistisch und selbstsüchtig? Wann erwischen Sie sich in einer Opferrolle? Wie fühlen Sie sich dann?

Wie sieht für Sie der ideale Krieger aus? Schreiben Sie Ihr »Anforderungsprofil« für einen perfekten Krieger, und vergleichen Sie sich mit diesem. In welchen Bereichen sind Sie bereits so weit? Wo besteht noch Entwicklungsbedarf?

Die Seherin

Das Prinzip der Seherin ist Achtsamkeit.[40] Achtsamkeit beschreibt den Weg der Seherin,[41] der es ihr ermöglicht, Liebe zu nehmen und zu geben. Daraus entstehen Kreativität und die Fähigkeit, Visionen zu realisieren. Sie ist die in die Zukunft Sehende, die Visionärin. Die Seherin sieht die Wahrheit und spricht sie aus, ohne Furcht und ohne Vorwürfe zu machen. Sie beurteilt nicht, sie stellt fest. Dazu gehört unbedingte Aufrichtigkeit. Nur wer ein offenes Herz hat, wird von seinen Mitmenschen akzeptiert. Wer sich selbst oder andere täuscht, wer sich versteckt oder verstellt, wird sich über kurz oder lang verlieren. Wer die Unwahrheit sagt, spricht mit gespaltener Zunge. Wer die Wahrheit berichtet, *spricht mit der Zunge des Geistes.*[42] Die eigene Wahrheit kundzutun bedeutet immer, bei sich selbst zu bleiben. Sie können nur Ihrer Wahrnehmung vertrauen, alles andere ist eine Interpretation der Außenwelt.

Die Jahreszeit der Seherin ist der Frühling. Dieser steht für den Beginn, die Vorbereitung und die Planung. Vielleicht spüren Sie selbst in sich hin und wieder die Visionärin, die Sie darauf hinweist, dass das, was Sie da gerade tun, nicht wirklich zu Ihrer Vision gehört. Diese Visionärin will Ihnen

---

[40] Angeles Arrien: Der vierfache Weg. Den inneren Krieger, Heiler, Seher und Lehrer entwickeln. Bauer 1997.

[41] Ich habe mich entschieden, jeweils zwei Archetypen in der männlichen und zwei in der weiblichen Form zu beschreiben. Insofern identifiziert sich bitte auch jeweils das andere Geschlecht mit dem jeweiligen Archetypen.

[42] Leslie Gray, zitiert in: Arrien: S. 123.

dann zeigen, wie Sie Ihre Medizin leben und Ihr ganzes Potenzial verwirklichen können.

Auch die Seherin besitzt negative Aspekte. Oft steht sie nicht zu dem, was sie weiß, und verleugnet die Wahrheit. Das bedeutet auch, dass sie nicht zu dem steht, was sie ist. Wie die Heilerin neigt auch die Seherin dazu, sich für andere aufzuopfern.

Um dies aufzulösen, ist es notwendig, sich selbst anzunehmen. Akzeptieren Sie beispielsweise die Schmerzen oder die Eigenschaften, die Sie an sich nicht mögen. Begrüßen Sie diese, und nehmen Sie es an. Denn alles, was in Ihrem Körper ist, stellt einen Lösungsversuch Ihrer Seele und/oder Ihres Körpers dar. Eine Krankheit kann als der Versuch des Körpers angesehen werden, etwas wieder in Ordnung zu bringen. Dies zu erkennen, führt zur langsamen Auflösung der Belastung und zur Einheit von Körper, Geist und Seele.

Eine Krankheit kann als der Versuch des Körpers angesehen werden, etwas wieder in Ordnung zu bringen.

Ein weiteres Manko der Seherin kann Berechnung bis hin zur Hinterlist sein. Möglicherweise wurde sie als offenes und ehrliches Kind in ihrer Seele verwundet und beschloss irgendwann, dass Offenheit und Ehrlichkeit keine guten Eigenschaften sind. So wurde aus ihr eine berechnende, kalkulierende Erwachsene, die manipuliert und plant, damit sie die Kontrolle über ihr Leben und ihr Umfeld behalten kann. Sie kann selten vertrauen und verlässt sich lieber nicht auf andere Menschen.

Die Seherin ist aber auch in der Lage, sich selbst zu entwickeln, weil sie Projektionen und Übertragungen auf andere erkennt. Sie nutzt ihre Mitmenschen zur eigenen Erkenntnis und kommt so mehr und mehr mit dem eigenen Selbst
in Kontakt.

Instrument und Heilmittel

Das Instrument der Seherin ist ihre Stimme. In alten Kulturen sagte man gern: Wer nicht singt, ist den Göttern fern.
Schamanen haben ihr individuelles Kraftlied, mit dem sie
arbeiten. Sie haben es während einer Visionssuche oder einer schamanischen Reise empfangen. Pflanzenschamanen,
die hauptsächlich mit der Kraft der Pflanzen heilen, kennen
für jede Pflanze ein spezielles Lied (icaro), das diese ihnen
während einer Trance verraten hat. In einem Buch kann man
nicht beschreiben, wie Sie Ihr persönliches Lied finden, aber
vielleicht haben Sie einmal Gelegenheit, an einem Workshop
teilzunehmen, der dies behandelt. Aber selbst mit einzelnen
Tönen ist Heilung möglich. So können zum Beispiel die Töne
der Chakren, laut und klar gesungen, die einem Chakra zu-
gehörige Energie harmonisieren.

Die Meditation der Seherin ist eine Gehmeditation.

Gehen Sie, und stellen Sie sich vor, dass Sie der glücklichste Mensch auf der Welt sind.

Gehen Sie mindestens 15 Minuten. Sie haben kein Ziel, Sie haben alle Zeit der Welt. Sie gehen im Hier und Jetzt. Sie gehen nirgendwohin. Sie gehen einfach. Ehren Sie die heilige Zeit des jetzigen Augenblicks, und finden Sie Kontakt zur Stille.

Vielleicht richten Sie Ihre Aufmerksamkeit auf die Fußsohlen und deren Berührung des Bodens. Spüren Sie, wie sich der Fuß hebt, das Gewicht auf den anderen Fuß verlagert wird, wie sich das Bein vorwärtsbewegt, und der Fuß wieder den Boden berührt?

Vielleicht hilft es Ihnen, je nachdem, welcher Fuß gerade den Boden berührt, zwei verschiedene Wörter zu denken, zum Beispiel links – rechts, oder hier – jetzt.

Nach etwas Übung können Sie Ihre Aufmerksamkeit auch auf Ihre Körperwahrnehmungen oder Ihren Atem richten. Danach achten Sie auf Ihre Umwelt. Erfahren Sie sie mit allen Sinnen.

Eine Gehmeditation können Sie unauffällig in Ihren Alltag integrieren. Sie gehen schließlich jeden Tag – warum tun Sie dies nicht ein wenig achtsam und bewusst?

Die Visionssuche

Die Visionssuche ist ein bei vielen Naturvölkern gepflegtes Übergangsritual für den Eintritt ins Erwachsenenalter. Wie viele Menschen gibt es doch, die altersmäßig schon lange erwachsen sind, von ihrer Persönlichkeit her jedoch irgendwann stecken geblieben sind. Weitere Übergangsrituale sind zum Teil auch grausame Gebräuche, wie das Ausschlagen von Zähnen, Tätowierungen oder das Ritzen, Stechen, Durchbohren oder Beschneiden von Körperteilen. Durch eine Reihe von Prüfungen sollte der Knabe lernen (meist waren es nur die Jungen, weil Mädchen durch die erste Menstruation ein klares Zeichen ihrer Frauwerdung erhielten), Schmerzen zu ertragen und sich in der Welt der Erwachsenen zu bewähren. Aus dem Körper des Jungen wurde der eines Mannes. Oft spielte auch der symbolische Tod bei einem Übergangsritual eine Rolle. Der Knabe wurde sozusagen neugeboren und konnte so sein neues Leben beginnen. Anschließend galt er als vollwertiges Mitglied des Stammes.

Die Schamanen Südamerikas verbringen auf ihrer Visionssuche häufig Monate bis Jahre im Dschungel. Sie essen dabei kaum, bewegen sich nicht von der Stelle und nehmen Kontakt zur Natur auf. Oft trinken sie zusätzlich selbst hergestellte Pflanzensäfte, die mehr oder weniger halluzinogen wirken.

Heute wird die Visionssuche in angepasster Form bei uns vielerorts angeboten, weil man den Wert eines solchen Rituals erkannt hat. Sie ist das ideale Ritual an Übergangspunkten, bei Krisen und Wendepunkten im Leben. Männer und Frauen, Pädagogen und Manager, Jung und Alt verbringen vier Tage und Nächte in der Natur. Sie haben nur eine Zeltplane als Regenschutz, einen Schlafsack und ausreichend Wasser, ansonsten wird gefastet und meditiert. Die Visionssuche wird zuvor von Fachkundigen gut vorbereitet, im Anschluss findet eine Nachbereitung statt. In diesem klar strukturierten Rahmen findet jeder die Gelegenheit, intensiv über die Fragen des Lebens nachzudenken. Wohin gehöre ich? Warum bin ich hier?

Falls Sie die Möglichkeit haben, einmal eine Visionssuche zu machen, sollten Sie dies tun. Sie ist ein einmaliges Erlebnis, das insbesondere in Veränderungs- und Entscheidungsphasen sehr zu empfehlen ist.

Übung – Fragen an die Seherin

Wie auch schon beim Krieger suchen Sie die Antworten auf die folgenden Fragen am besten im Rahmen einer schamanischen Reise.

Betrachten Sie Ihre innere Seherin. Ist sie stark oder schwach? Groß oder klein?

Beobachten Sie sie klar und sicher? Können Sie das, was Sie beobachten, mitteilen, ohne zu bewerten?

Sind Sie in der Lage, die Wahrheit auszusprechen?

Nutzen Sie die Kraft der Seherin, um Zusammenhänge im Leben zu erkennen?

Gibt es Situationen, in denen Sie nicht Sie selbst sind?

Hören Sie auf Ihre innere Stimme, die jederzeit weiß, was das Richtige ist?

Hören Sie auf andere, oder wissen Sie immer alles besser?

Geben Sie manchmal vor, ein anderer bzw. anders zu sein? In welchen Situationen?

Was hat Sie als Kind begeistert? Welche Spiele spielten Sie? Wie verbrachten Sie am liebsten den Tag?

Was macht Ihnen heute am meisten Spaß? Worüber können Sie so richtig herzhaft lachen?

Was tun Sie in spiritueller Hinsicht für sich? Meditieren Sie, beten Sie?

Gibt es Situationen, in denen Sie sich zu sehr für andere aufopfern?

Wie sieht es mit Ihrer Authentizität aus? Sind Sie offen und ehrlich oder berechnend und manipulativ? Wann sind Sie dies besonders?

Haben Sie bereits eine Ahnung, was Ihre Medizin ist? Erstellen Sie eine Liste mit Dingen, die Sie tagtäglich machen. Womit verbringen Sie Ihren Tag? Unterteilen Sie diese Liste in Dinge, die Sie gern tun, und Dinge, die Sie eher ungern tun. Diejenigen Dinge, die Sie gern machen, unterteilen Sie wieder in die, die Sie spontan und aus dem Bauch heraus tun, und in die anderen, die Sie geplant und mit Überlegung tun. Meditieren Sie über diese Liste, und überlegen Sie, wo Sie etwas verändern möchten.

Die Heilerin

Das Prinzip der Heilerin lautet Aufrichtigkeit. Intuition und Visionsfähigkeit basieren auf Wahrheitsliebe und Aufrichtigkeit. Der Weg der Heilerin ist der, für die eigene und für die Gesundheit der ganzen Welt Sorge zu tragen. Eine wahre Heilerin heilt mit der Kraft der Liebe. Sie unterscheidet nicht mehr zwischen Selbstliebe und der Liebe zu anderen, weil sie mit allem eins ist. Wer auf eine wahre Heilerin trifft, kann sich glücklich schätzen, denn er wird die tiefe Anerkennung und Wertschätzung der Heilerin spüren. Ihr kann man vertrauen und sich öffnen. Zwar besitzt jeder Mensch den Samen zur Entwicklung der Heilerin in seinem Selbst, doch nur die wenigsten hegen und pflegen diesen Samen bis zur Vollendung. Übrigens sind Menschen, die einen heilenden Beruf ausüben, damit noch längst nicht Heiler oder Heilerinnen. Dazu gehört mehr.

Der Philosoph Martin Buber hat die seelische Verbindung von Mensch zu Mensch das »Zwischen« genannt. Dieses Zwischen ist nicht die Summe von Heilerin und Gegenüber, sondern etwas Spirituelles. Wenn eine Heilerin mit einem anderen im weitesten Sinne vorbehaltlos und angstfrei arbeitet, geschieht Heilung. Wenn Sie als Mensch Ihre Anteile vereinigen, so entsteht ein diesem Zwischen ähnliches Feld, aus dem heraus Heilung für Sie entsteht. Die Heilerin arbeitet mit Geschichten, mit Musik, mit Bewegung und mit Stille. Geschichten sind Bilder für die Seele.

Als Ihre Vorfahren noch in kleinen Gruppen als Jäger und Sammler durch die Wälder streiften, sahen sie in der Dämmerung gelegentlich ein Feuer. Das Feuer signalisierte andere Menschen, Wärme und Nahrung. Und das Feuer war der Ort, an dem die Menschen Geschichten austauschten. Man erzählte sich wichtige Neuigkeiten und üblichen Klatsch und Tratsch. Das Erzählen verband die Menschen. Vielleicht tanzte und sang man auch. Tanz ist heilsam für Körper und Geist. Der Fluss der Gedanken kann stoppen, wenn man sich dem Tanz hingibt, der Körper bewegt sich nach einer Weile wie von selbst. Der Geist wird nicht mehr benötigt, je nach Rhythmus tanzen Sie wie in Trance. Schamanen sagen, dass nur wer tanzt und singt, den Göttern nahe ist. Schließlich ist Gesang die älteste musikalische Ausdrucksform der Menschen. Seelisches und Emotionales kann sich während des Singens ausdrücken und so geheilt werden. Die Jahreszeit der Heilerin ist der Sommer, die Zeit der »Action«, des Wachstums und der Kommunikation – und der Liebe.

Der Fluss der Gedanken kann stoppen, wenn man sich dem Tanz hingibt.

Negative Aspekte, die im Archetyp der Heilerin auftreten können, finden Sie häufig bei Menschen, die im sozialen Bereich tätig sind. Sie achten im Eifer des Gefechts nicht auf sich selbst und begehen Raubbau am eigenen Körper und an der Seele. Oft gefallen sie sich in der Märtyrerrolle. Die Heilerin setzt sich oft herab und meint bisweilen unbewusst, sie sei es nicht wert, wahrgenommen zu werden. Ihre Leistung und ihr Selbstbewusstsein stehen in einem ziemlichen Missverhältnis. Teilweise beruht dies darauf, dass die Heilerin meint, sich selbst nicht in den Vordergrund stellen zu dürfen. Sie macht sich klein. Natürlich dient die Heilerin den Menschen mit ihrer Arbeit, aber wieso sollte eine Dienerin nichts wert sein? Dienende Führung (*servant leadership*) ist ein aktueller Trend für Manager. Sie dienen ihren Mitarbeitern und dem Unternehmen nach besten Kräften und arbeiten für das große Ganze. Genauso dient die Heilerin dem Leben und hat somit eine eminent wichtige Rolle in der Gesellschaft.

Glück bedeutet für die Heilerin, ihre Fähigkeiten anwenden zu können. Sie muss heilen, sie muss mit Menschen arbeiten. Sie lebt von Beziehungen. Wer heute Heilerin ist, hat viel Arbeit vor sich. Überall stößt sie auf Menschen, die mit ihren Sorgen und Problemen nicht mehr zurechtkommen. An Arbeit mangelt es ihr also nicht. So kann es für die Heilerin ein Leichtes sein, sich selbst zu verwirklichen. Die Dankbarkeit der Menschen ist für die Heilerin oft Belohnung genug. Materieller Erfolg bedeutet den meisten Heilerinnen (deutlich mehr als den männlichen Kollegen) wenig. An dieser Einstellung sollten sie etwas ändern. Die Gesellschaft beruht auf Tauschgeschäften, das moderne Tauschmittel ist Geld. Wer als Heilerin arbeitet, sollte lernen, sich dafür auch bezahlen zu lassen. Die Heilerin heilt mit wahrer Liebe. Sie erkennt die Wirklichkeit der Liebe und erkundet deren Wesen. Die Methode der Heilerin besteht auch darin, die Liebe und das Leben zu erforschen. Sie will ihre Fähigkeiten umsetzen und ist dafür bereit, unkonventionelle Wege zu gehen.

Die Heilerin lebt von Beziehungen.

Ein Teilaspekt der Heilerin ist die Künstlerin. Die Künstlerin will etwas bewegen, etwas aus sich selbst heraus schaffen. Die Heilerin sorgt für die Ganzheit der Natur, die Künstlerin dient als Spiegel derselben, indem sie in ihrer Kunst die Dinge mit ihren Augen wahrnimmt und festhält. Die Künstlerin will der Nachwelt ein Werk hinterlassen, das einzigartig ist. Sie möchte etwas erschaffen und erfinden. In diesem Sinne gehören zur Kategorie »Heiler/Heilerin« auch Handwerker, Goldschmiede, Forscher, Ingenieure, Erfinder, Dichter und Komponisten. Kunst ist nicht eingeschränkt auf den engen Begriff der künstlerischen Gestaltung, sondern kann sich in allen Bereichen des Lebens zeigen. Dies gilt im Übrigen natürlich für die Eigenschaften aller Archetypen. Viele Künstlerinnen erkennen nicht, dass die kleinen Dinge des Lebens genauso schön gestaltet werden wollen wie große Kunstwerke. Und möglicherweise ist es auch die Funktion einer Künstlerin, die Arbeit anderer Künstlerinnen zu erkennen und sich einfach daran zu erfreuen.

Die »Nahrung« der Künstlerin ist die Befriedigung und Freude durch ihre Arbeit und die Anerkennung ihrer Leistung durch ihre Mitmenschen. Dadurch setzt sie sich aber oft unter Druck. Die Angst der Künstlerin ist es, nicht gut genug zu sein, ihre Kreativität zu verlieren und Dinge nur zum Selbstzweck zu tun.

Die Künstlerin steht unter dem Druck, ständig etwas Neues schaffen zu wollen, was besser als das Alte ist. Stagnation ist für sie Rückschritt. Hieraus kann eine Verkrampftheit resultieren, die keine Kreativität mehr erlaubt. Sie wird überperfekt oder gewollt originell und verliert den Kontakt zu sich selbst. Das Bedürfnis nach Vielfalt, Weiterentwicklung und Abwechslung treibt sie an, wird zugleich aber auch oft zum Stolperstein.

Die Heilerin nutzt ihr Wissen über die Synchronizitäten, um zu heilen und zu gestalten. Sie versteht es, die Zeichen zu deuten, zugleich weiß sie, diese zu erschaffen. Dies gelingt ihr nur, wenn sie ausgeglichen und mit sich selbst in Kontakt ist. Stress und Sorgen führen zur Unfähigkeit, empathisch zu sein. Die Heilerin sollte stets für ihre innere Ganzheit sorgen und hinsichtlich der Heilung bei sich selbst beginnen. Jede Heilung setzt die Zentrierung des inneren Anteils der Heilerin voraus.

Die Heilerin nutzt ihr Wissen über die Synchronizitäten, um zu heilen und zu gestalten.

Die Seelenreise der Heilerin

Ein typisches Merkmal schamanischer Arbeit ist die Seelenreise des Schamanen in die Unter- und Oberwelt. Die Seele des Schamanen – der Heilerin – reist zu den Rhythmen einer Trommel in die fantastische Unterwelt und löst dort Verstrickungen auf, holt verloren gegangene Seelenanteile zurück, arbeitet an Besetzungen und schweren Energien und verändert Glaubenssätze. Am besten sucht man vor der wirklichen Seelenreise ein Krafttier als Geisthelfer und Ratgeber, das einem unterstützend zur Seite steht. Hängt das Thema eher mit der Bestimmung, einer Vision oder der Zukunft zusammen, reist die Seele des Schamanen in die Oberwelt.

Genaueres dazu können Sie im Kapitel »Reisen in das Land der Synchronizitäten« nachlesen.

Instrument und Heilmittel

Das Instrument der Heilerin ist die Trommel. Zum Rhythmus der Trommel reist ihre Seele in die Unterwelt. Der Trommelschlag – idealerweise in einem Rhythmus von 200 bis 240 Schlägen pro Minute – synchronisiert die Frequenz der Gehirnwellen.[43] Die Heilerin gerät in einen Trancezustand, der unterschiedlich stark sein kann. Es gibt viele Wege, eine Trance zu erreichen. Auch Rasselgeräusche, Tanzen, Fasten oder Drogen werden in manchen Kulturen eingesetzt.

Übung – Die Meditation der Heilerin

Die Heilerin liegt auf dem Rücken. Sie begibt sich auf eine schamanische Reise, und sie geht weit über die meditativen Übungen der anderen drei Archetypen hinaus.
Eine schamanische Reise ist erheblich komplexer als eine Meditation, und ihre Wirkung kann enorm sein.

---

[43] Wenn Sie allein üben, können Sie auch gut mit einer CD arbeiten, auf der die Trommelschläge aufgezeichnet sind, zum Beispiel: Oliver Driver: Schamanische Trommeln – 240 Schläge pro Minute. Schirner 2011.

Gravierende Probleme wurden durch sie bereits gelöst. Sie sollte jedoch niemals leichtfertig durchge-
führt werden. Wer aber eine solche Reise mit einem
guten Gefühl angeht, achtsam und bewusst ist und
die Zeichen deutet, dem wird nichts passieren. Über-
lassen Sie einfach in der Rückenlage dem Körper die
Führung und empfangen Sie Heilung. Mehr zur schamanischen Reise finden Sie im Kapitel »Reisen in das
Land der Synchronizitäten«.

Übung – Fragen an die Heilerin

Ich empfehle, die Antworten zu diesen Fragen
im Rahmen einer schamanischen Reise zu su-
chen.
Spüren Sie die Energie der Heilerin!
Wenn Sie einmal alt sind und Ihrem Enkelkind von
Ihrer eigenen Kindheit erzählen möchten, welche
Geschichten werden Sie auswählen? Wie war das da-
mals? Was war das Wunderbare daran?
Was ist die Geschichte Ihres Lebens, die Sie anderen
Menschen erzählen? Wie beschreiben Sie sich?
Was fällt Ihnen ein, wenn Sie an Liebe denken? Wer
hat Ihnen die Liebe erklärt? Wer waren Ihre Lehrer?
Leben Sie Ihre Liebe aus? Lieben Sie sich selbst? Was

hindert Sie daran, Ihre Liebe anderen Menschen zu zeigen und zu schenken?

Wann haben Sie einmal bedingungslose Liebe gespürt? Wer gab sie Ihnen? Wem gaben Sie sie?

Leben Sie aus der Fülle oder aus dem Mangel? Ist alles, was Sie brauchen, reichlich vorhanden? Wovon brauchen Sie mehr, wovon weniger?

Was können Sie loslassen? Was wollen Sie unbedingt behalten?

Wie gehen Sie mit Anerkennung um? Können Sie Anerkennung geben und auch annehmen?

Was brauchen Sie, um ganz und heil zu werden? Wo können Sie dies finden bzw. wer kann es Ihnen geben?

Haben Sie ein offenes Herz, können Sie sich in der Liebe hingeben? Oder lieben Sie eher aus Bedürftigkeit?

Neigen Sie dazu, sich für andere aufzuopfern? Geben Sie mehr, als Sie haben? Oder nehmen Sie mehr, als Sie geben können?

Leben Sie Ihren eigenen Rhythmus?

Was sind Ihre Wunden? Haben Sie den Mut, diese Wunden anzusehen und zu zeigen, oder verstecken Sie diese?

Sind Sie kreativ und drücken Sie Ihr Ich durch Ihr Leben aus? Zeigen Sie, woran Sie glauben und was Ihnen wichtig ist?

Führen Sie einen inneren Dialog mit Ihrer Heilerin.

Für welche Fragestellung oder welches Problem benötigen Sie einen Hinweis? Für alles, was Sie gerade beschäftigt, können Sie diesen Dialog nutzen. Benutzen Sie zwei verschiedenfarbige Stifte und schreiben Sie den Dialog auf. Schreiben Sie Ihre Frage auf. Versetzen Sie sich in die Rolle der inneren Heilerin, und schreiben Sie mit dem anderen Stift deren Antwort auf.

Versuchen Sie für einige Tage, intensiv auf Hinweise Ihrer inneren Heilerin zu achten. Erkennen Sie Zeichen und Omen? Achten Sie auf Träume, Begegnungen, Versprecher und Ähnliches.

Der Lehrer

Das Prinzip des Lehrers ist Offenheit. Weisheit und Objektivität sind die Basis für den Weg des Lehrers. Ausgeprägte Kommunikation ist kennzeichnend für ihn. Der Archetyp des Lehrers lässt sich in zwei Teilaspekte aufteilen: den Gelehrten und den Weisen. Der Weise ist der Lehrende, der ein Publikum braucht. Der Gelehrte strebt danach, sich Wissen anzueignen. Der Weise strebt nach nichts mehr, denn er ist vom Wissenden zum Weisen geworden ist. Der Gelehrte lebt noch in der Getrenntheit seines Wissens, der Weise hat einen Weg gefunden, dies ganzheitlich zu verbinden.

Sei offen für das Ergebnis, hänge nicht am Ergebnis.

Der Gelehrte legt größten Wert darauf, zu lernen und Wissen anzuhäufen, aber irgendwann entdeckt er seine Leidenschaft, das Wissen weiterzugeben. Gern spezialisiert er sich auf ein Fachgebiet und versucht, dieses völlig zu durchdringen. Dies muss nicht unbedingt ein »Gelehrtenthema« sein, und er ist bereit, dafür Opfer zu bringen. Fürs Lernen benötigt er Ruhe. Andere Menschen sieht er dann schon mal als lästige Störfaktoren an. Dadurch wirkt der Gelehrte oft kühl und unnahbar. Er muss lernen, seine Begeisterung für ein Thema auch die anderen Menschen spüren zu lassen.

Mit der Anhäufung von Wissen übernimmt er leicht auch die Ideen anderer. Dann erhält er aber kein eigenes Profil und sein Wissen bleibt vorerst theoretisch. In seinem Drang, alles erforschen zu wollen, verbindet er Altes und Neues. In spiritueller Hinsicht ist er in der Lage, auf altem Wissen aufbauend zu neuen Erkenntnissen zu kommen. Über seine Rolle im Universum denkt er sein Leben lang nach. Er hegt den Wunsch, ein bleibender Bestandteil der Schöpfung zu sein.

Der Aspekt des Weisen im Lehrer sucht nach Erkenntnis. In den Beziehungen zu seinen Mitmenschen sieht er seine Aufgabe. Er hat ein Gespür für das große Ganze *Wer einen* entwickelt und seinen eigenen Weg gefunden. Im-*Weisen ärgern* mer noch strebt er aber an zu wissen, was die Welt *möchte, igno-* zusammenhält.

riert ihn. Wer einen Weisen ärgern möchte, ignoriert ihn, denn dieser braucht Beachtung und Aufmerksamkeit von anderen. In seiner Angst, nicht bemerkt und anerkannt zu werden, fällt er unangenehm auf, denn sein Mitteilungswahn kann anderen gewaltig auf die Nerven gehen.

Er hat keine Probleme, auf das Wissen anderer zurückzugreifen, er ist sich bewusst, dass es nicht nötig ist, das Rad neu zu erfinden. Außerdem ist er auch in der Lage, sich helfen zu lassen.

Denken Sie bitte spontan an Menschen, von denen Sie eine Menge gelernt haben. Von wem haben Sie am meisten gelernt? Wer war vielleicht sogar ein Vorbild für Sie? Wahrscheinlich war keiner davon wirklich Lehrer, oder? Die Lehrer des Lebens sind eher selten Lehrer von Beruf. An manche dieser Lehrer erinnern wir uns gar nicht mehr, selbst wenn sie uns stark geprägt haben.

Die Jahreszeit des Lehrers ist der Herbst. Dann wird begonnen, das Jahr loszulassen und zurückzublicken. Der Lehrer steht für Weisheit, er verfügt über die Möglichkeit, zu lernen und frei zu denken. Der Lehrer vertraut aber auch auf die Lernfähigkeit seiner Schüler, und die Schüler schenken dem Lehrer Vertrauen.

Vertrauen

Vertrauen wird oft unterschätzt. Ohne Vertrauen in andere Menschen, ohne Vertrauen in das Leben (Urvertrauen) und ohne Vertrauen in sich selbst ist das Leben kompliziert. »Ohne Vertrauen können Sie morgens nicht einmal das Bett verlassen«[44], sagt Luhmann treffenderweise. Wenn Sie vertrauen, nehmen Sie die Zukunft vorweg. Sie handeln, als ob Sie sich Ihrer Zukunft sicher wären. So überwinden Sie die Zeit und reduzieren die Komplexität des Lebens enorm. Die moderne Welt ist so kompliziert geworden, dass Sie versuchen müssen, die Zukunft berechenbar zu machen. Ansonsten wären Sie gelähmt angesichts der Vielzahl von Optionen.

Sie sollten Vertrauen nicht mit Hoffnung verwechseln. Vertrauen gibt den Ausschlag für eine Entscheidung, Hoffnung ist eben nur Hoffnung. Hoffnung bedeutet: »Hoffentlich geht es gut.« Vertrauen aber sagt: »Ich weiß, dass ich es schaffe!«

Vertrauen ist eine Oase des Herzens, die von der Karawane des Denkens nie erreicht wird. (Khalil Gibran)

---

[44] Niklas Luhmann: Vertrauen. Lucius & Lucius 2000, S. 1.

Betrachten Sie einmal das Gegenteil von Vertrauen: das Misstrauen. Jemandem nicht zu vertrauen, bedeutet, ihm zu misstrauen. Nur »ein bisschen« Vertrauen geht schließlich nicht. Durch Misstrauen wird aber alle Energie bereits auf das Scheitern des Vorhabens gelenkt. So entsteht eine Selffulfilling Prophecy. Um sich vor dem Scheitern zu schützen, das ja durch das Misstrauen bereits als Möglichkeit existiert, muss die gesamte Situation kontrolliert werden. Das bedeutet aber zu versuchen, die Komplexität des Lebens beherrschbar zu machen. Bei Misstrauen verlieren Sie also auf jeden Fall.

Der Lehrer muss lernen, in Situationen, in denen ihm notwendiges Wissen fehlt, abzuwarten. Dennoch muss er auch erkennen, wenn es notwendig ist, den Sprung ohne Wissen zu wagen und zu handeln – also zu vertrauen.

Wann aber benötigen Sie Vertrauen? Vertrauen wird wichtig, wenn sich Veränderungen ankündigen, deren Auswirkungen Sie nicht abschätzen können. Dies kann eine Chance oder auch eine Krise sein. Etwas Altes wird beendet, etwas Neues entsteht. Es gilt, das Alte loszulassen und nicht zu versuchen, dieses festzuhalten. Ein in die Länge gezogenes Gummiseil kann zunächst schmerzfrei losgelassen werden, ist es aber erst einmal stark gedehnt, schnellt es schmerzvoll zurück oder es reißt. Beide Varianten sind schmerzhaft.

Der Lehrer stellt sich seiner eigenen Sterblichkeit. Seine Zeit ist der Winter, die letzte Jahreszeit, bevor der Jahreskreislauf wieder von vorn beginnt. Er ist in der Lage, die Wirklichkeit zu erkennen, ohne dass diese von einem Schleier seines Egos verdeckt wird. Auch kennt der Lehrer seine Grenzen und stellt sich ihnen, und er weiß, was er nicht weiß.

Das Neue begrüßen bedeutet das Neue annehmen. Das, was Sie erleben, ist in dem Moment, in dem Sie es erleben, genau das Richtige für Sie. Sie haben kein anderes Leben. Das, was Sie gerade machen, ist für Sie passend. Es gibt nur das Hier und Jetzt.

Der weise alte Mann, die weise alte Frau, die in vielen Märchen und Mythen eine Rolle spielt, entspricht immer dem Archetyp des Lehrers. Durch den Lehrer spricht oft das Göttliche, die Essenz des Lebens. Sie lernen vom Lehrer, doch zugleich lernt jeder Lehrer auch von seinem Schüler. Ein guter Lehrer motiviert seinen Schüler, er zeigt ihm, wie der weitere Weg aussehen könnte. Oft hat der Lehrer ein Geschenk, ein Werkzeug oder ein Hilfsmittel für seinen Schüler für dessen weitere Reise. Meist bekommt er dieses Geschenk aber nicht einfach so, er muss es sich erst noch verdienen. Bei manchem Lehrer kann man auch meinen, dass er das eigene Gewissen verkörpert, also Gedanken, die man nur zu gern verdrängt. Und während einer schamanischen Reise sagt er einem knallhart ins Gesicht, was man gar nicht wissen und hören wollte.

In den ursprünglichen Stammesgesellschaften kam einem Schamanen oft die Rolle eines Lehrers zu. Schamanen

Das Neue begrüßen bedeutet das Neue annehmen.

kannten die Zusammenhänge des Lebens. Sie verstanden es, die Zeichen der Natur zu interpretieren. Ihre Aufgabe war es auch, in die Zukunft zu schauen und eine Vision für den Stamm zu suchen.

Auch ich, der Trickster, werde gelegentlich zum

Pachamama, Mutter Erde, kann Sie alles lehren, was wichtig ist.

Lehrer. Als Schelm, Tölpel oder Clown bin ich ein Bote für überraschende Wendungen in Ihrem Leben und bringe Ihnen neues Wissen.

Ein weiterer großer Lehrer ist die Natur. Pachamama, Mutter Erde, kann Sie alles lehren, was wichtig ist. Sie zu betrachten, heißt, den Körper der Schöpfung zu beobachten. Wenn Sie lernen, auf die Zeichen der Natur zu achten, erfahren Sie unendlich viel. In der Natur finden Sie Antworten auf alles, was Sie bewegt.

Aber auch der Lehrer hat seine Schwächen und Schattenseiten. Weisheit wird schnell zu Arroganz, wenn Sie nicht achtsam sind. Wer nicht loslassen kann und Dinge festhält, hat sein Gleichgewicht noch nicht gefunden.

Instrument und Heilmittel

Das »Instrument« des Lehrers ist die Stille. In der Stille können Sie sich Ihrer inneren Stimme öffnen – der Quelle. Alles kommt aus der Stille, und alles wird wieder zu Stille. Töne tauchen aus der Stille auf.

Das Heilmittel des Lehrers sind die Ahnen. Mit ihrem Wissen heilt er. Seinen Ursprung zu kennen, ist wichtig. All das Wissen des Körpers beruht auf den Erfahrungen der Ahnen. Dieses ist in inneren Bildern in jedem Körper gespeichert. Der Mensch muss wissen, woher er kommt. Traditionen werden heute oft unterschätzt. Verzichtet man aber auf sie, hat man schnell das Gefühl, dass etwas fehlt.

Suchen Sie sich doch in Ihrer Wohnung einen Platz für Ihre Ahnen. Stellen Sie ein paar Fotos auf. Suchen Sie Bilder Ihrer Eltern und Großeltern, vielleicht gibt es sogar noch Fotos der älteren Generationen. Dadurch ehren Sie die Verstorbenen. In Unternehmen kommt es häufig vor, dass der Firmengründer aus dem Bild des Unternehmens nahezu verschwunden ist. Ein Unternehmen, das aber seine Ursprünge nicht würdigt, hat keine Wurzeln. Ahnen geben Kraft zum Leben. Stellen Sie sich vor, dass Ihre Vorfahren in einer Reihe hinter Ihnen stehen und Sie stützen. Sollten Sie nicht mit allen im Reinen sein, empfiehlt es sich, diese Themen zu klären, am besten mit einem darin erfahrenen Coach.

Übung – Die Meditation des Lehrers

Die Meditation des Lehrers ist eine Sitzmeditation. Die Sitzmeditation ist eine zentrale Technik in allen Schulen und Traditionen, die Achtsamkeit lehren. Setzen Sie sich so hin, wie es Ihnen guttut. Wenn Sie eine halbe Stunde im Lotussitz sitzen können, dann machen Sie das, es ist aber nicht notwendig. Sollten Sie damit Schwierigkeiten haben, setzen Sie sich lieber auf ein Meditationskissen oder auf einen ganz normalen Stuhl. Meditation ist Yoga fürs Gehirn und keine Dehnübung. Lassen Sie Ihre Augen geöffnet, oder schließen Sie sie – wie es für Sie passt. Richten Sie den Rücken auf, und bleiben Sie in dieser Haltung. Kopf, Nacken und Wirbelsäule bilden eine Linie. Achten Sie darauf, dass Sie nicht im Laufe der Meditation zusammensacken.

Entspannen Sie Ihr Gesicht. Ein ganz leichtes bewusstes Lächeln, das Ihren Mund umspielt, entspannt die Gesichtsmuskeln. Atmen Sie ein und aus. Schenken Sie Ihre Aufmerksamkeit Ihrem Atem. Atmen Sie so, wie Sie gerade möchten. Sie müssen sich nicht entspannen oder besonders tief atmen. Wenn Gedanken auftauchen, lassen Sie diese einfach vorüberziehen.

Wie bei jeder Meditation beginnen Sie mit etwa fünf bis zehn Minuten und steigern sich nach einiger Übung auf mindestens 30 Minuten.

Um nicht allzu viel zu denken, können Sie Atemzüge zählen und dabei den Strom des Atems durch Ihren Körper visualisieren.

Übung – Fragen an den Lehrer

Erinnern Sie sich noch an die Frage zu Beginn dieses Kapitels? Wer waren Ihre wichtigsten Lehrer?

Wem konnten Sie bereits einmal als Lehrer dienen?

Wie gehen Sie mit Ruhe und Stille um? Können Sie allein sein? Wie ist es für Sie zu meditieren?

Wer sind Ihre wichtigen Ahnen? Inwiefern? Haben Sie Ahnen außerhalb der Blutsbande Ihrer Familie, die Sie geprägt haben?

Welche positiven Eigenschaften haben Ihnen Ihre Ahnen mitgegeben? Was sind Ihre persönlichen Stärken? Ehren Sie das Leben?

Haben Sie zu sich gefunden, oder versuchen Sie immer noch, die Erfüllung im Rausch oder der Reizbefriedigung zu finden?

Sind Sie bereit, bedingungslos zu lieben, oder brauchen Sie noch Bedingungen?

Wie gehen Sie vor, wenn eine Entscheidung ansteht, Sie aber nicht genügend Wissen haben, um eine Entscheidung treffen zu können?

Können Sie geduldig sein? Wann fällt Ihnen dies schwer?

Was haben Sie zuletzt gelernt? Wie kam es dazu?

Übung: Dem Rat des Heilers, des Kriegers ... folgen

Schritt 1

Denken Sie an eine aktuelle Schwierigkeit, die Sie sehr beschäftigt und für die Sie eine Lösung suchen. Beschreiben Sie das Problem so präzise wie möglich, am besten schriftlich.

Schritt 2

Listen Sie einige Lösungsmöglichkeiten auf, die Ihnen in den Sinn kommen – völlig unabhängig von der Möglichkeit, sie zu realisieren. Es können also auch gewünschte, aber gänzlich unmöglich erscheinende Lösungen in Ihre Liste aufgenommen werden.

Schritt 3

Denken Sie an den Archetypen, dem Sie zutrauen, mit dieser Schwierigkeit besser zurechtzukommen als Sie. Welchen Rat kann er Ihnen geben?

Schritt 4

Stehen Sie von Ihrem Platz auf und bewegen Sie sich im Raum.
Stellen Sie sich vor, dass Sie für einen Moment zu diesem Archetyp werden. Suchen Sie sich einen Platz, an dem Sie sich besonders gut in diese Rolle einfühlen

können, oder der besonders gut zu diesem Archetyp passt.

Betrachten Sie nun sich selbst aus der Perspektive dieses Archetypen. Und während Sie sich so betrachten, nehmen Sie als dieser Archetyp die Haltung von Mitgefühl ein – Schritt für Schritt:

»Ich bin hier und tue alles, um voll da zu sein. Ich sehe uns beide als Menschen, und vielleicht haben wir etwas Gemeinsames zu tun.

Mich interessiert, wie es dir geht, und ich achte deine Position. Ich würde dir gern erzählen, wie es mir geht.

Wenn du möchtest, bin ich an deiner Seite. Ich weiß nicht, was das Beste für dich ist, aber ich weiß, dass es aus deiner Position sichtbar ist.«

Spüren Sie das Mitgefühl, das so in Ihnen entsteht, ganz deutlich.

Schritt 5

Betrachten Sie sich selbst, wie Sie auf Ihrem alten Platz sitzen. Schauen Sie auf den Menschen, der Sie tatsächlich sind. Spüren Sie das Mitgefühl! Welchen Rat geben Sie, der weise Archetyp voll innerer Ruhe, diesem Menschen?

Schreiben Sie ihn auf.

Schritt 6

Gehen Sie wieder zu Ihrem Platz zurück, werden Sie wieder ganz Sie selbst.

Können Sie den Rat des Archetypen entgegenneh-
men? Wie können Sie den Rat umsetzen? Halten Sie
fest, was Sie konkret als nächsten Schritt unternehmen möchten. Schreiben Sie es in Ihren Kalender.

Omen und Orakel – Synchronizität erkennen und aktiv nutzen

Die Arbeit mit Omen hat ihren Ursprung in der magischen Welt der Frühmenschen. Damals war alles magisch und unerklärlich. Wenn abends die Sonne unterging und es dunkel wurde, konnte man sich nicht sicher sein, dass die Sonne am nächsten Tag auch wieder zurückkam. Wer mehr über die Zusammenhänge des Lebens wusste, war Schamane und Zauberer. Der Schamane war die Verbindung zur Geisterwelt. Geister lebten in allem, in jedem Tier, jeder Pflanze, jedem Stein usw. Mithilfe der Geister deuteten die Schamanen Phänomene der Natur und versuchten, die Zukunft vorherzusagen.

Omen sind Synchronizitäten.

Omen sind passive Zeichen des Kosmos. Sie sind Synchronizitäten, die Sie in Ihrer Umgebung finden, wenn Sie aufmerksam sind. Ein Orakel hingegen ist eine Synchronizität, die Sie mit Ihrer Intention selbst erschaffen haben.

Die Arbeit mit Omen und Orakeln war bereits in der Antike von Europa bis Asien und Ägypten weit verbreitet. Man warf Schafgarbenstengel, opferte Tiere, las in den Linien der Hand und vieles mehr, um etwas über die Zukunft zu erfahren. Schon immer gingen bedeutenden Ereignissen wie Königskrönungen, Kriegsausbrüchen oder der Geburt berühmter Menschen entsprechende Zeichen voran. Besonders sensitive Menschen spüren oft im Vorfeld, dass irgendetwas geschehen wird. Sie fühlen eine innere Unruhe, etwas ist anders, und sie wissen gar nicht, warum. Sicherlich kennen Sie die Geschichten von Menschen, die wegen einer Vorahnung nicht in ein Flugzeug stiegen und so einem Unglück entgingen.

Omen sind Ereignisse, die Sie wahrnehmen, und die eine tiefere Bedeutung für Sie haben. Ein solches Zeichen kann für Sie eine Wolkenformation sein oder die Begegnung mit einem bestimmten Tier oder ein Satz, den Sie auf der Straße aufschnappen und noch vieles mehr. Gerade Tiere gelten in der schamanischen Arbeit als Boten der Natur. Jede *Omen sind* Tierart steht für gewisse Aspekte, Eigenschaften *Ereignisse, die* und Fähigkeiten und hat ihre eigene mythologische *für Sie eine tie-* Bedeutung, soziales Verhalten, Besonderheiten und *fere Bedeutung* mehr. In der Literatur über Krafttiere und über das *haben.* Medizinrad finden Sie zahlreiche Informationen und Ideen dazu.

Die Naskapi-Indianer im Nordosten Kanadas versuchen – obwohl sie von der modernen Welt umgeben sind –, trotzdem ein noch ziemlich ursprüngliches Leben zu führen. Ihr Überleben hängt von der Jagd ab. Die Jäger üben sich in der Kunst des Träumens. In ihren Träumen finden sie Wild und jagen es. Nach ausgiebiger Vorbereitung durch Träume dieser Art und den mehrtägigen Aufenthalt in einer Schwitzhütte ist die Jagd selbst nur noch eine Art Ernte ihrer Vorbereitung, eine »Formalität«. Als Orakel benutzen die Naskapi Karibu-Knochen, die sie im Feuer erhitzen. Dadurch dringt der Geist des Feuers in die Knochen ein. Ist der Jäger und Wahrsager mit sich und den Geistern der Tiere sowie der

Natur in Harmonie, so erkennt er danach an den Sprüngen und Flecken der Knochen den Weg der Tiere. In ihrer Sicht auf die Welt sehen die Naskapi dies allerdings nicht als kausalen Zusammenhang! Ob das Ritual, der Traum und die Schwitzhütte für den Jagderfolg sorgen, ist für sie eine absurde Frage. Für sie existiert kein »Wenn ..., dann ...«.

Das, was Sie persönlich wahrnehmen, hängt immer mit Ihnen und Ihrer Persönlichkeit zusammenhängt. Ein Zeichen der Natur, wie der Flug eines Vogels, eine Wolkenformation oder ein Gewitter, das in Ihrem Umfeld niedergeht, kann also immer ein Hinweis für Sie sein. *Seien Sie* Die Herausforderung besteht dann für Sie darin, *spielerisch im* solche Zeichen zu verstehen und zu deuten. Das erfordert ein wenig Übung. Aber mit der Zeit lernen *den Zeichen.* Sie, die Zeichen zu erkennen und zu nutzen. Seien Sie dabei spielerisch.

Im Gegensatz zum Omen müssen Sie bei einem Orakel selbst aktiv werden. Ein Gefühl, eine Stimmung oder ein Gedanke kann ein Omen sein. Wenn Sie beispielsweise jedes Mal, wenn Sie eine bestimmte Blume betrachten, intensivere Gefühle verspüren, kann dies ein Zeichen für Sie sein. Möglicherweise wirkt diese kleine Blume heilsam gegen eine bestimmte Krankheit, die Sie haben und von der Sie vielleicht noch gar nicht wissen. Gibt es eine Farbe, *Bei Orakeln* die Sie magisch anzieht? Wofür steht diese Farbe? *müssen Sie* Fehlt Ihnen davon etwas? Gibt es Dinge, an die Sie *selbst aktiv* öfter denken, als es angemessen ist? Auch ein regel- *werden.* mäßig wiederkehrender Gedanke kann ein Hinweis sein.

Omen sind – Sie haben es bereits bemerkt – mein Werk. Ich liebe es, Zeichen und Symbole zu gebrauchen. Für Omen ist es typisch, dass sie immer als beobachtbarer Hinweis dem späteren Ereignis vorausgehen. Sie sehen ein Zeichen, und später erleben Sie etwas, was Sie zu diesem Zeichen in Beziehung setzen. Dann erkennen Sie den jeweiligen Zusammenhang.

Wichtig bei der Arbeit mit Omen ist es, einen Zustand zu erreichen, in dem die Kommunikation mit dem Unbewussten möglich wird. Dieser Zustand besteht aus Achtsamkeit und Bewusstheit. Der Geist wird auf das Anliegen ausgerichtet.

Ein schönes Beispiel für ein Omen ist folgende Begebenheit, die Oliver einmal widerfuhr. Einmal nahm er ein wenig aus der Not heraus ein Jobangebot in Hamburg an. Mit seiner Selbstständigkeit lief es nicht so richtig gut, die Immobilienbranche kriselte. Also entschied er sich für »den Spatz in der Hand« und sagte die Stelle zu. Dieser »Spatz« kam übrigens nicht von mir – ich hatte andere Pläne! Oliver setzte sich um 4.30 Uhr morgens in sein Auto, sodass er um 10.00 Uhr pünktlich zu seinem »Amtsantritt« in Hamburg sein würde. Nach etwa 100 Kilometern bemerkte er allerdings, dass sein Auto deutlich mehr Diesel als normal verbrauchte – hihihi, hätte er doch auf mich gehört! Etwas stimmte nicht, und der Verbrauch stieg immer weiter an. Er konnte der Nadel der Tankanzeige beinahe dabei zusehen, wie sie sich gegen Null bewegte. An der nächsten Abfahrt verließ er die Autobahn und rollte gerade noch rechtzeitig auf ei-

Omen gehen als beobachtbare Hinweise dem späteren Ereignis voraus.

nen Autohof. Weiter wäre er nicht mehr gekommen. Unter seinem Auto entdeckte Oliver dort eine schillernde Dieselpfütze. Der Tank war komplett leer. 50 Liter Diesel waren auf einer Strecke von 100 Kilometer auf mysteriöse Art verschwunden. Deutlicher konnte ich ihm eigentlich nicht zeigen, dass der Job, den er angenommen hatte, für ihn nicht der richtige war. Doch Oliver hörte nicht auf mich! Er hatte es eilig, rief einen Pannendienst, ließ das Auto abschleppen, nahm sich einen Leihwagen und fuhr weiter. In Hamburg angekommen, passierte ihm dank meiner Wenigkeit schon wieder etwas Merkwürdiges. Als er das riesige Gebäude seines neuen Arbeitgebers betrat, ließ ich in deutlich spüren, dass dieser Ort nicht für ihn gemacht war. Er spürte körperlich eine Energie, die ihn lähmte, reizte und abstieß. Zehn Wochen lang testete er diese Energie täglich, und es wurde nicht besser. Er kündigte schließlich. Heute würde er vielleicht schneller auf mich hören …

 Übung – Omen

Eine einfache Möglichkeit, Omen für sich zu nutzen, ist es, sich auf eine Frage zu konzentrieren. Lenken Sie dann den Blick auf einen vorher festgelegten Bereich ihres Sichtfelds. Ideal sind Strukturen oder Muster und keine Objekte. Wenn Sie also gerade auf Ihrem Sofa sitzen, schauen Sie auf den Teppich oder auf die Wand. Was fällt Ihnen auf? Was sehen Sie? Was kann möglicherweise ein Hinweis sein? Richten Sie Ihren Blick so lange auf die zuvor festgelegte Fläche, bis Ihnen eine Idee kommt. In den regelmäßigen Strukturen von Stoffen, Tapeten, Straßenpflastern und Ähnlichem erscheint oft plötzlich eine klare Antwort.

Vergessen Sie bei der Arbeit mit Omen nie: Die Absicht bzw. die Frage, wegen der Sie ein Omen suchen, muss klar und eindeutig sein!

Das Buchorakel

Suchen Sie die Antwort auf Ihre Frage in einer Zeitung oder in einem Buch. Dazu müssen Sie kein Orakelbuch verwenden, aber Sie sollten schon mit dem Inhalt des Buches in Resonanz gehen. Die Bibel ist für einen Nicht-Christen sicher nicht das richtige Buch, und eine Management-Zeitschrift ist für jemanden, der eher ein künstlerischer Typ ist ebenfalls nicht ideal. Konzentrieren Sie sich auf Ihre Frage, und schlagen Sie dann spontan eine Seite auf. Was lesen Sie dort? Wie könnte das mit Ihrer Thematik zusammenhängen?

Das Radioorakel

Nutzen Sie doch zur Klärung Ihrer Frage das Radio oder das Fernsehen. Schalten Sie es ein, nachdem Sie sich intensiv auf Ihr Thema konzentriert haben. Dann nutzen Sie die ersten ein oder zwei Sätze als Omen.

Das Hermesorakel

Gehen Sie auf eine belebte Straße oder einen Platz, und halten Sie sich die Ohren zu. Denken Sie an die Frage, auf die Sie eine Antwort suchen. Nehmen Sie dann die Hände von den Ohren. Der erstbeste Satz, den Sie aufschnappen, ist Ihr Omen. Nicht vergessen!

Das Zahlenorakel

Sollten Ihnen wiederholt Zahlen auffallen, zum Beispiel auf Nummernschildern, bestimmte Uhrzeiten oder Ähnliches, so können Sie versuchen, mithilfe der Numerologie herauszufinden, was es mit den Zahlen auf sich hat. Informationen zur Numerologie und zur Zahlenmystik sind mittlerweile zahlreich kostenfrei im Internet verfügbar.

Das Tarotorakel

Haben Sie Tarotkarten? Ziehen Sie eine Karte als Antwort auf eine bestimmte Frage.

Das Farbenorakel

Spielen Sie Farborakel! Basteln Sie sich einige Karten mit unterschiedlichen Farben und ziehen Sie verdeckt eine Karte zu Ihrem Anliegen. In entsprechenden Büchern und auch im Internet finden Sie viel über Farbsymbolik, sodass Sie Ihr Ergebnis deuten können.

Das Vogelflugorakel

Überlegen Sie sich Ihre Frage. Achten Sie dann auf den ersten Vogel, der an Ihnen vorbeifliegt. Fliegt er nach oben, kann dies Ja oder positiv bedeuten, fliegt er nach unten, bedeutet dies Nein oder negativ.

Achtung: Wiederholen Sie bei der Befragung eines Orakels niemals den ersten Versuch – auch nicht, wenn Ihnen das Ergebnis unklar oder unsinnig erscheint Die erste Antwort ist die richtige, Sie verstehen sie nur vielleicht noch nicht. Schreiben Sie sie erst einmal in Ihr Tagebuch. Im I Ging heißt es: *»Beim ersten Orakel gebe ich Auskunft. Fragt jemand zwei, drei Mal, so ist das Belästigung. Bei Belästigung gebe ich keine Auskunft.«*[45]

Übung – Legemethoden für Karten

Wenn Sie mit Tarot- oder Farbkarten oder Ähnlichem arbeiten, können Sie den Karten detaillierte Fragen stellen und mehrere Karten für bestimmte Konstellationen verwenden. Zum Beispiel können Sie drei Karten für Vergangenheit, Gegenwart und Zukunft ziehen, oder Sie ziehen vier Karten zu einer Frage wie »Was blockiert mich?« – eine für das Thema, eine für das versteckte Potenzial, eine für die Herausforderung und eine für die Lösung. Oliver hat im Lauf der Jahre bereits mehrere Hundert postkartengroße Bilder, Karten und Sinnsprüche gesammelt, die er als Orakel nutzt.

---

[45] I Ging – Text und Materialien, übersetzt von R. Wilhelms, Diederichs 1999, S. 40.

Orakel sind ein Ausdruck für die Harmonie von Himmel und Erde. Orakel deuten zu können, gehört zur hohen Kunst des Weissagens. Ist es nicht beeindruckend, wie ein 90-jähriger peruanischer Schamane aus einer Handvoll Kokablätter Ihr halbes Leben lesen kann? Als Zuschauer entdecken Sie kein Prinzip in der Anordnung der Blätter.

Orakel deuten zu können, gehört zur hohen Kunst des Weissagens. Sie sehen nur einen Haufen unterschiedlich stark vertrockneter alter Blätter. Nur in der tiefen Versenkung in die Bilder der Blätter sieht der Schamane das Leben.

Möglicherweise fragen Sie sich jetzt, ob Schamanen nur Synchronizitäten erkennen und deuten oder ob sie in der Lage sind, Synchronizitäten bewusst zu erzeugen. Ein erfolgreicher Schamane zieht sicherlich durch seine Art zu leben, Synchronizitäten zumindest an. Um diese aber richtig zu deuten, braucht er seine Intuition, Wissen um die Zeichen und viel Erfahrung.

Im Laufe der Jahrhunderte wurde das Wissen über den Umgang mit Omen und Orakeln nach und nach gesammelt und festgehalten, sodass es immer mehr klare Deutungsmöglichkeiten des Beobachteten gab. Dies

Der Schamane empfängt eine Botschaft des Höheren Selbst. führte schließlich zu einem Wechsel in der Funktion der Synchronizität. War zuerst die Intuition des Schamanen gefragt, die aus dem scheinbar willkürlichen Bild einen Zusammenhang mit einer bestimmten Person herstellen konnte, war es später möglicherweise umgekehrt. Das Bild wurde vom Schamanen unbewusst erzeugt, indem er eine Botschaft vom höheren Selbst empfing und diese sich in den von ihm geworfen

Blättern zeigte. Diese musste er nicht mehr erkennen, sie stand fest. Bestes Beispiel dafür ist das I Ging. Es ging aus dem Werfen von Schafgarbenstengeln hervor. Zuerst war der Schamane als Deuter gefragt. Später war es wichtiger, die richtige Absicht und die Verbindung zu seinem Inneren bereits beim Werfen der Stengel zu haben.

Das I Ging existiert bereits seit 5 000 Jahren und basiert auf 64 Mustern (Hexagrammen). Schafgarbenstengel oder Ähnliches werden sechsmal geworfen und dann nach einem bestimmten System interpretiert. Zu den 64 Hexagrammen gibt es jeweils eine ausführliche Deutung in blumiger, prophetischer Sprache. Die Deutung wurde von den Menschen damals auf Basis ihrer Erfahrungen und Lehren entwickelt. Das jeweilige Hexagramm ist ein Schnappschuss des Moments, es zeigt die augenblickliche innere Verfassung des Werfers. Menschen, die das I Ging regelmäßig nutzen, sind von seiner Aussagekraft überzeugt. Es gehört allerdings ein wenig Übung und eine kreative Nutzung der eigenen Intuition dazu. Durch die Befragung des I Ging erhalten Sie keine Prophezeiung der Zukunft, sondern eine Analyse der gegenwärtigen Lage, die die notwendigen und sinnvollen nächsten Schritte erahnen lässt. Wenn Sie das I Ging befragen, gehen Sie davon aus, dass Synchronizitäten existieren. Die besten Ergebnisse erhalten Sie in Phasen der Anspannung und der intensiven Gefühle. Befragen Sie es nur so zum Spaß, werden Sie kein gutes Ergebnis erhalten. Das I Ging warnt, dass nur derjenige, der mit dem Tao, also dem Sinn seines Lebens, im Einklang ist, eine sinnvolle Antwort

Menschen, die das I Ging regelmäßig nutzen, sind von seiner Aussagekraft überzeugt.

erhalte. Es bezeichnet denjenigen, der es beherrscht, als den Edlen. Der Edle passt sich den Gegebenheiten an, er überdauert den ständigen Wandel und kämpft nicht dagegen an. Er handelt so, wie es für den jeweiligen Augenblick angemessen ist. Auf gut Deutsch gesagt: Er hört auf mich, den Trickster. Er geht mit der Zeit. Die Zeit verstreicht

Alles hat die im I Ging nicht passiv. Sie ist ein aktiver Faktor des *Macht, die* Lebens. Das I Ging verdeutlicht, dass es keine »gu- *man ihm gibt.* ten« oder »schlechten« Omen gibt. Es kommt immer auf die Interpretationen an und auf die Konsequenzen, die Sie daraus ziehen. Das Zeichen selbst ist nur eine Information, die Sie dann mit Sinn füllen.

Das bestätigt auch der Huna-Schamanismus. Eines seiner Gesetze lautet: »Alles hat die Macht, die man ihm gibt.« Sollte also ein Orakel negative Erkenntnisse liefern, beispielsweise Krankheit, Schicksalsschläge oder Ähnliches, so verändern Sie diese bewusst und mit fester Absicht. Wenn Sie wirklich Ihre Zukunft ändern wollen, müssen

Die Verän- Sie dies in affirmativer und sehr bestimmender *derung des* Form tun. Dafür bitten Sie um ein neues Bild zu der- *Bildes kann* selben Frage. Sollten Sie sehen, dass die Verände- *heilend wirken.* rung der Lage einiger Gegenstände die Aussage zum Positiven verändern würden, so legen Sie diese um und sprechen dabei laut und bestimmt: »So sei es!« Die Veränderung des Bildes wirkt oft schon heilend. Aber Sie müssen auch daran glauben! Wenn Sie zweifeln, dass man ein Orakeln ändern oder erneut befragen darf, so wird es auch nicht funktionieren.

Übung – Das Entscheidungsorakel

Sie müssen eine Entscheidung treffen? Suchen Sie sich drei kleine Steine oder andere Gegenstände, die sich deutlich voneinander unterscheiden. Ein Stein ist der Basisstein, einer der Ja-Stein und einer der Nein-Stein. Sagen Sie den drei Steinen, wofür sie stehen. Stellen Sie anschließend eine Frage zu Ihrem Thema, die nur mit Ja oder Nein zu beantworten ist. Formulieren Sie die Frage eindeutig und ohne Wörter wie »könnte«, »sollte« oder »hätte«. Dann werfen Sie die Gegenstände so, wie Sie es beim Würfeln tun würden. Der Gegenstand, der näher am Basisstein liegt, zeigt Ihnen Ihre Antwort.

Übung – Das Muschelorakel[46]

Für dieses Orakel suchen Sie sich neun nicht zu große Muscheln (oder Steine), die sich deutlich voneinander unterscheiden. Jede Muschel hat eine positive und eine negative Bedeutung, diese hängt von der Art der Fragestellung ab.

Was ist Ihr Thema, zu dem Sie das Orakel befragen möchten? Angenommen Sie wollen wissen, wie Sie einen körperlichen Schmerz loswerden können. Fragen Sie in diesem Fall: »Was brauche ich, um diesen Schmerz loszuwerden?«, also nach dem positiven Aspekt der Muscheln. Fragen Sie als Nächstes: »Was hindert mich daran, den Schmerz loszuwerden?«, also nach dem negativen Aspekt.

Sieben Muscheln ist je eines der sieben Huna-Prinzipien zugeordnet. Zu den beiden übrigen Muscheln gehören zusätzliche eigene Prinzipien.

Muschel 1: Bewusstheit
Prinzip: Die Welt ist das, wofür Sie sie halten.

Muschel 2: Freiheit oder Stress
Prinzip: Es gibt keine Grenzen.

---

[46] nach einer Idee von Serge Kahili King

Muschel 3: Zentriertheit oder mangelnde Konzentrationsfähigkeit
Prinzip: Energie folgt der Aufmerksamkeit.

Muschel 4: Ausdauer oder Verzögerung
Prinzip: Jetzt ist der Augenblick der Macht.

Muschel 5: Liebe oder Wut
Prinzip: Lieben heißt glücklich zu sein mit …

Muschel 6: Zuversicht oder Angst
Prinzip: Alle Macht kommt von innen.

Muschel 7: Flexibilität oder starres Denken
Prinzip: Wirksamkeit ist das Maß der Wahrheit.

Muschel 8: Vertrauen oder Misstrauen/Zweifel
Prinzip: Du bist das andere Ich, und ich bin das andere Du.

Muschel 9: Klarheit oder Nebel
Prinzip: Das Leben ist ein Spiel, man kann es nur spielen, nicht gewinnen.

Überlegen Sie sich Ihre Frage (bitte keine, die mit Ja oder Nein beantwortet werden kann), und schreiben Sie diese auf. Nun werfen Sie Ihre Muscheln und schauen, welche der Muschel Nr. 1 am nächsten liegen. Entscheiden Sie vorher, ob Sie nur die eine nächstgelegene Muschel in Ihre Deutung mit einbeziehen oder vielleicht zwei oder drei, die am nächsten liegen. Was bedeutet die Antwort für Sie, was sagt Ihnen die Muschel und ihr zugehöriges Prinzip?

Übung – Der Orakelbausatz

Ein Orakel kann man grundsätzlich aus allem herstellen. Ihrer Fantasie sind keine Grenzen gesetzt. Manche Schamanen arbeiten mit Blättern, andere mit Muscheln, wieder andere mit Knochen oder mit dem, was gerade da ist. Wesentlich ist nicht das, was Sie befragen, sondern Ihre Intention und Ihre Haltung sowie Ihre Konzentration auf die Fragestellung.

Stellen Sie sich ein Säckchen von Gegenständen zusammen, die sich, wenn Sie sie mit beiden Händen auf den Boden fallenlassen, etwa in einem Umkreis von 50 cm verteilen.

Wenn Sie mit nicht zu vielen Gegenständen arbeiten, können Sie ihnen auch jeweils beispielsweise Eigenschaften, Werte, Emotionen oder Personen fest zuordnen. Experimentieren Sie ein wenig damit.

Es ist gleich, ob Sie Ihr Orakel für sich selbst nutzen oder für eine andere Person, die Vorgehensweise bleibt dieselbe. Wenden Sie Ihr Orakel für eine andere Person an, bitten Sie diese, sich auf ihr Anliegen zu konzentrieren. Tun Sie dies ebenfalls. Dann werfen Sie das Orakel und versenken sich in seinen Anblick. Warten Sie darauf, dass Gedanken, Bilder und Gefühle kommen.

Anschließend gibt es zwei Möglichkeiten:

1. Sie erzählen, was Sie sehen, fühlen oder denken.

2. Sie interpretieren, was Sie sehen, fühlen oder denken, und beraten den anderen.

Die zweite Möglichkeit würde ich nur bei erwiesenem Talent zum Orakelwerfen anwenden, ansonsten enthalten Sie sich besser der Spekulation. Sollten Sie negative Dinge sehen, seinen Sie bitte behutsam. Achten Sie immer auf die Wirkung, die das, was Sie sagen, haben könnte. Sie müssen nicht alles sagen, was sie sehen.

 ## Orakelbausatz – Variante II

Diese Technik wurde von den Schamanen Perus entwickelt. Sie werfen wie schon erwähnt meist Kokablätter. Zur Orakelbefragung wählt der Schamane für jeden an der Situation Beteiligten ein bestimmtes Blatt aus. Weitere Blätter haben ganz bestimmte, feste Bedeutungen wie Krankheit, Lüge, Betrug, Fremdgehen, böser Mensch etc. Die geworfenen Blätter können so zu einer Art Familienaufstellung werden. Durch geschicktes Fragen danach, aber auch durch knallharte eigene Interpretation, können Sie so ein Bild entwerfen, das zu neuen Gedanken anregt.

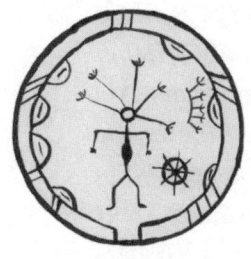# Reisen in das Land der Synchronizitäten

Oliver Driver:

Die Schwelle überschreiten – ein Traum

Ich war in einem Workshop mit dem brasilianischen Schamanen Alexandre Mereiles. Im Rahmen einer schamanischen Reise, die Alexandre mit intensiven Trommelschlägen
begleitete, sah ich folgende Bilder, die ich hier beispielhaft
beschreiben und auch ein wenig analysieren möchte.

*Ich liege auf dem Rücken. Unmittelbar links und rechts
neben mir liegen zwei Frauen. Es ist kaum Platz, um
die Arme bequem neben den Körper zu legen. Die
Trommel wird lauter und schneller, die anderen Ge-
räusche verschwinden hinter den Schlägen. Dennoch
dauert es lange, bis das Palaver der Gedanken in meinem Kopf stoppt.*

Zuerst sehe ich gar nichts und habe die Sorge, dass diese Reise spurlos an mir vorübergeht. Viel lieber reise ich ohnehin allein. Doch dann kommt etwas. Als das Bild langsam klarer wird, bin ich eine Libelle, die über einem kleinen, von Seerosen teilweise bedeckten Teich ihre Runden dreht. Die Sonne scheint, das Licht bricht sich in den schillernden Farben meines Körpers und meiner filigranen Flügel. Die Luft ist warm – ein Traumtag.

Unter mir auf einem der Seerosenblätter entdecke ich einen grasgrünen Frosch, der ganz selbstverständlich eine kleine goldene Krone trägt. Ich nähere mich ihm und betrachte ihn kritisch. Ich habe gelernt, dass mit Fröschen nicht zu spaßen ist – als Libelle. Die Augen des Frosches verfolgen genau, was ich mache. Ich rufe ihm fragend zu: »Wenn ich dir zu nahe komme, wirst du mich dann fressen?«

»Ja«, bestätigt er meine Befürchtung.

Was auch immer mich gerade antreibt – ich beschließe, der Gefahr nicht (mehr) aus dem Weg zu gehen, sondern ihr ins Auge zu sehen. Der Gedanke, dass es für Schamanen normal ist, zerstückelt und dann wiedergeboren zu werden, geht mir durch den Kopf. Mutig fliege ich auf den Froschkönig zu – und schwups schnellt seine Zunge heraus, ergreift mich, und es wird dunkel.

Als ich wieder zu mir komme, ist es immer noch dunkel, doch ich spüre, wie ich beginne, mich auszudehnen. Ich werde plötzlich zum Frosch, ich werde zum

Teich, in dem der Frosch lebt, dann werde ich zum Wald, in dem der der Teich liegt. Ich dehne mich weiter und weiter aus, bis ich die Erde bin und werde dann zum Kosmos.

Ein neues Bild erscheint. Da ist eine Hand – meine linke Hand, in der ich den Kosmos als Kugel halte. Ich fühle mich immens groß und ruhig, ein wenig wie Jesus Christus.

Mein erster Gedanke nach dieser Reise ist: Ist das nicht anmaßend? Bilde ich mir ein, Gott zu sein? Als mir später eine Teilnehmerin sagt, dass sie meinen Meister gesehen hätte, der sehr, sehr groß gewesen war, wurde dies noch merkwürdiger. Im Umbanda-Schamanismus ist es die Christus-Energie. Schon zuvor hatte mich jemand gefragt, ob ich mit dieser Christus-Energie arbeite, weil derjenige dies gespürt hatte. Ich wusste es nicht, es war meine erste Erfahrung mit Umbanda-Schamanismus und seinen Wesen.

Die Analyse

Zwei Tage später machte ich mich daran, diese Bilder, diesen Traum genauer anzuschauen. Vorweg muss ich allerdings sagen, dass schamanische Reisen nicht analysiert werden müssen. Das bringt oft unnötigerweise eine rationale Komponente ins Spiel. Manchmal aber ergibt es Sinn – und ein andermal macht es vielleicht einfach auch Spaß. Mithilfe eines Lexikons zur Traumdeutung betrachtete ich die wesentlichen Begriffe: Libelle, Frosch(-könig), Teich, Seerose, Erdkugel, Kosmos, (linke) Hand, Jesus Christus.

Der Teich

Der Teich steht für ein Zuhause oder auch für Geld und Glück in Geschäften. Insbesondere aber symbolisiert er geheimste Wünsche, Hoffnungen und Leidenschaften, die man sich kaum einzugestehen wagt. Wasser weist immer auf das Unbewusste hin. Auch hat der Träumende dann den Wunsch, seine Gefühle zu verstehen. Ein kleines, ruhiges Gewässer steht für Ruhe, Frieden und Ausgeglichenheit.

Ich weiß leider nicht, ob das Wasser klar oder trüb war. Klares Wasser wäre gut, trübes eher nicht, denn dann würde ich gern im Trüben fischen und hätte undurchschaubare Gefühle und Konflikte. Eine Möglichkeit wäre es, in einer

Meditation den Charakter des Teichs zu erkunden, in ihn abzutauchen und zu forschen, was dort ist.

Die Libelle

Die Libelle wird mit der Freiheit und Schönheit des Geistes in Verbindung gebracht. Ich könnte mir die Frage stellen: Wo in meinem Leben bin ich zum Flug bereit? Auch ist die Libelle ein schillerndes, täuschendes Wesen und steht für Illusion. Sie wird als Botin von Mutter Erde gesehen, symbolisiert aber auch Ichbezogenheit und Überheblichkeit – erwischt! Zudem sei mein Handeln eher instinktiv als logisch geplant, und mir fehle der rechte Überblick bei der Verwirklichung eines Lebenstraums. Das trifft zu. Gott sei Dank steht die kleine Libelle auch für Unsterblichkeit und geistige Erneuerung. Sie ist ein Tier der Lüfte.

Der Frosch

Frösche stehen für Transformation. Die Entwicklung eines Frosches vom Laich über die Kaulquappe zum Frosch spiegelt die Evolution in Perfektion wider. Was ist in mir, welche Schönheit will sich zeigen? Weitere Assoziationen sind tiefe Gefühle, Tiefe, Nachdenken, liebend, regenerierend und Anpassungsfähigkeit. Klar, dass der Frosch zum Element Wasser gehört. Im Medizinrad steht der Frosch für Emotionen und neues Leben. Der Frosch kann heilen und symbolisiert Kreativität, aber auch Wechselhaftigkeit. Ich soll meine weibliche Natur mehr leben, meine Gefühle zeigen. Eine Wandlung steht an. Wandlung ist immer mit dem Trickster, dem Schelm, verbunden, und der Frosch kündigt diesen Gaukler bereits an. Als Tier, das sowohl im Wasser als auch auf dem Land leben kann, steht er für den Übergang. Ein Frosch im Traum kündigt eine neue Entwicklungsstufe an – ich bin gespannt!

Die Seerose

Die Seerose symbolisiert Vollkommenheit und Schönheit. Im Osten gilt sie (als Lotosblume) als Sitz des Erleuchteten. Abends verschließt sie ihre Blüten und zieht sich unter das Wasser zurück. Sie hat ihre Wurzeln im Schlamm, wächst im Wasser und zeigt ihre prachtvolle Blüte in der Luft. Genau wie der Frosch steht sie für Transformation und eine positive Persönlichkeitsentwicklung. Schmutz kann ihr nichts anhaben, er perlt einfach wieder an ihr ab (der Lotoseffekt).

Das Verschlingen

Erst als die Prinzessin im Märchen den Frosch füttert (und das Bett mit ihm teilt), wird der Frosch zum Prinzen. So wird die unpersönliche Seite der Beziehung erst durch die Wärme der Seele – also das geteilte Bett – vollständig. Verschlungen zu werden, deutet darauf hin, dass ich von meinen eigenen Gefühlen und Ängsten verschlungen werde. Ich setze mich mit der Angst, meine Identität zu verlieren, auseinander. Eine Leidenschaft, ein innerer Antrieb ist in mir, die ich nicht mehr kontrollieren oder beherrschen kann. Das Böse wird so geklärt und in Gutes verwandelt. Ich kehre zum Ursprung zurück.

Die Welt, der Kosmos

Von anderen Welten zu träumen, macht dem Träumenden Mut, weil es ihm zeigt, dass es auch andere Möglichkeiten für ihn gibt, als die, die er bisher versucht hat. Engstirnigkeit ist nicht angebracht. Ich sollte also offener an das Leben herangehen. Der Kosmos symbolisiert auch meine Verantwortung für alles, was ist. Ich bin (mit) für sein Funktionieren und Überleben verantwortlich. Übrigens steht eine Weltkugel durchaus auch für eine Weltreise! Warum nicht …

Die Hand

Die Hand symbolisiert Kompetenz, Energie und Tatkraft. Ist die Hand schön, groß und kräftig, könnte ein gutes, sehr erfolgreiches Geschäft anstehen. Die linke Hand weist auf die Mutter hin. Damit kann ich allerdings momentan in diesem Zusammenhang nichts anfangen.

Jesus Christus

Jesus symbolisiert das höhere Bewusstsein, die Erlösung. Er steht für das Heil der Seele und für irdischen Reichtum. Auch ist er gelegentlich der Schelm, der Schicksal zu spielen scheint.

Welch eine schöne gelungene schamanische Reise! Womit hatte ich das nur verdient? Stellen Sie sich diese Frage auch gelegentlich? Womit habe ich so viel Gutes verdient? Oder andersherum: Womit habe ich all dieses Negative verdient? Warum gerade ich?

In der weiteren schamanischen Arbeit zeigt sich, dass der Ton »A« mein Ton ist, der wiederum zum Herzchakra gehört. Und ganz zufällig steht das Herzchakra für die Elemente Wasser und Luft – genau wie Frosch und Libelle.

In allen Aspekten der schamanische Reise begegnet mir immer wieder die Wandlung, die Transformation. Und genau dies spüre ich in diesen Tagen, auch wenn ich es nicht wirklich an etwas festmachen kann. Es scheint, als ob ich gerade eine Schwelle überschreite, aber noch keine Ahnung habe, was danach kommt. Ich wünschte, das Schicksal würde für einen ganz kurzen Moment den Schleier lüften, damit ich sehen kann, was ansteht. Nach wie vor bin ich also eine auf Sicherheit bedachte Jungfrau, die mit Spontaneität und Überraschungen ihre liebe Not hat.

Ein gutes Indiz, ob ich mit etwas richtig liege, ist für mich eine Gänsehaut oder ein Kribbeln bei einem Zeichen, Gedanken oder Erleben. Bei der schamanische Arbeit erlebe ich ein Kribbeln als sicheres Zeichen für Heilung. Während ich diesen Text gerade schreibe, habe ich eine Gänsehaut nach der anderen im Nacken und spüre, dass er für mich sehr wichtig ist.

Übung – Vom Symbol zur Synchronizität

Wählen Sie ein kleines, aber doch störendes Problem in Ihrem Leben. Schließen Sie für einen Moment die Augen und konzentrieren Sie sich auf das Gefühl, das Sie haben, wenn Sie an das Problem denken.

Lassen Sie nun Ihren Assoziationen freien Lauf, und überlegen Sie sich drei Symbole oder Gegenstände, die Ihnen spontan im Zusammenhang mit dem Problem einfallen. Schenken Sie in Gedanken jedem der drei Objekte eine oder zwei Minute Ihrer Aufmerksamkeit. Stellen Sie sich jedes so intensiv vor, dass Sie sogar kleine Details erkennen können.

Dann gehen Sie ganz normal Ihrem Alltag nach und schauen, was passiert. Achten Sie darauf, ob Ihnen die Objekte irgendwo begegnen oder ob Sie zu Ihrem Problem eine Rückmeldung bekommen.

Intuition und Kreativität

Ziel aller Übungen und Rituale ist es, Ihre Kreativität zu wecken, sodass Sie in der Lage sind, meine Bilder zu verstehen und später eigene Bilder zu erschaffen und alte Bilder zu verändern. Kreativität ist die Seele der Synchronizität. Kreativität entsteht in dem Raum zwischen Beobachter und Beobachtetem. Ein Teil der Übungen in diesem Buch dient dazu, Energien zu harmonisieren und auszubalancieren, sodass das Ich die Kontrolle ein wenig loslässt. Kreativität entsteht nicht aus dem Wollen, sondern aus dem Loslassen. Die meisten Übungen basieren aus den bereits genannten Gründen auf Bildern, Ihren Bildern, die Sie spontan aus Ihrem Unbewussten entwickeln. Diese Bilder sind Ideen, zu denen auf der materiellen Ebene die Synchronizitäten erscheinen.

Kreativität ist eines der wesentlichen Elemente des Universums. Kreativität ist die Basis der Evolution. In Synchronizitäten finden Sie die Kreativität des Universums wieder. Der Zustand der Kreativität ist der Flow oder Alpha-Zustand.

Im Spiel des Lebens ist die Intuition eine Macht. Wenn Sie Ihr Leben mit Spielfreude angehen, steht Ihnen die Intuition zur Verfügung. Sie eröffnet Ihnen eine Erkenntniskraft, mit der Sie die gewohnten Grenzen des Denkens leicht überwinden. Intuition oder Eingebung ist ein Aspekt der Synchronizität, den Sie genauer betrachten sollten.

Haben Sie schon mal Momente erlebt, in denen Ihre Intuition Ihnen etwas ans Herz legte, Sie dieser Eingebung folgten, und sich diese als sehr nützlich erwies? Ach, das sind Augenblicke, in denen mein kleines Trickster-Herz höher schlägt! Oder haben Sie vielleicht gerade nicht auf Ihre Intuition gehört und das stellte sich als Fehler heraus? Warum haben Sie nicht auf Ihre innere Stimme, auf Ihr Bauchgefühl gehört? Meist sehen die äußeren Umstände in entsprechenden Situationen so aus, dass die Eingebungen der Intuition fraglich bis verrückt erscheinen. Aber glauben Sie mir, ich denke mir etwas dabei!

Es ist nicht immer leicht, auf die innere Stimme zu hören. Manchmal ist sie nur ein Flüstern, sodass Sie bestenfalls eine Schwingung spüren.

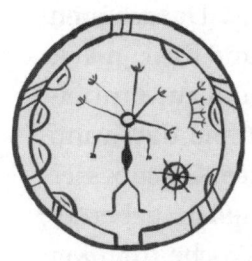

Eine Reise in die Stille –

Meditation

Meditation ist ein Zustand, in dem die Gedanken still stehen, in dem das ständige Palaver im Kopf einmal Pause macht. Geistige und körperliche Ruhe bei gleichzeitiger innerer Wachheit kehren ein. In der Meditation lernen Sie, achtsam zu sein, also Ihre Energien bewusst auf etwas Bestimmtes zu lenken. Sie laden Ihre Batterien auf. Sie fühlen sich frisch, gegenwärtig und vertrauensvoll. Meditation kann ein Allheilmittel sein – wenn Sie sich außerdem mit Ihren Schatten beschäftigen. Sie ist einer der wesentlichen Bausteine jeder spirituellen Entwicklung – und auch von Synchronicity Healing.

Meditation kann ein Allheilmittel sein.

Dies gilt in diesem Zusammenhang besonders für die Achtsamkeitsmeditation. Achtsamkeit ist das nicht-wertende Bewusstwerden dessen, was ist. Sie werden sich dann Ihrer Körperempfindungen, Ihrer Wahrnehmungen im Außen und Ihrer Gedanken im Hier und Jetzt bewusst. Dann lernen Sie, sich selbst, aber auch Ihre Mitmenschen und die Umwelt besser wahrzunehmen. Anstatt zu bewerten und zu verurteilen oder zu kommentieren, nehmen Sie das wahr,

Wahre Meditation hat kein Ziel. was wirklich ist. Sie lernen den eigenen Geist besser kennen. Meditieren Sie möglichst täglich, lieber jeden Tag ein wenig, als einmal pro Woche für zwei Stunden.

Ich weiß, dass es schwierig ist, eine tägliche Meditation in den Wahnsinn des Alltags und in die Gewohnheiten zu integrieren. Wahre Meditation hat kein Ziel, sie ist einfach. Sobald Sie eine Meditation mit einem bestimmten Ziel durchführen, ist ihre Wirksamkeit reduziert, und sie wird zu einer »netten« Entspannungsübung. Das Schwierigste an der Meditation ist neben dem Stillsitzen – und für manche auch dem Schweigen – das reine Machen – die Überwindung des inneren Schweinehundes.

Synchronizität und Meditation verbindet ein unsichtbares Band. Wer regelmäßig meditiert und erste Erfolge in der Gedankenlosigkeit hat, erlebt mehr »seltsame Zufälle« – die schicke ich ihm als Belohnung.

Sie verbinden sich in der Meditation mit Ihrer Quelle. Die inhaltslose Stille ist die Quelle alles Seins. Je intensiver Sie meditieren, desto näher kommen Sie Ihrem Ursprung

Synchronizität und Meditation verbindet ein unsichtbares Band. und entsprechend sensibler wird Ihr Leben darauf reagieren. Jede Form der Kontemplation hat diese Wirkung, ob Sie meditieren, beten oder joggen, spielt weniger eine Rolle. Der englische Bischof William Temple bemerkte einmal: »*Wenn ich bete, geschehen auf einmal Koinzidenzen. Wenn ich nicht bete, passieren sie nicht.«*[47]

Tägliche Meditation ist in hektischen und lauten Zeiten erwiesenermaßen eine hervorragende Möglichkeit, zur Ruhe zu kommen, Stress abzubauen und Krankheiten vorzubeugen. In der Meditation senkt sich die Gehirnfrequenz in den Alpha-Bereich auf ca. 8 Hertz. Zudem schwingen linke und rechte Gehirnhälfte deutlich synchroner als im Alltag. Ganz automatisch synchronisieren sich dabei die Schwingungen Ihrer beiden Gehirnhälften in Bezug auf Frequenz und Amplitude. Während Stress Atmung und Herzfrequenz beschleunigt, senkt Meditation diese. Meditation ist sitzen, nicht denken, ein- und ausatmen – mehr nicht. Ganz automatisch synchronisieren sich dabei die Schwingungen Ihrer beiden Gehirnhälften in Bezug auf Frequenz und Amplitude. Durch Meditation können Sie Stress abbauen, Ihre Persönlichkeit weiterentwickeln, und Sie werden körperlich und geistig gesünder.

In der Meditation senkt sich die Gehirnfrequenz in den Alpha-Bereich.

Für Meditationsspezialisten ist dies natürlich nur schmückendes Beiwerk, sie suchen nach dem Gefühl der Einheit – der Erleuchtung. Dieses große Ziel erfahren sie in der Stille und durch regelmäßiges Praktizieren.

Ich denke, es ist beides – Persönlichkeitsentwicklung und Erleuchtung – legitim. Wer gesundheitliche Probleme durch Meditation reduzieren möchte, ist auf dem richtigen Weg. In der Meditation treffen sich Körper, Geist und Seele und werden wieder eins, daraus entsteht Heilung. Daher dürfte es

---

[47] Allan Combs/Marc Holland: Die Magie des Zufalls. rororo 1992, S. 86.

auch egal sein, wenn nebenbei ein Erleuchtungserlebnis auftritt. Im Zustand der Erleuchtung erkennen Sie plötzlich Ihr Selbst. Für einen Moment erhaschen Sie durch den sich lichtenden Nebel einen Blick auf Ihre Vollkommenheit. Sie entdecken Ihre Liebe zu sich selbst und die Ganzheit der Welt.

Im Zustand der Erleuchtung erkennen Sie plötzlich Ihr Selbst. Mittlerweile wurde wissenschaftlich nachgewiesen, dass Meditation sich in Veränderungen des Gehirns bemerkbar macht. Aufnahmen der Gehirnstruktur mit einem Kernspintomografen zeigen, dass die Dichte der grauen Substanz in verschiedenen Regionen zunimmt. Im Hippocampus, der für das Lernen und das Kurzzeitgedächtnis verantwortlich ist, finden Veränderungen statt. Insbesondere im Bereich des Gyrus Cinguli verändern sich die neuronalen Netzwerke. Der Gyrus Cinguli ist der Sitz des Selbstgefühls sowie des Mitgefühls. Ihre Lebensgrundstimmung wird in diesem Bereich gesteuert. Außerdem verbinden sich hier Körperwahrnehmung und Außenwelt. Dieser Bereich ist also extrem wichtig für Ihre Haltung sich selbst gegenüber und gegenüber dem Leben. Meditation stärkt den Gyrus Cinguli und wirkt gleichzeitig dämpfend auf den Mandelkern, dem auf Basis der gespeicherten früheren Erfahrungen agierenden emotionalen Gedächtnis- und Angstzentrum. Im Kernspinbild reduzierte sich die Masse des Mandelkerns nach acht Wochen Meditation. Der Gyrus Cinguli ist das Verbindungsglied zwischen Mandelkern als instinktivm Reaktionsmechanismus mit dem Neokortex, dem Sitz Ihres rationalen Denkens. In der Kooperation dieser Gehirnareale sind Sie in der Lage, Ihre Selbstwahrnehmung zu nutzen, um die automatisierten Abläufe, die dem Mandelkern entstammen, mit dem Verstand zu beobachten und zu analysieren. Entsprechend erhöhen sich durch die Stärkung des Gyrus Cinguli Ihre Bewusstheit und Ihre Reflexionsfähigkeit.

Meditation ist einfach! Sie müssen sich weder anstrengen, konzentrieren noch kontrollieren. Wenn Ihnen dies nicht so leichtfällt, liegt das weniger an der Meditation als an Ihnen. Wer zu zappelig ist, um zu meditieren, sollte einfach anfangen zu meditieren. Treiben Sie den Teufel mit dem Beelzebub aus!

Schaffen Sie sich für die Meditation einen Ort, *Meditation ist* an dem Sie physisch und zeitlich ungestört von den *einfach!* Dingen des Alltags sind. An diesem Platz und zu dieser Zeit sollten Sie alles andere abschalten. Und dann heißt es nur noch: üben, üben, üben. Beginnen Sie lieber im Kleinen, und starten Sie mit wenigen Minuten Meditation. Und hier sind die Grundregeln:

1. Sitzen Sie aufrecht. Es ist egal, worauf Sie sitzen und ob Sie die Beine verschränken oder nicht.

2. Schließen Sie am besten die Augen, aber achten Sie darauf, dass Sie nicht wegdämmern. Bleiben Sie bewusst.

3. Sie atmen ganz normal ein und aus. Versuchen Sie nicht, sich bewusst zu entspannen, tief zu atmen oder andere Atemübungen zu machen.

4. Richten Sie Ihre Aufmerksamkeit nach innen.

5. Schenken Sie Ihre Aufmerksamkeit Ihrem Atem. Lassen Sie Ihren Atem sein, wie er ist. Er wird sich von ganz allein verändern.

6. Lassen Sie los. Versuchen Sie nicht zu meditieren. Seien Sie einfach da. Seien Sie absichtslos.

7. Machen Sie sich bewusst, dass es keinen Zielzustand gibt.

8. Wenn Sie sich erwischen, dass Sie in Gedanken sind, kehren Sie zurück zu Ihrem Atem. Es ist normal, wenn Ihnen dies ständig passiert.

9. Steigern Sie sich nach und nach auf mindestens 20 Minuten Meditation täglich. Aber übertreiben Sie auch nicht!

10. Meditation hat kein Ziel, machen Sie sie einfach!

Wenn Sie zu meditieren beginnen, zweifeln Sie möglicherweise zunächst, weil Sie keinerlei Kontrolle über Ihre Gedanken haben. Plötzlich stellen Sie dann fest, dass Sie minutenlang ganz woanders gewesen sind und gar nicht bemerkt haben, dass Sie gedacht und nicht meditiert haben. Das ist normal und so in Ordnung. Maharishi, der Begründer der Transzendentalen Meditation, vergleicht Gedanken, die während einer Meditation auftauchen, mit Luftblasen in einem Teich voll trüben Wassers.[48] Der Grund des Teiches ist die tiefste Schicht Ihres Unbewussten, aus der Ihre Gedanken als Blasen entweichen. Solange das Wasser trüb ist, sehen Sie die Blasen erst in dem Moment, in dem sie an die Wasseroberfläche kommen. Klären Sie allerdings nach und nach das Wasser, so können Sie immer tiefer blicken und entdecken die Blasen immer früher. Angenommen, diese Blasen wollten Ihnen etwas sagen. Sobald Sie sie bereits im Entstehen erkennen, haben sie ihre Aufgabe erledigt. Die geistige Geräuschkulisse wird leiser, die Blasen werden weniger. Deswegen können Sie sie noch lange nicht kontrollieren, aber sie sind dennoch viel klarer.

In der Meditation verbinden Sie sich mit der Quelle.

Wem es gelingt, sich in der Meditation mit seiner Quelle zu verbinden, dessen Geist erkennt, dass alles Glück aus dieser Quelle entspringt und dass dieses nie im Außen zu finden ist. Dann kann der Geist ruhen. Er ist nicht mehr auf der Suche. Und die Blasen verschwinden. Dazu müssen Sie nicht den Teich, nicht den Morast oder die Blasen kontrollieren. Sie können Ihren Geist nicht an die Leine legen, ganz im Gegenteil: Lassen Sie ihn los.

---

[48] Maharishi Mahesh Yogi: Die Wissenschaft vom Sein und die Kunst des Lebens, Kamphausen 1998, S. 79–80.

 Übung – Meditation der Körperteile

Die folgende Meditation hilft durch die Beobachtung des Körpers, nicht allzu sehr in Gedanken
zu versinken. Auch nach Jahren tut sie gute Diens-
te, mehr Meditation braucht niemand. Ihr Ursprung
wird verschiedenen Quellen zugeschrieben, u. a. findet man sie auch bei Jon Kabat-Zinn.
Suchen Sie sich einen ungestörten Platz, und schließen Sie die Augen.
Achten Sie für eine Weile auf Ihren Atem – so, wie
er ist. Versuchen Sie nicht, ruhig und entspannt zu
atmen oder zu sein. Alles darf jetzt sein, wie es eben
ist. Wenn Sie nicht entspannt sind, ist dies völlig in
Ordnung. Wenn Sie nicht tief und ruhig atmen, passt
dies auch. Unruhe oder Schmerzen dürfen nun sein.
Wenn Sie etwas spüren, was Sie schon länger kennen,
begrüßen Sie es wie einen alten Bekannten: »Hallo,
lieber Freund, willkommen!« Verdrängen Sie nichts,
nehmen Sie für diesen Moment alles, was ist, an. Alles, was ist, ist bei Ihnen, weil es einen guten Grund
dafür gibt. Bewerten Sie jetzt nicht.
Schenken Sie Ihre Aufmerksamkeit den nächsten
Atemzügen. Atmen Sie nun der Reihe nach sechs Mal
in jedes Körperteil ein. Beginnen Sie mit den Zehen eines Fußes, dann die Fußsohle und Fußoberseite, Knö-
chel usw. bis hinauf zum Hüftgelenk. Dann machen
Sie dasselbe mit dem anderen Bein, Gehen Sie bei

Ihren Armen analog beginnend mit den Fingern vor. Machen Sie anschließend weiter mit dem Oberkörper, den Sie in verschiedene Bereiche aufteilen, und enden Sie mit Kopfhaut, Kiefer, Gesicht und Mund. Wenn Sie in jedes Körperteil fünf bis sechs Mal atmen, dauert diese Übung etwa eine halbe Stunde.

 ## Übung – Affirmation

Neben der täglichen Meditation empfehle ich Ihnen regelmäßige Affirmationen, die mit dauerhafter Anwendung die inneren Bilder Ihres Gehirns prägen werden. Eine Affirmation ist ein bejahender Satz, den Sie immer wieder wiederholen. So programmieren Sie Ihr Gehirn neu.

Gute Affirmationen sind:
Mir geht es gut.
Ich bin in meiner Kraft.
Ich bin gesund und stark wie eine Eiche (oder etwas anderes Passendes).
Ich vertraue dem Leben.
Ich bin in meiner Mitte.
Heute ist ein schöner Tag.

Affirmationen können nur wirken, wenn sie auf fruchtbaren Boden fallen. Solange Sie eigene Persönlichkeitsanteile verdrängen und sich noch nicht mit Ihrem Schatten beschäftigt haben, ist dieser Boden trocken und staubig. Erst der frische Regen der Schattenarbeit ermöglicht der Affirmation, wirksam zu sein. Solange aber negative Glaubenssätze aktiv sind, die Sie nicht angehen, hat eine gegenteilige Affirmation nur geringe Chancen zu wirken.

Überlegen Sie mal, müssten bei der Vielzahl von Ratgebern, die erklären, wie man sich Glück beim Universum bestellt, nicht längst alle Menschen auch glücklich sein? Wenn die positive Affirmation einen Glaubenssatz überlagert und ihn noch tiefer in den Keller drückt, wird die Energie auf den Glaubenssatz gerichtet und nicht auf die Affirmation. Versuchen Sie mal, geradeaus zu schwimmen und dabei einen Wasserball unter Wasser gedrückt zu halten – mit unterdrückten Glaubenssätzen ist es genauso.

Dennoch sind Affirmationen immer nur ein Zwischenschritt auf dem Weg zur Selbsterkenntnis. Eines Tages werden Sie so weit sein, dass Sie sich in Ihrer Ganzheit akzeptieren und lieben. Sie werden zufrieden sein, mit dem, was ist, und keine Affirmationen mehr brauchen.

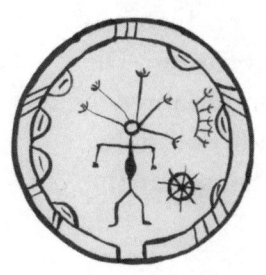

Die hohe Kunst des Reisens in andere Welten

In den Fantasien und Bildern einer schamanischen Reise begegnen Sie Ihrem Unbewussten. Wie auch Träume kommen diese Botschaften aus sehr tiefen Ebenen Ihres Selbst. Sie können Ihnen helfen, ein aktuelles Problem zu erkennen und zu lösen, oder auch mögliche Schritte für die Zukunft zeigen. Und genau wie bei Träumen auch, ist es gar nicht zwingend notwendig, sich Gedanken um die Erfahrungen zu machen, die auf der Reise erlebt wurden. Eine schamanische Reise wirkt auch so. Sollten Sie ein wenig zu verkopft sein und immer alles verstehen wollen, kann eine zu intensive Beschäftigung mit der Deutung der Bilder sogar bremsend wirken.

Das Spektrum der Reisen reicht von kleinen schamanischen Reisen mit Elementen der Gestalttherapie über Krafttierarbeit und die Reise in den Garten der Seele bis hin zu schamanischen Seelenreisen in die Ober- und die Unterwelt. Sie können lernen, Seelenanteile zurückzuholen, Besetzungen aufzulösen und Glaubenssätze zu verändern. Schamanisches Reisen kann jeder erlernen. Es ist aber immer mehr als nur eine Variante der Fantasiereise. Im Folgenden wird darauf nun genauer eingegangen. Dabei beschränke ich mich im Rahmen dieses Buches auf einen Überblick zu dieser

Thematik.[49] Natürlich können diese Erklärungen hier keine schamanische Ausbildung oder Ähnliches ersetzen. Die
schamanische Seelenreise sollte man bei einem erfahrenen
schamanischen Ausbilder lernen. Das Folgende soll daher
nur einen kleinen Überblick geben, worum es bei schamanischen Reisen geht und wie sie funktionieren.

Einführung in das schamanische Reisen

Auf einer schamanischen Reise erfahren Sie, was Ihnen Heilung bringt. Die schamanische Seelenreise ist das Verbindungsglied, das die unterschiedlichsten schamanischen
Kulturen dieser Welt miteinander verknüpft. Allen ist gemeinsam, dass die Seele in Trance in andere Welten reist. Der Trance-Zustand wird durch
rhythmisches Trommeln oder Rasseln erzeugt.
Auf einer schamanischen Reise erfahren Sie, was Ihnen
Heilung bringt. Oft werden Sie bereits währenddessen ge-

---

[49] Intensive schamanische Reiseerlebnisse werden Sie sicherlich nur mithilfe eines
Profis erfahren können, z. B. im Rahmen eines schamanischen Workshops. In meinem Buch »Selbstheilungspraxis. Der schamanische Weg« finden Sie aber schamanische Reisen zum Kennenlernen. Darüber hinaus gibt es geführte schamanische
Reisen auf CD (z. B. Mentaltraining der Schamanen – Geführte Fantasiereisen in
schamanische Welten. Schirner 2011). Auf diese Weise können Sie das Reisen in
die Ober- oder die Unterwelt auch einmal ganz für sich ausprobieren. Außerdem
arbeite ich gerade an einem Buch, das sich ausschließlich mit der schamanisch-ener-
getischen Heilung beschäftigt. Ganz praktisch wird darin eine ganze schamanische
Sitzung in allen ihren Schritten erklärt.

heilt. Während der Reise treffen Sie auf Krafttiere, Kraftobjekte, weise Ratgeber, vielleicht auch Bekannte, Sie finden Gegenstände oder sehen Energien. Vielleicht sehen Sie Geister, Spirits, Engel, Elfen, Feen, Zauberer oder Magier. Alles, was Sie im Rahmen einer Reise »sehen«, ist ein Spiegel Ihres Selbst. Ich schicke Ihnen die Bilder, die Sie gerade brauchen.

Indem Sie sich öffnen, bereiten Sie das Feld für die Saat der Synchronizitäten. Letztendlich alles, was Sie auf Ihrer Reise »sehen« oder erleben, hat einen synchronistischen Charakter. Es sind Botschaften Ihres göttlichen Selbst. Meist reicht es absolut aus, diese Bilder zu erfahren und wirken zu lassen. Wie die Bilder auf einer Ebene außerhalb Ihres Verstands wirken, habe ich Ihnen erläutert. Sie müssen nichts machen – es sei denn, Sie bekommen einen Rat für Ihr Leben, den Sie umsetzen sollen.

In der Regel machen Sie eine schamanische Reise bei körperlichen oder seelischen Problemen, die *Auf der Reise* Sie anderweitig nicht gelöst bekommen. Während *empfangen Sie* der Reise können Sie Besetzungen auflösen, also *Botschaften* sich von Energien anderer Menschen befreien, die *Ihres göttlichen* in Ihrem Energiefeld hängengeblieben sind. Dies *Selbst.* können die Seelen von lieben verstorbenen Familienmitgliedern sein, die Sie nicht verlassen wollten, aber auch Seelen, die Sie nicht gehen lassen konnten. Auch über Ihre Ahnen ist es möglich, eine Besetzung von Generation zu Generation zu übernehmen.

Sicher kennen Sie Themen, in denen Sie trotz aller guten Vorsätze nicht weiterkommen. Sie haben Wünschen und Visualisieren, Beten und Meditieren versucht, und dennoch gelingt es Ihnen nicht, Ihr Ziel zu erreichen. Ihr Unbewusstes scheint Ihr Ziel zu torpedieren. Dies ist zum Beispiel der Fall, wenn ein Geistwesen in Ihrem Unbewussten lebt, weil beispielsweise die Seele eines Verstorbenen ihren Weg nicht gefunden und sich bei Ihnen eingenistet hat. Für die rationalen Leser: Geistwesen ist hier eine Metapher, ein Bild, für eine behindernde Energie oder einen tief liegenden Glaubenssatz. Besetzungen bei sich selbst aufzulösen ist schwierig, diese Arbeit sollten Sie mit einem Profi durchführen.

Das zweite wichtige Element ist die Auflösung von Glaubenssätzen. Glaubenssätze sind Sätze, Thesen, Behauptungen, die Ihnen als unumstößliche Wahrheiten, als wie in Stein gemeißelte Gesetzestafeln des Lebens erscheinen. Sie sind die Dämonen Ihrer Vergangenheit. In der Kindheit hat ein solcher Dämon es Ihnen zunächst möglich gemacht, in Ihrer Umgebung zurechtzukommen. Damals war er noch Ihr Freund und Helfer, denn oft war die Liebe der Eltern nur mit der Hilfe dieses Dämons zu bekommen. Mithilfe der schamanischen Reise lösen Sie Glaubenssätze sehr einfach auf. Sie »müssen« die alten Glaubenssätze nicht loslassen, Sie dürfen es. Sie schenken ihnen Ihre Aufmerksamkeit, Sie sagen Ja zu ihnen, und dann dürfen Sie sie gehen lassen. Etwas loslassen zu müssen, bindet schon wieder viel zu viel Energie. Wenn Sie so weit sind, geht der Glaubenssatz ganz von allein.

Glaubenssätze erscheinen Ihnen als unumstößliche Wahrheiten des Lebens.

Der vielleicht wichtigste Aspekt der Reise ist die Rückholung von verlorenen Seelenanteilen. Wenn eine Seele insbesondere in der Kindheit – oder möglicherweise auch in früheren Leben, wer weiß das schon – verletzt wurde, kann es sein, dass sich ein Seelenanteil »in Sicherheit« gebracht hat, indem er sich zurückgezogen hat. Dieser hat sich entfernt, um aus einer, seelisch und körperlich unerträglichen Situation herauszukommen. Oft fühlt man sich in diesen Fällen getrennt vom eigenen Körper – und dies häufig in einem leicht tranceartigen Zustand. Aus energetischer Sicht können Seelenverletzungen sogar über Generationen vererbt werden. Entsprechend wirkt sich Heilung oft auf mehrere Generationen aus – insbesondere auf Ihre Kinder und Kindeskinder.

Die schamanische Reise führt Sie zunächst in einen Garten, auf eine Wiese. Dieser Garten ist mal Ziel der Reise, mal – wie bei Reisen in Ober- und Unterwelt – der Ausgangspunkt. Der Garten ist ein Spiegel Ihrer seelischen Verfassung. Alles, was Sie im Garten vorfinden, ist ein Teil von Ihnen, eine Projektion Ihres Inneren. Sollte Ihnen dieser Garten also nicht gefallen, so nutzen Sie die Gelegenheit, ihn zu verändern. Hinterfragen Sie aber auch das, was Sie sehen, und suchen Sie die Lernchancen darin.

Heilung wirkt sich oft auf mehrere Generationen aus.

Über eine Höhle, ein Mauseloch oder Ähnliches starten Sie aus Ihrem Garten in die Unterwelt. Auf der Reise in die untere Welt treffen Sie Ihren Geistführer, der Ihnen hilft, sich zu orientieren. Gemeinsam mit diesem finden Sie den verlorenen Seelenanteil, ändern einen Glaubenssatz und empfangen außerdem ein energetisches Geschenk.

Während die Unterwelt tendenziell problem- und vergangenheitsorientiert ist, beschäftigen Sie sich bei der Reise in die Oberwelt mit Ihrer Vision, mit Ihrer Medizin. Bei der

Reise in die Oberwelt treffen Sie Ihre energetischen Eltern und können vieles über sich lernen. Sie sehen Ihre mögliche Zukunft. Sie finden zu Ihrer wahren Bestimmung – Ihrer Medizin. Im Gegensatz zur Reise in die Unterwelt steigen Sie diesmal an den Ästen eines Baumes in den Himmel hinauf, erreichen die Himmelsebene über den Wolken, durchwandern eventuell verschiedene weitere Ebenen und treffen schließlich auf Ihre himmlischen Eltern. Sie können ihnen Fragen zu Ihrer Bestimmung, Ihrer Lebensaufgabe stellen. Ein weiser Lehrer lässt Sie in einem geheimen Raum in eine Glaskugel schauen, in der Sie Antworten auf weitere Fragen finden können.

Wenn Sie mehr über das schamanische Reisen wissen möchten, empfehle ich Ihnen nachdrücklich, dies einmal bei einem Schamanen auszuprobieren. Die Energie, die dann den Raum erfüllt, den Gesang der Trommel, den Duft des getrockneten Beifuß müssen Sie erleben, nicht erlesen. Und ich, der Trickster, werde diese Gelegenheit nutzen, um Ihnen einige wichtige Dinge klarer werden zu lassen.

# Und wenn sie nicht gestorben sind, …

Lieber Leser, das war's! Jetzt ergreife ich, Oliver Driver, noch einmal das Wort.

Und wenn sie nicht gestorben sind … – so enden Märchen. Und was kommt danach? Richtig! Nach dem Märchen ist vor dem Märchen. Wie früher, als Sie jede Nacht im Bett lagen und einem neuen Märchen lauschten, das Ihnen vorgelesen wurde, folgt auch heute noch immer wieder ein neues. Das Märchenbuch des Lebens hat kein Ende, denn Ihre Reise geht stets weiter. Es wird eine neue Reise auf Sie warten, die Sie antreten müssen. *»Der Weg legt sich vor die Füße des Gehenden«*, sagte ein Freund einmal.

»Sei gewiss, ich sorge dafür!«, murmelt Trickster gerade.

Wer bin ich?
Woher komme ich?
Wohin gehe ich, wenn ich sterbe?
Was ist gut, was ist böse?
Was ist das Leben, was ist der Tod?
Was wird morgen sein?

Niemand kann Ihnen diese Fragen treffsicher beantworten. Dennoch hoffe ich, dass in Ihrer Seele ein Samen dafür gepflanzt wurde. Lassen Sie diesen Samen keimen, wachsen und blühen. Geben Sie ihm Nahrung und Liebe.

Der göttliche Schelm hat einen Stein in das Wasser Ihrer Seele geworfen. Die Wellen haben sich ausgebreitet, sind an kleine und große Hindernisse gestoßen. Es gab den einen oder anderen Spritzer. Manche Wellen haben ihr Ziel erreicht, andere sind zurückgeschwappt, wieder andere in der Unendlichkeit der Seele versunken. Neue Wellen haben sich entwickelt. Irgendwann aber verebbt jede Welle. Dann haben Sie zwei Möglichkeiten. Sie werfen einen neuen Stein, oder aber Sie erkennen sich selbst in diesem See.

Letztendlich geht es immer darum, Mensch zu sein und dieses Menschsein mit Sinn zu füllen – nicht mehr, aber auch nicht weniger. Mensch sein heißt, seine Wurzeln, seine Ursprünge zu kennen. Es heißt, zu wissen, wofür man auf dieser Erde ist. Es bedeutet, die eigene Rolle zu erkennen. Es heißt, diese Erde als den eigenen Ursprung zu sehen und zugleich als den notwendigen Ursprung kommender Generationen – Ihrer Kinder und Kindeskinder.

Ich wünsche Ihnen alles, alles Gute! Leben Sie Ihr Leben, Sie haben nur dieses eine. Es ist Ihr Leben und genau das, was gerade jetzt in diesem Moment zu Ihnen passt. Morgen kann es bereits anders aussehen. Das liegt an Ihnen. Sie haben das Recht, so zu sein, wie Sie sind!

> *Nichts hatte sich verändert,*
> *und alles war anders geworden.*
> *(Joseph Campbell)*

Über den Autor

Oliver Driver hat 19 Jahre als Führungskraft in der Bau- und Immobilienwirtschaft
gearbeitet, bevor er 2006 sein Leben auf den
Kopf stellte. Auslöser war eine Krankheit, die ihn lehrte, seinen Weg zu überprüfen. Den Werdegang vom Manager zum
Schamanen beschreibt er in seinem Buch »Die Reise meines
Lebens«.

Heute arbeitet er als Schamane, Coach und Unterneh-
mensberater. So wie die Schamanen immer auch Grenzgän-
ger zwischen den Welten sind, so wechselt Oliver Driver
vom Coach zum Schamanen und Autor und verbindet diese
verschiedenen Welten.

Er gibt er sein Wissen sowohl in schamanischen Ausbildungen und Workshops zu Themen wie Selbstheilung, Vision, Glück und Sinn, Persönlichkeit, als auch in einem für
jedermann offenen »shamanic circle« in Köln weiter.

In seinem »coaching salon« arbeitet er als Coach syste-
misch, schamanisch und lösungsorientiert mit seinen Klienten an weltlichen und spirituellen Themen aller Art. Zudem
begleitet er große und kleine Unternehmen in Verände-
rungsprozessen aller Art.

Weitere Informationen unter: www.shamanic-coach.de

Außerdem erschienen vom Autor im Schirner Verlag

Oliver Driver
Selbstheilungspraxis
Der schamanische Weg
Ein Weg der Leichtigkeit durch die Kraft der Seele
ISBN: 978-3-89767-874-3

In vier Monaten mithilfe von 89 Übungen zur Selbstheilung – selten gab es ein so klar strukturiertes Buch über die Anwendung schamanischer Weisheiten, mit deren Unterstützung Sie auch ohne Vorkenntnisse wieder ganz heil werden können.

Von einfachen Atem- und Visualisierungsübungen bis hin zu den schamanischen Reisen in die Unter- und Oberwelt beinhaltet dieser Kurs eine Vielzahl von Übungen und Erklärungen, die Sie auf dem Weg zu Erkenntnis und Heilung leiten. Ein detaillierter Übungskalender hilft Ihnen dabei, sich spielerisch mit dem geheimen Wissen der Schamanen auseinanderzusetzen. Sie lernen, Ihr Leben zu erträumen, Ihre Träume zu realisieren sowie Vergangenheit und Zukunft zu verändern.

Oliver Driver
Die Reise meines Lebens
Begegnungen mit dem Schamanen
Ein spirituelles Abenteuer
ISBN: 978-3-89767-633-6

Was passiert, wenn ein Ingenieur aus einer zufälligen Begegnung heraus zum Heiler wird und mit mehr Fragen als Antworten dasteht? Er begibt sich auf eine Reise in die Vulkan-
berge Guatemalas um herauszufinden, welche Gedanken
und Theorien hinter dem Erlernten stehen könnten. Dort
trifft er auf den Aussteiger Earl und dessen Freunde, die ihm
Antworten auf seine Fragen geben und ihn in die Grundlagen der Spiritualität einweisen. Auch der Maya und Schamane Don Marco, der noch das uralte Wissen seines Volkes
bewahrt, lehrt ihn wichtige Dinge.
Ein spiritueller Neuling trifft hier auf Heiler, Schamanen,
Aussteiger und andere schillernde Gestalten, die ihm auf lo-
ckere und unterhaltsame Art einen möglichen Weg weisen,
der auch den Skeptiker überzeugen kann.

Oliver Driver
Mentaltraining der Schamanen
Geführte Fantasiereisen in schamanische Welten
ISBN: 978-3-8434-8166-3
3 CDs, Gesamtspielzeit 154:29 Min.

Fühlen Sie sich unvollständig, und suchen Sie einen Ihrer Seelenanteile? Haben Sie das Gefühl, fremdbestimmt zu sein, und wollen Sie diesen Zustand beenden? Fühlen Sie sich energie- und kraftlos, und möchten Sie wieder in Ihre ureigene Kraft zurückfinden?
Durch Seelenreisen heilen die Schamanen bereits seit langer Zeit Körper, Seele und Geist. Mithilfe der geführten schamanischen Reisen auf diesen CDs lernen Sie, auf einfache Weise Energien neu zu ordnen, verlorene Seelenanteile zurückzuholen und sich von blockierenden Glaubenssätzen zu lösen.
Der erfahrene Schamane, Coach und Autor selbst spricht alle Texte auf diesem CD-Set und schlägt auch die Schamanentrommel.